本书由桂林医学院人才引进项目资助出版

张建义　张羽中　主编

aVR 导联心电图研究进展

镇　江

图书在版编目(CIP)数据

aVR导联心电图研究进展 / 张建义，张羽中主编. —
镇江 ：江苏大学出版社，2018.8
ISBN 978-7-5684-0887-5

Ⅰ. ①a… Ⅱ. ①张… ②张… Ⅲ. ①心电图—研究进
展 Ⅳ. ①D540.4

中国版本图书馆CIP数据核字(2018)第202337号

aVR导联心电图研究进展
aVR Daolian Xindiantu Yanjiu Jinzhan

主　　编/张建义　张羽中
责任编辑/仲　蕙
出版发行/江苏大学出版社
地　　址/江苏省镇江市梦溪园巷30号(邮编：212003)
电　　话/0511-84446464(传真)
网　　址/http://press.ujs.edu.cn
排　　版/镇江市江东印刷有限责任公司
印　　刷/虎彩印艺股份有限公司
开　　本/718 mm×1 000 mm　1/16
印　　张/13.75
字　　数/262千字
版　　次/2018年8月第1版　2018年8月第1次印刷
书　　号/ISBN 978-7-5684-0887-5
定　　价/42.00元

前　言

心电图 aVR 导联具有独特的方位优势，该导联位于右上肩，是唯一能够俯瞰心腔内的导联，故称之为心室腔导联（cavity lead），因其可记录整个心内膜的电活动，故也被称为模拟心内膜导联（simulating an endocardial lead），因此 aVR 导联所能反映的心电信息更加丰富、更加全面，是心电图任何单一导联所不能比拟的。aVR 导联及其引申的“－aVR”导联的临床应用，使额面导联的描计顺序得到了重新整合，从而使心电信息的记录更符合心脏的激动顺序，也更具逻辑性。aVR 导联的独特作用以往常被忽略，近年来受到广泛的关注和积极的研究，其相关的资料涉及冠心病、急性肺动脉栓塞、心功能不全、心律失常、药物中毒等方面，是心电图任何单一导联所不能相提并论的。

本书总结近十年来国外的研究报道，就 aVR 导联独特的诊断价值进行归纳总结，主要内容包括：aVR 导联 ST－T 改变对于冠状动脉左主干病变、多支血管病变、冠状动脉前降支近端狭窄的诊断及鉴别诊断，对急性冠状动脉综合征的不良事件、危险分层、不良预后的判断；aVR 导联 T 波改变，特别是 T 波直立对心血管性死亡的预测意义；aVR 导联图形改变对急性肺动脉栓塞的诊断及危险分层；aVR 导联 QRS 形态的改变对某些心律失常，如宽 QRS 心动过速的诊断及鉴别诊断；aVR 导联 QRS 形态的改变对三环类抗抑郁药物中毒的诊断等。

本书全部内容的原始资料均来自国外，未参考国内的任何书刊。如有相似之处，也系源自相同的外文资料，以参考文献为准，特此说明之。

目　录

第一章
aVR 导联对冠心病的诊断价值

由于 aVR 导联在额面导联系统中处于特殊方位，因而就单一导联而言，aVR 导联对冠心病的诊断意义大于其他任何单一导联，特别是对冠状动脉左主干病变、多支血管病变，以及心肌梗死后心功能不全的诊断及预后判断的意义均大于其他单个或多个导联。本章对国外近 10 余年的相关研究成果进行综述。

第一节　aVR 导联的方位优势

虽然心电图（ECG）的多个导联从心脏的不同部位反映心脏各个方位的心电信息，但 aVR 导联在额面导联体系中位于右上肩，可反映心脏右上方（包括右心室流出道、心室间隔的基底部）的信息。由于 aVR 导联位置特殊，可俯瞰整个心室腔，故也被称为心室腔导联（cavity lead），或模拟心内膜导联（simulating an endocardial lead）。aVR 导联可记录整个心内膜的电活动，当冠状动脉左主干和/或 3 支血管病变（LMCA/3－vd）、冠状动脉前降支（LAD）近端狭窄所致的心内膜下心肌缺血或梗死、室间隔基底部的急性心肌梗死（AMI）时，梗死向量指向右上方，aVR 导联 ST 段抬高，左胸及其他导联则表现为 ST 段压低，位于 aVR 导联对侧的所谓“－aVR”导联也表现为 ST 段压低。Guyton 等[1]的动物实验结果显示，当造成犬的心内膜下心肌缺血时，aVR 导联表现为 ST 段抬高，其对侧的“－aVR”导联则表现为 ST 段压低。因此，aVR 导联被很形象地称为心内膜导联，而“－aVR”则被称为心外膜导联。这两个导联的另一个重要区别是 aVR 导联的 P 波倒置，而“－aVR”导联的 P 波直立。这是因为前者位于心房的上方，后者位于心房的下方。因此，aVR 导联是唯一的“心内或腔内”导联，在标准 12 导联 ECG（12－ECG）中，aVR 导联是唯一能够俯瞰心室腔的导联，尽管它不是实际解剖意义上的心内导联。其他类似的导联，如 aVL，V_1 和 V_2 导联在解剖和电生理的意义上也垂直于心脏，但其反映的心电信息的丰富程度均不及 aVR 导联[1－3]（图 1-1）。

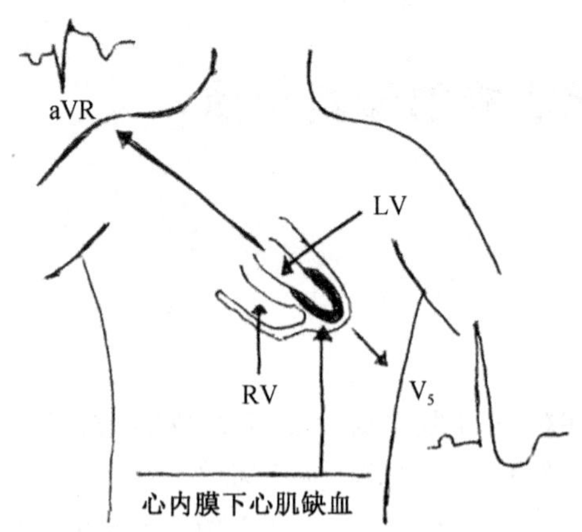

LV—左心室；RV—右心室

aVR 导联位于右上肩，俯瞰整个心室腔，包括右心室流出道、心室间隔的基底部，故也被称为心室腔导联。当发生心内膜下心肌缺血（subendocardial ischemia）或梗死、室间隔基底部的急性心肌梗死时，梗死向量指向右上方，aVR 导联 ST 段抬高，位于对侧的左胸导联（V_5）上则表现为 ST 段压低。

图 1-1　心内膜下心肌缺血或心肌梗死时 aVR 导联图形的改变（模拟图）

然而，aVR 导联在临床应用中经常被忽略。Pahlm 等[4]曾做过一项有趣的研究：在某次国际心电学大会上，研究者给部分与会代表每人发 5 份常规 12-ECG，其中肢体导联中的 aVR 导联图形被倒置了。研究者要求这些代表阅图，再询问他们是否将 12 个导联都分析了、是否分析了 aVR 导联、注意到 aVR 导联有什么变化。结果显示 80% ~94% 的阅读者未发现 aVR 导联图形的倒置，说明阅读者基本都忽视了 aVR 导联，分析的不是 12-ECG，而是 11-ECG。近年来这种情况逐渐被改变，aVR 导联的临床应用价值也逐渐被重视[5,6]。

aVR 导联的特殊方位使其得以发挥任何单一导联或多个导联起不到的作用：aVR 导联 ST 段的抬高除可反映 LMCA 和 LAD（包括其第一对角支）近端狭窄外，亦可反映左回旋支（LCX）、右冠状动脉（RCA）的病变，但阳性率低于前两者。aVR 导联 ST 段抬高对非 ST 段抬高型心肌梗死（NSTEMI）的诊断、危险分层及预后的判断等具有重要意义。aVR 导联 ST 段的压低常常为下后壁和侧壁的 ST 段抬高型心肌梗死（STEMI）。不稳定性心绞痛患者如伴有 aVR 导联 ST 段的抬高，则提示为 LMCA/3-vd 病变。在运动试验和药物激发试验中出现 aVR 导联 ST 段的抬高，则说明 LAD 近段狭窄[7,8]。Michaelides 等[9]研究了一组冠心病（CHD）患者的 ECG 改变，观察运动试验诱发的 aVR 导联 ST 段抬高及 V_5 导联 ST 段压低对单支血管 LAD 病变的诊断价值，并对运动试验的结果与应用铊^{201}心肌闪烁扫描技术的检测结果对照研究。患者分为

3 组：A 组为 58 例 aVR 导联 ST 段抬高及 V_5 导联 ST 段压低的患者；B 组为 149 例 V_5 导联 ST 段压低但无 aVR 导联 ST 段抬高的患者；C 组为 22 例 aVR 导联 ST 段抬高但无 V_5 导联 ST 段压低的患者。结果显示，A 组 LAD 狭窄者为 81%，B 组为 29%，C 组为 18%；运动试验诱发心肌缺血的阳性率分别为 A 组 80%、B 组 27%、C 组 12%，与铊^{201}扫描结果基本吻合。本结果显示，运动试验诱发的 aVR 导联 ST 段抬高及 V_5 导联 ST 段压低对 LAD 单支血管病变的诊断具有重要价值。aVR 导联图形改变对 CHD 诊断的内容包括：aVR 导联 ST-T 改变对 LMCA 病变、多支血管病变、LAD 近端狭窄的诊断；对 LMCA 及 LAD 近端狭窄的鉴别诊断；对急性冠状动脉综合征（ACS）的不良事件、危险分层、不良预后的判断；对 ACS 后心功能不全的预测。对急性肺动脉栓塞的诊断及其危险分层；aVR 导联 T 波直立对心血管病死亡危险的预测等。这些内容将在后续章节中一一介绍[10-12]。

由于 aVR 导联在 CHD 诊断中的特殊意义，国际相关组织均给予了应有的重视。国际 Holter-ECG 委员会（International Society for Holter）、国际无创 ECG 委员会（Noninvasive Electrocardiography）及国际心血管药物委员会（International Society of Cardiovascular Pharmacotherapy）等均把 aVR 导联重新认定为心肌梗死（MI）诊断、危险分层及预后判断的重要参考导联[13]。

小 结

aVR 导联位于右上肩，俯瞰整个心室腔，故称之为心室腔导联，可记录整个心内膜的电活动，对冠状动脉左主干及或 3 支血管病变、前降支近端狭窄、急性冠状动脉综合征等的诊断、危险分层及预后判断的意义均高于任何单一导联。

第二节 “-aVR”导联的方位优势

一、副侧导联的由来

2009 年美国纽约大学的 John E. Madias 在 Am J Cardiol 杂志上发表评论[14]，陈述了他对 ECG“副侧导联”的观点：ECG“副侧导联”或 Cabrera 导联体系，是指整个 12 导联 ECG 的副侧或对侧导联，故也称为“导联倍增或双倍导联 ECG”（double electrocardiography）。Perron 等[15]称之为 24 导联 ECG（24-lead electrocardiogram，24-ECG）。这些倍增的导联可能对急性冠状动脉综合征（ACS）或非特异性、非诊断性 ST-T 的诊断有所帮助。Case 等[16]早在20世纪70年代末就研究过肢体“－aVL”，Ⅰ、“－aVR”，Ⅱ，aVF和Ⅲ导联。这6个导联分别位于－30°，0°，30°，60°，90°及120°的方位。每个导联均相隔30°顺序排列，对扩展的侧壁和下壁心肌梗死（MI）的诊断更容易，对QRS、T和P电轴的检测也更直观。Perron等[15]曾对24-ECG中的19个导联进行过研究。除了常规12-ECG外，他们在研究中还增添了“－V_1”“－V_2”“－V_3”“－aVL”“－Ⅰ”“－aVR”和“－Ⅲ”导联。在经皮冠状动脉成形术中使用球囊扩张，分别阻塞冠状动脉的前降支（LAD）、右冠状动脉（RCA）和左回旋支（LCX），造成短暂的心肌缺血性损伤，观察“－V_1”“－V_2”“－V_3”“－aVL”“－Ⅰ”“－aVR”和“－Ⅲ”导联的图形改变，与12-ECG相比，急性心肌梗死（AMI）诊断的敏感性升高了61%～78%，但特异性无明显改变。故全部副侧导联的实际应用价值还有待更多的实践及研究进一步证实。本节主要讨论“－aVR”导联及其临床应用价值。

二、“－aVR”导联对额面导联设计缺陷的补足

常规12导联ECG的胸导联设计较合理，从V_1到V_6导联R波逐渐递增、S波逐渐缩短、QRS波群呈连续性，按逻辑依次出现，能够捕捉到心脏在横轴上的瞬间激动，任何一个图形发生变化即可清晰显现，并能帮助阅图者立刻联想到心脏病变的解剖部位。心脏在这个解剖区域的激动可以进一步扩展到V_7～V_9和V_3R～V_5R，但额面导联的设计就不甚理想，原因有两个：① Ⅱ，Ⅲ，aVF三个导联均相隔30°，而Ⅰ和Ⅱ导联相隔60°，这样就产生一个心脏的“空缺”区域，使这个区域的心脏激动信息记录不完善，故应加补一个导联。按24-ECG导联的排列规则，这个区域刚好位于aVR导联的对侧或者副侧，故称之为“－aVR”导联，补充了60°的不足。常规12-ECG的aVR导联与Ⅲ导联相隔90°，又在右侧偏下的方位增设了一个“不方便的视角”，在左室下壁和侧壁发生AMI时不能探测到这些部位的损伤电流，此区域刚好位于aVL和Ⅰ导联的副侧，故应增加一个“－aVL”和“－Ⅰ”导联，弥补这一缺陷，但实用价值及研究内容相对“－aVR”导联要少得多，本节不多讨论。因临床医生常常忽视对aVR导联的解读，更不会想到“－aVR”导联，而增设了“－aVR”后，在解读时自然也会想到aVR导联。② 额面导联的第二个缺陷是Ⅰ，Ⅱ，Ⅲ和aVR，aVL，aVF两组导联的摆放不合理。这种排列的顺序在数学上是合理的，可能是受了当时立体派绘画艺术的影响，但不是真正的心脏空间激动顺序，正如图1-2a所示传统的标准导联和加压肢体导联的摆放既不符合人体解剖的顺序，有些头尾不顾或支离破碎（fractionating），也不符合心脏激动的顺序，图1-2b所示导联的摆放与人体解剖相对应，心室的激动始于左心室的基底部，额面相应的部位始于aVL导联，而后激动的顺序呈顺时针方向转

位，相应的导联依次是I，“－aVR”，Ⅱ，aVF 和Ⅲ导联。这种导联排列的顺序才应算作是对 ECG 空间导联分布的“智力上的或深思熟虑的重新整合”。

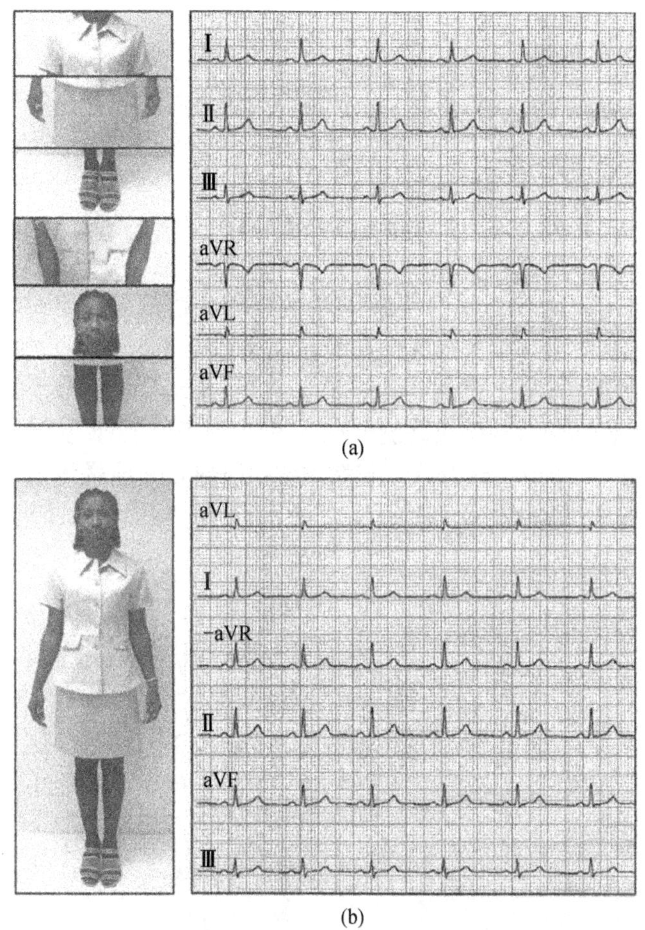

图 a 为传统的额面导联体系，导联的摆放与人体解剖部位既不相适，有些支离破碎，也不符合心脏激动的顺序。图 b 所示导联的摆放与人体解剖相对应，符合心脏的激动顺序。额面导联的图形也像胸导联一样，R 波逐渐增长，S 波逐渐缩短，图形的改变呈连续性、逻辑性，一旦中间图形有改变，即可被清晰地显示出来。

图 1-2　传统的标准导联、加压肢体导联及 Cabrera 导联体系与人体解剖的关系

ECG 诊断 AMI 是综合了心肌内各个方向除极的电势所得的综合向量。当冠状动脉阻塞后，心肌梗死的向量及其 ECG 的图形有多种表现，这些不同的改变取决于相关梗死血管的大小，血管闭塞的长度、方向、程度，侧支循环的情况，先前心肌梗死的病史，室内传导有无异常及心脏在胸腔内的位置等。影响因素如此之多，故 ECG 诊断 MI 解剖部位的准确性为中度。“－aVR”导联的应用在某种程度上弥补了这一缺陷，提高了诊断的准确性[14-16]。

三、“-aVR”导联的区位优势

“-aVR”导联位于常规 aVR 导联对侧的 30°，是位于Ⅰ和Ⅱ导联之间的新导联。虽说“-aVR”是新导联，但在斯堪的纳维亚地区早已常规应用，故也可以称之为“老导联新面孔”。“-aVR”导联具有多方面的优势：首先，它使额面导联的排列顺序更具逻辑性，从 aVL 导联起始，顺时针方向转位，从额面的左上方到右下方的Ⅲ导联，也像横面 $V_1 \sim V_6$ 导联一样，按心脏的激动顺序依次排列，因此不会漏掉其间的某些心电信息；其次，“-aVR”导联排列在Ⅰ和Ⅱ导联之间，加强了对 AMI 的空间定位诊断，使 6 个肢体导联能够在额面对心脏解剖部位的连续性和激动顺序进行连续记录；再次，这种导联的排列顺序使额面电轴的计算更为精确，使下壁及高侧壁 AMI 的诊断和危险分层得到改善，亦即对下壁或高侧壁扩展的梗死面积的诊断更具特异性[2,14-16]（图 1-3）。因此，Sgarbossa 等[3]积极倡导使用 Cabrera 导联体系，并鼓励生产商制造能够记录“-aVR”导联的 ECG 设备，以供临床常规使用。

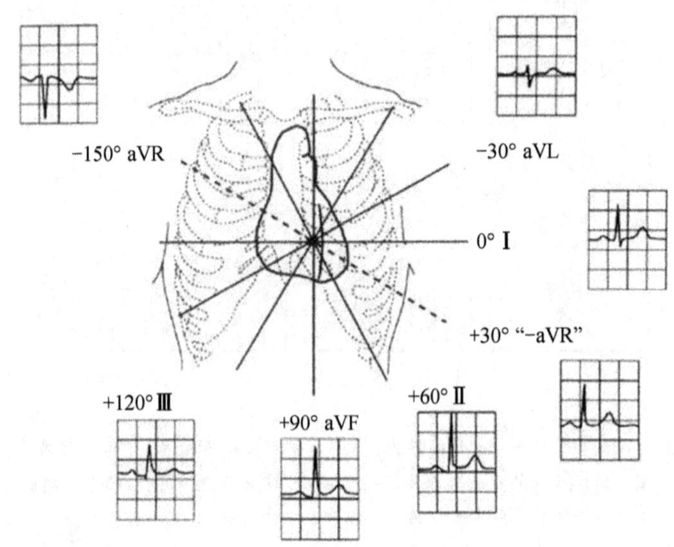

除 aVR 导联以外，额面其余 6 个导联的间隔均为 30°，心室的激动始于左心室的基底部，在额面相应的部位始于 aVL 导联，激动呈顺时针方向转位，依次连续记录的导联是Ⅰ，“-aVR”，Ⅱ，aVF 及Ⅲ导联。到Ⅱ或 aVF 导联为止，R 波幅度逐渐递增、S 波幅度逐渐缩短直至消失，图形的出现更符合生理顺序，也更具逻辑性。“-aVR”导联位于Ⅰ和Ⅱ导联之间，弥补了空间方位的不足，使心电信息的记录更全面。

图 1-3 额面导联体系按心脏激动顺序的排列及其图形改变

四、“－aVR”导联对扩展的急性心肌梗死的诊断价值

Menown 等[17]研究了“－aVR”导联对下壁和侧壁 ST 段抬高型心肌梗死（STEMI）的诊断价值。纳入分析的为 173 例胸痛患者，ECG 表现为下壁（Ⅱ，Ⅲ，aVF）或侧壁（Ⅰ，aVL，V_5，V_6）导联 ST 段抬高≥1 mm；检测这些患者是否伴有“－aVR”导联 ST 段抬高，抬高≥1 mm 者纳入分析，同时与心肌酶学进行对照研究。结果显示：单纯下壁导联 ST 段抬高同时伴“－aVR”导联 ST 段抬高者为 18%，单纯侧壁 ST 段抬高同时伴“－aVR”导联 ST 段抬高者为 27%，下壁及侧壁 ST 段抬高均伴有“－aVR”导联 ST 段抬高者为 60%；伴有“－aVR”导联 ST 段抬高者心肌酶学水平显著高于无“－aVR”导联 ST 段抬高者（1 780 mmol/L *vs.* 987 mmol/L，$P = 0.021$），说明伴“－aVR”导联 ST 段抬高者 MI 的面积扩大，见图 1-4。

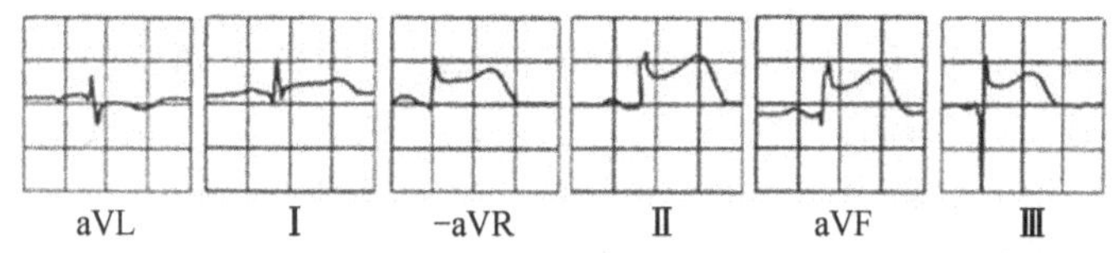

图示 aVL 导联 ST 段压低、T 波倒置、Ⅰ导联 ST 段抬高，尚不能确定高侧壁是 ST 段抬高型心肌梗死（STEMI）还是非 ST 段抬高型心肌梗死（NSTEMI），但增添的“－aVR”导联显示 ST 段抬高，故基本可以诊断为高侧壁扩展的 STEMI。Ⅱ，aVF，Ⅲ导联 ST 段抬高，加之“－aVR”导联 ST 段也抬高，亦可以诊断为下壁扩展的 STEMI。

图 1-4　“－aVR”导联对下壁及高侧壁急性心肌梗死扩展的诊断

五、“－aVR”导联的 Q 波对前壁急性心肌梗死的诊断意义

为探索前壁 AMI（AAMI）患者“－aVR”导联 Q 波的临床意义，Munenor 等[18]对 87 例首次发生的 AAMI 患者进行了研究，根据患者 ECG 上“－aVR”导联有无 Q 波，将患者分为两组，即 A 组（$n = 17$）为 Q 波阳性者，B 组为 Q 波阴性者（$n = 70$）。Q 波阳性的定义为“－aVR”导联 Q 波时限≥20 ms。所有患者均做冠状动脉造影（CAG）及超声心动图（UCG）检查。结果显示：A 组患者均显示有冠状动脉前降支（LAD）过长，绕过心尖部，即所谓“心尖包绕现象”。UCG 示 A 组患者的左心室射血分数（LVEF）显著降低，下壁和心尖部室壁运动异常。此研究表明，“－aVR”导联 Q 波为 AAMI 患者心功能降低、室壁运动异常及 LAD 过长的一种 ECG 改变，故“－aVR”导联 Q 波改变可作为病情判断的简单指标。

小 结

1. “－aVR” 导联使额面导联体系的排列顺序更具逻辑性，按心脏的激动顺序连续描记，更全面地记录了心电信息。

2. “－aVR” 导联使下壁及高侧壁 AMI 扩展的诊断和危险分层更为准确，对这一区域心肌梗死面积扩大的诊断更具特异性。

3. “－aVR” 导联 Q 波的出现对前壁 AMI 患者心功能降低、室壁运动异常及冠状动脉前降支过长的诊断有一定的意义。

第三节 aVR 导联 ST 段抬高对冠状动脉左主干和/或 3 支血管病变的诊断价值

冠状动脉左主干（left main coronary artery，LMCA）病变包括急性完全闭塞和次全闭塞。由于 LMCA 为左心室 75% 的心肌供血，因此其一旦闭塞将会引起致命性心律失常和血流动力学的不稳定。尽管临床 LMCA 急性完全闭塞者较少见，但临床情况却十分凶险，会导致心脏猝死、心源性休克等，急性发作时很少有患者能生存至到达医院接受诊治。由于 LMCA 病变者的心肌出现严重缺血及缺血性坏死，其心电图可出现广泛的 ST－T 改变及 aVR 导联 ST 段抬高等。如果未见上述心电图改变而有血流动力学不稳定者，也应考虑 LMCA 病变。与 LMCA 完全闭塞者不同，次全闭塞所致的急性冠状动脉综合征（acute coronary syndrome，ACS）患者通常可及时到达医院并行急诊冠状动脉造影（CAG），其心电图可出现广泛的 ST－T 改变及 aVR 导联 ST 段抬高。这些心电图改变亦可见于 LMCA 和/或 3 支血管病变（LMCA/3－vd）[19－22]。鉴于 LMCA 病变及心电图改变的多样性，本节将介绍 LMCA 急性完全闭塞、急性次全闭塞及 LMCA/3－vd 病变的心电图类型，aVR 导联 ST 段抬高对这些改变的诊断价值及电生理改变的机制等。

一、aVR 导联 ST 段抬高对冠状动脉左主干急性完全闭塞的诊断价值

LMCA 急性完全闭塞者临床很少见，但临床表现异常凶险，包括心脏猝死、心源性休克、急性肺水肿等，死亡率很高。大多数患者在到达医院前或实施 CAG 前就已死亡，因此人群中 LMCA 急性完全闭塞确切的发生率尚不清楚，但据目前的文献报道，选择性和急诊 CAG 示其检出率分别为 0.03% ～0.04% 和 0.37% ～2.96%。Yip 等[23]为了探讨 LMCA 严重狭窄或急性完全阻塞者的临床特点及其预后改变等，对 740 例 ACS 患者的冠状动脉造影结果进行研究，

其中 LMCA 严重狭窄或完全闭塞者占 2.4%。这些患者合并有急性肺水肿者占 94.4%，其中分别有 77.7% 和 33.3% 的患者发生了心源性休克和心脏猝死。不稳定性心绞痛，特别是静息状态下发作的心绞痛往往是 LMCA 完全闭塞或严重狭窄的临床表现。如果患者的心电图出现 aVR 导联 ST 段抬高，则提示为 LMCA 病变或 LMCA/3-vd，亦可由左前降支（LAD）近端狭窄所致，偶或是由左回旋支（LCX）或右冠状动脉（RCA）狭窄所致[19-23]，因此，及时做出正确的诊断非常重要。

临床上，尚无法通过 aVR 导联 ST 段抬高将 ACS 患者确诊为 LMCA 急性完全闭塞，也缺乏相应的前瞻性临床研究。尽管有较多 aVR 导联 ST 段抬高与 LMCA 病变的文献报道，但研究的样本量相对较小，而将 aVR 导联 ST 段抬高 >0.05 mV 或 >0.1 mV 作为鉴别诊断标准也存有争议。Kjell C. Nikus 等曾提出 LMCA 急性闭塞的 ECG 诊断标准：① 广泛的 ST 段压低（以 V_4 ~ V_6 导联最为明显）并伴有 T 波倒置；② aVR 导联 ST 段抬高；③ 前壁（或前侧壁）导联 ST 段抬高。在上述 ECG 异常的基础上，患者还可出现心肌缺血诱发的心脏传导异常，包括右束支阻滞（RBBB）、左前分支（LAFB）等室内传导阻滞。Rostoff 等[19]综合分析了三项大型临床研究，试图明确 ACS 患者 aVR 导联 ST 段抬高与冠状动脉造影结果的相关性及其与 LMCA 病变的关系；研究结果显示，aVR 导联 ST 段抬高对 LMCA 急性完全闭塞的诊断价值很高，敏感性为 77.6%、特异性为 82.6%、准确率为 81.5%、阴性预测值高达 92.8%。这表明如果 ACS 患者无 aVR 导联 ST 段抬高，则基本可以排除 LMCA 病变。但是，对这一结果的解读还是应慎重一些，因为无论是阳性预测值还是阴性预测值，都取决于被研究人群中 ACS 的患病率，特别是考虑到患有 LMCA 急性闭塞而又能生存至到达医院者很少，因此仅凭 aVR 导联 ST 段抬高诊断 LMCA 病变究竟是急性完全闭塞还是次全闭塞，抑或是 LMCA/3-vd 是缺乏说服力的。然而，对能够生存到达医院的 ACS 患者而言，结合其他临床指标，aVR 导联 ST 段抬高仍是 LMCA 急性闭塞的简单可靠、安全高效的评价工具之一[7,19,24]，见表 1-1 和图 1-5。

表 1-1　aVR 导联 ST 段抬高对急性冠状动脉综合征患者冠状动脉左主干急性闭塞的诊断价值　　%

	Yamaji 等 (n = 86)	Kurisu 等 (n = 115)	Hirano 等 (n = 140)	总计 (n = 341)
敏感性	87.5 (66.6 ~ 96.4)	68.0 (51.7 ~ 80.8)	80.0 (67.7 ~ 88.6)	77.6 (68.8 ~ 84.8)
特异性	68.6 (63.8 ~ 70.6)	85.6 (81.0 ~ 89.1)	89.5 (85.4 ~ 92.4)	82.6 (80.1 ~ 84.7)
阳性预测值	38.9 (29.6 ~ 42.9)	56.7 (43.1 ~ 67.4)	71.8 (60.8 ~ 79.6)	56.2 (49.8 ~ 61.3)

续表

	Yamaji 等（n = 86）	Kurisu 等（n = 115）	Hirano 等（n = 140）	总计（n = 341）
阴性预测值	96.0（89.3 ~ 98.9）	90.6（85.8 ~ 94.4）	93.1（88.8 ~ 96.1）	92.8（89.9 ~ 95.1）
准确率	72.1（64.3 ~ 75.4）	81.7（74.7 ~ 87.3）	87.1（81.0 ~ 91.5）	81.5（77.6 ~ 84.7）

从表 1-1 可以看出，aVR 导联 ST 段抬高对 LMCA 病变诊断的敏感性和特异性基本相似，均在 68% ~ 89%，而阴性预测值较高，在 90% ~ 96%。这意味着如患者无 aVR 导联 ST 段抬高，则基本可排除 LMCA 病变[19]。

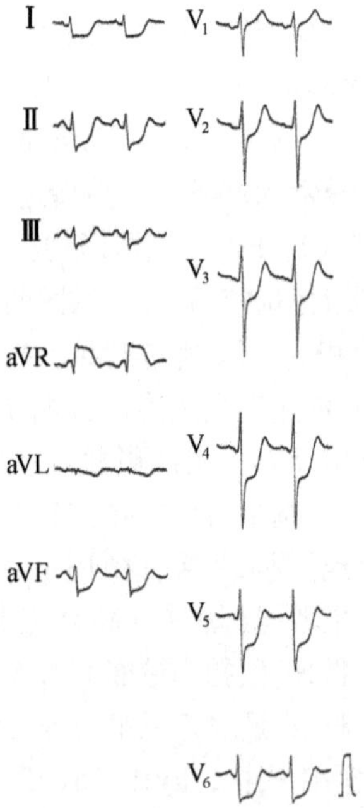

Ⅰ，aVL，Ⅱ，Ⅲ，aVF 及 V_2 ~ V_6 导联 ST 段显著压低，aVR 导联 ST 段弓背向上型抬高 4.5 mm，肌钙蛋白 T 呈阳性，冠状动脉造影示左主干（狭窄 >90%）及 3 支血管病变[19]。

图 1-5 冠状动脉左主干病变所致急性心肌梗死患者的心电图

二、aVR 导联 ST 段抬高对冠状动脉左主干次全闭塞及 LMCA/3-vd 的诊断价值

（一）aVR 导联 ST 段抬高对冠状动脉左主干次全闭塞的诊断意义

如上所述，LMCA 完全闭塞通常引起心脏猝死或患者起病后在抵达医院之前死亡；如果患者能生存到抵达医院，则多为 LMCA 次全闭塞。LMCA 次全闭

塞引起 ACS 且出现 aVR 导联 ST 抬高者，可同时出现广泛前壁和/或下壁导联 ST 段压低。如果 aVR 导联 ST 抬高≥1 mm，其他导联则表现为广泛的 ST 段压低，这通常预示着 LMCA 严重病变，并提示预后严重不良[7,24]。为了确定 aVR 导联 ST 段抬高与 LMCA 病变的关系及其诊断价值，Yamaji[25]等对一组 ACS 患者进行研究，发现 aVR 导联 ST 段抬高≥0.05 mV 者中有 88% 为 LMCA 闭塞、43% 为 LAD 闭塞、8% 为 RCA 闭塞。aVR 导联 ST 段抬高对 LMCA 病变诊断的敏感性为 81%、特异性为 80%。Rostoff 等[26,27]报道，aVR 导联 ST 段抬高者 LMCA 病变的发生率为 69.6%，其他冠状动脉病变的发生率为 34.6%；Yamaji 和 Rostoff 的报道均显示 aVR 导联 ST 段抬高为 LMCA 病变者是其他血管病变者的两倍，也就是说，aVR 导联 ST 段抬高者 LMCA 病变更常见[25-27]。

（二）aVR 导联 ST 段抬高对 LMCA/3-vd 的诊断意义

aVR 导联 ST 段抬高不仅对 LMCA 病变有重要的诊断意义，而且对 3 支或多支冠状动脉血管病变的诊断也具备重要的临床价值。冠状动脉左主干和/或 3 支血管病变，英文为 left main coronary artery obstruction and (or) three-vessel disease，其含义为左主干病变伴有其他 3 个主要分支的病变，仅左主干病变，或仅有 3 个主要分支血管的病变；也有将其定义为 2 个主要分支或多个分支的病变。这些均简写为“LMCA/3-vd”[28-30]。Kosuge 等[31]通过 CAG 检查，将 LMCA/3-vd 定义为 LMCA 狭窄≥75% 和/或 LAD 近端或其他血管狭窄≥90% 有两处者；Taglieri 等[32]的定义是 LMCA 狭窄≥50% 及其他主要分支狭窄≥70%～75%。总之，LMCA/3-vd 是一种严重的冠状动脉病变，aVR 导联 ST 段改变对其有重要的诊断价值。Kosuge 等[29,31]为探讨 aVR 导联 ST 段抬高与 LMCA/3-vd 的关系，对 310 例非 ST 段抬高型心肌梗死（NSTEMI）患者的 ECG 及 CAG 结果进行对照分析。结果表明，aVR 导联 ST 段抬高≥0.05 mV 对 LMCA/3-vd 的诊断意义显著高于其他导联的 ST 段压低，其诊断 LMCA/3-vd 的敏感性为 75%、特异性为 86%，且阴性预测值明显高于阳性预测值（95% *vs.* 57%），亦即患者如果无 aVR 导联 ST 段抬高，则可基本排除 LMCA/3-vd。Kosuge 等[33]在 2016 年又发表了最新的研究成果，提出 aVR 导联 ST 段抬高≥1.0 mm 是诊断 LMCA/3-vd 的最佳切点，而≥1.5 mm 则提示严重的 LMCA/3-vd。Yamaji 等[25]根据冠状动脉造影改变把 ACS 患者分为 LMCA 组、LAD 组及 RCA 组，分别分析三组患者入院时初始 aVR 导联的 ST 段改变，结果显示，LMCA 组 aVR 导联 ST 段抬高者占 88%、LAD 组占 20%、RCA 组占 8%，三组间差异有显著统计学意义（$P<0.01$）；LMCA 组 aVR 导联 ST 段的抬高程度也显著高于 LAD 组［（0.16±0.13）mV *vs.*（0.04±0.10）mV，$P<0.01$］。Misumida 等[34]报道了 379 例 NSTEM 患者，其中伴有 aVR 导联 ST 段抬高者占 26%，为 CAG 所证实的LMCA/3-vd 占 23%；LMCA/3-vd 伴 aVR 导联 ST 段抬高者占 39%，其中，住院期间需行冠状动脉介入术者占 73%，需行冠状动脉搭桥术者占 19%，上述

比例均显著高于 aVR 导联 ST 段无抬高者，因此 aVR 导联 ST 段抬高是 LMCA/3-vd 的独立预测因子。Robin 等[35]研究了一组 AMI 患者，入院时 aVR 导联 ST 段抬高 > 1 mm 者经 CAG 证实 2 支冠状动脉血管病变者为 28%、3 支血管病变者为 58%、LMCA 病变者为 30%。Rostoff 等[26,27]曾对 aVR 导联 ST 段抬高与LMCA/3-vd 的关系进行研究，根据 aVR 导联 ST 段抬高出现与否将一组 ACS 患者分为 A，B 两个亚组，A 组患者 54 例均有 aVR 导联 ST 段抬高，B 组患者 80 例未见 aVR 导联 ST 段抬高；分别比较两组患者冠状动脉造影的改变，结果显示，A 组患者 55.6% 为 LMCA/3-vd，61% 为单纯 3-vd，B 组中上述比例分别为 35% 和 17.5%，二者比较差异有统计学意义($P<0.01$)。Rostoff 等的研究结果显示，aVR 导联 ST 段抬高是 LMCA/3-vd 的独立危险因素（$OR=6.1$，95% CI：2.62 ~ 14.23，$P<0.005$），同时也是 LMCA 病变的独立预测指标。由于 3 支或多支血管病变是 LMCA 病变的等危症，因此 aVR 导联 ST 段抬高不仅是诊断 LMCA/3-vd，而且是鉴定 ACS 患者冠状动脉病变严重程度的临床指标之一[24-26]。

（三）aVR 导联 ST 段抬高对 LMCA/3-vd 严重程度判定的意义

Kosuge 等[29]根据冠状动脉造影的改变对 572 例 NSTEMI 患者进行分组研究，A 组为无 LMCA/3-vd 病变者（$n=460$）、B 组为轻度 LMCA/3-vd 病变者（$n=57$）、C 组为严重 LMCA/3-vd 病变者（$n=55$）。研究结果显示，需行冠状动脉搭桥术者在 C 组中达46%，而在其余两组中各占 2%，组间比较差异有统计学意义（$P<0.001$）；经多因素相关分析，发现 aVR 导联 ST 段抬高是严重 LMCA/3-vd 的强预测因子（$OR=29.1$，$P<0.001$），特别是 aVR 导联 ST 段抬高≥1 mm 者，预测严重 LMCA/3-vd 病变的敏感性为 80%、特异性为 93%、阳性预测值为 53%、阴性预测值为 98%。因此 NSTEMI 患者入院时 aVR 导联 ST 段抬高≥1.0mm，强烈预示严重 LMCA/3-vd 病变，并预示患者可能需行急诊冠状动脉搭桥术。Kosuge 等[33]报道，aVR 导联 ST 段抬高≥1.0 mm 者诊断 LMCA/3-vd 的敏感性为 80%、特异性为 93%，抬高≥1.5 mm 者可能需行紧急冠状动脉搭桥术。Nabati 等[36]报道伴有 aVR 导联 ST 段抬高的 LMCA/3-vd 患者其左心室射血分数（LVEF）均显著降低，并伴有二尖瓣反流，表明这些患者已经到达缺血性心肌病的阶段，是冠心病的终末期改变，说明 aVR 导联 ST 段抬高预示着病情的严重程度[29,33,36]。

（四）aVR 导联 ST 段抬高诊断 LMCA/3-vd 的大样本临床研究

在大型临床对照研究 APEX-AMI（assessment of pexelizumab in acute myocardial infarction）中共纳入 5 683 例 STEMI 患者，研究结果显示，aVR 导联 ST 段抬高，特别是抬高≥1 mm 者与 LMCA/3-vd 的发生显著相关[37]。Taglieri 等[32]对1 042 例非 ST 段抬高型急性 ACS 患者进行研究，观察 aVR 导联 ST 段抬高伴其他导联 ST 段压低与冠状动脉造影结果之间的关系，结果显示，aVR 导联 ST 段抬高者单纯 LMCA 病变者占 29%、3 支血管病变者占 44%、LMCA/

3-vd 者占 57%，显著高于其他 ECG 异常组（$P<0.001$）。Barrabés 等[8]的临床研究共纳入 775 例 NSTEMI 患者，观察 CAG 结果与 aVR 导联 ST 段抬高之间的关系，结果证实 LMCA/3-vd 检出率在 aVR 导联 ST 段无抬高组为 22.0%，在抬高组（0.05 mV ~ <0.1 mV）为 42.6%，在抬高≥0.1 mV 组为 66.3%，各组间比较差异有统计学意义（$P<0.001$）。Kosuge 等[38]报道了 367 例 NSTEMI 患者，入院 6 h 后 aVR 导联 ST 段仍持续抬高者 CAG 示 LMCA/3-vd 检出率为 74%、单纯 LMCA 狭窄检出率为 21%，而无 aVR 导联 ST 段抬高组的 LMCA/3-vd 及单纯 LMCA 狭窄检出率只有 7% 和 1%，两组间相差 10 ~ 20 倍之多。这几个大样本临床研究均显示 aVR 导联 ST 段抬高与 CAG 证实的 LMCA/3-vd 显著相关，LMCA/3-vd 检出率随 aVR 导联 ST 段抬高程度的加大而升高，随 aVR 导联 ST 段抬高持续时间的延长而升高，并且这些改变均独立于 ECG 的其他任何异常改变[8,32,38]。D'Ascenzo 等[39]联合欧美及中国的多家医学中心对 LMCA/3-vd 的发病率、临床诊治及预后情况进行了跨国际的系统回顾及 Mete 分析。这些资料来自于 17 个临床对照研究，纳入的 CHD 患者有 22 740 例，其中 11 个研究为 ACS，计 17 896 例患者，6 个研究为稳定性 CHD，计 4 844 例患者，均为近年来发表的最新研究资料。ACS 组示 LMCA/3-vd 检出率为 20%（95% *CI*：7.2% ~ 33.4%），其中 LMCA 为 12%（95% *CI*：10.5% ~ 13.5%），3-vd为 25%（95% *CI*：23.1% ~ 27.0%）。患者入院时有心力衰竭及 aVR 导联 ST 段抬高者对 LMCA/3-vd 病变的预测价值最高。稳定性 CHD 患者 LMCA/3-vd 的检出率为 36%（95% *CI*：18.5% ~ 48.8%），LMCA/3-vd 的检出率高于 ACS 患者。从本次 Mete 分析的结果看，LMCA/3-vd 比通常想象的要多。而对这些病变简单易行的、性价比较高的、能即刻指导临床采取治疗措施的方法，应首推 ECG，特别是 aVR 导联 ST 段的改变。在 HERO-2 研究[40]中，共收入了 15 315 例心脏传导正常的 STEMI 患者，分析 aVR 导联 ST 段抬高或压低不同程度、不同 MI 部位与 30 天死亡率的关系。aVR 导联 ST 段抬高者分为≥1 mm 和≥1.5 mm 两个亚组，而 aVR 导联 ST 段压低者则分为 0，0.5，1 和≥1.5 mm 四个亚组。结果显示，下壁 AMI 伴 aVR 导联 ST 段抬高≥1 mm 者 30 天的死亡率为 13.2%，抬高≥1.5 mm 者 30 天的死亡率为 22.5%；前壁 AMI 伴 aVR 导联 ST 段抬高≥1 mm者 30 天的死亡率为 11.5%，抬高≥1.5 mm 者 30 天的死亡率为 23.5%。与此相反，前壁 AMI 伴 aVR 导联 ST 段压低 0，0.5，1 及≥1.5 mm 者 30 天的死亡率分别为 9.8%，13.2%，12.8% 和 16.8%，各组间比较差异均有显著统计学意义（$P<0.0001$）。无论 aVR 导联 ST 段压低或抬高，待溶栓 60 min ST 段抬高或压低的程度有显著改善者，死亡率均显著降低。

三、冠状动脉左主干病变所致急性心肌梗死的心电图类型

研究已证实 aVR 导联 ST 段抬高对 LMCA 闭塞具有独特的诊断意义，但

aVR 导联 ST 段抬高的同时还可伴有其他导联 ECG 图形的改变，可能会形成 LMCA 病变某些特定的 ECG 类型。为此，Hirano 等[41]对 140 例 AMI 患者的心电图进行了分析，根据 CAG 改变将其分为 LMCA，LAD，RCA 及 LCX 病变组 4 组，每组均有 35 例，分析各组患者的 ECG 指标及图形的改变。结果显示，LMCA 组的 QTc 间期[(0.51 ±0.06)s]显著高于其他三组，平均 QRS 电轴显著左偏（-10 ±77)°，电轴左偏伴 RBBB 者也显著增多，而Ⅰ，V_2 ~ V_5和 aVL 导联 ST 段抬高者均无电轴左偏，但这些 ECG 改变者大多也伴有 aVR 导联 ST 段抬高，占 80%，显著高于其他三组。根据这些 ECG 改变，Hirano 等[41]把 LMCA 闭塞所致的 ECG 改变分为两型：一是"电轴左偏 + RBBB 型"，二是"Ⅰ，V_2 ~ V_5和 aVL 导联 ST 段抬高 + 无电轴左偏"型。在 aVR 导联 ST 段抬高的同时，上述两型的任一种均提示心肌梗死的罪犯血管来自 LMCA。Yamaji 等[25]曾报道一组 LMCA 病变的患者，在 aVR 导联 ST 段抬高的同时可出现下壁Ⅱ，Ⅲ导联的 ST 段抬高，检出率分别为 6% 和 13%，但 aVF 导联 ST 段抬高的发生率为 0。该研究认为 aVR 导联 ST 段抬高、有或无Ⅱ和Ⅲ导联抬高，但 aVF 导联绝对无抬高者，可确诊为 LMCA 病变[24,41]。当然，这些临床研究的例数相对较少，尚有待增大样本量加以证实。

四、LMCA/3-vd 患者 aVR 导联 ST 段抬高的电生理机制

LMCA/3-vd 患者 aVR 导联 ST 段抬高的确切机制目前尚不甚清楚，对此主要有以下几种说法：① 左心室大面积心肌的血供来自 LMCA，当 LMCA 或多支血管病变时，左心室舒张末压增高，引起广泛的心内膜下心肌缺血及大多数心前区导联 ST 段压低和 T 波倒置。aVR 导联位于这些导联的对侧，呈对应性改变，故出现 aVR 导联 ST 段抬高。② aVR 导联是唯一模拟心室腔的腔内导联，LMCA 或多支血管病变引起心内膜下心肌的缺血性损伤，损伤电流指向右上方，故出现 aVR 导联 ST 段抬高。③ 区域性电活动：aVR 导联可直接反映心脏右上部，包括室间隔基底部的电活动，LMCA 或多支血管病变可引起室间隔心肌的透壁性损伤，损伤电流指向右肩方向，故出现 aVR 导联 ST 段抬高。④ 可能与 Purkinje 纤维的解剖性变化有关。⑤ 右心室流出道透壁性心肌缺血及侧壁导联 ST 段压低的对应性反应。⑥ 下壁 AMI 患者如出现 aVR 导联 ST 段抬高及 V_5，V_6导联 ST 段压低，则说明心尖部及左心室侧壁存在弥漫性缺血；由于 aVR 导联是唯一模拟心室腔的导联，因此可通过心室腔直接记录心尖部的电活动，故一旦出现 ST 段抬高，便预示着缺血面积增大及预后不良[24,30,38,42,43]。Kosuge 等[44]近期报道，在 STEMI 患者中 aVR 导联 ST 段抬高反映的是 LMCA 或 LAD 近端狭窄所致的室间隔基底部的透壁性心肌缺血，而在 NSTEMI 患者中则反映的是左心全心室心内膜下心肌缺血，反映的是 LMCA/3-vd。

小　结

1. aVR 导联 ST 段抬高≥0.5 mm 伴广泛 ST 段压低示 LMCA 急性病变，其敏感性为 77.6%、特异性为 82.6%、准确率为 81.5%、阴性预测值为 92.8%。

2. aVR 导联 ST 段抬高≥1.0 mm 是诊断 LMCA/3-vd 的最佳切点；抬高≥1.5 mm 者为严重 LMCA/3-vd。

3. aVR 导联 ST 段抬高的幅度、持续的时间与冠状动脉病变的严重程度成正比。

4. aVR 导联 ST 段抬高可伴有 RBBB 或分支阻滞。

5. 对于 aVR 导联 ST 段抬高、有或无Ⅱ和Ⅲ导联抬高，但 aVF 导联绝对无抬高者，可确诊为 LMCA 病变。

第四节　aVR 导联 ST 段抬高对冠状动脉左主干病变预后判断的意义

尽管冠状动脉左主干（LMCA）病变所致的急性心肌梗死（AMI）较少见，但临床病情凶险、预后很差，主要原因是心肌梗死（MI）的面积大，累及前壁和侧壁，引起心功能降低、心源性休克、血流动力学及心电生理学的异常等，使死亡率显著升高，因此及时进行正确的诊断及治疗非常重要。心电图（ECG）是胸痛患者最常用的检查工具，对 LMCA 病变的诊断及预后判断具有重要的价值，尤其是 aVR 导联 ST 段抬高对 LMCA 病变预后判断的意义备受关注，本节将重点讨论这些内容。

一、aVR 导联 ST 段抬高对冠状动脉左主干病变预后判断的意义

这方面的研究较多，但更多关注的是短期，即住院期间 aVR 导联 ST 段抬高对 LMCA 病变预后判断的意义。Kurisu 等[45]报道过 41 例 LMCA 病变所致的 AMI 患者，胸痛持续的时间均超过 30 min，心肌酶学增高，冠状动脉造影(CAG)检测示LMCA狭窄程度均≥90%。患者均排除了陈旧性心肌梗死(OMI)、左心室肥厚(LVH)、右冠状动脉(RCA)病变(狭窄≥75%)、左束支传导阻滞（LBBB）等，但伴有右束支传导阻滞(RBBB)的患者未排除在外，其主要内容如下：

（一）aVR 导联 ST 段抬高的冠状动脉左主干病变患者 30 天的死亡率

本组患者 30 天的死亡率为 58.5%(24/41)，死亡患者的年龄、性别及高血压、糖尿病病史等与生存者比较，差异无统计学意义。急诊 CAG 示 LMCA 完全阻塞及次全阻塞者几乎各占一半（20 *vs.* 21）；56% 的患者接受了急诊经皮冠状动脉介入术（PCI），44% 的患者实施了急诊冠状动脉搭桥术（CABG），接受 PCI 的患者死亡率仍有 75%。

（二）aVR 导联 ST 段抬高的冠状动脉左主干病变者住院期间心源性休克的发生率

本组患者心源性休克的发生率为 65.8%，心源性休克者的死亡率显著高于无休克者（83% *vs.* 41%，$P<0.05$），但其他各种 ECG 异常改变率二者差别不显著，见表 1-2。

（三）aVR 导联 ST 段抬高伴其他心电图异常者对死亡危险的影响

aVR 导联 ST 段抬高的同时伴有 aVL 导联 ST 段抬高者在死亡组显著高于生存组（54% *vs.* 18%，$P<0.05$）；V_5 导联 ST 段压低≥1 mm 者在死亡组显著低于生存组（17% *vs.* 59%，$P<0.05$），但死亡组中左前分支传导阻滞（LAFB）者显著高于生存组（83% *vs.* 41%，$P<0.05$），且 RBBB 者亦显著高于生存组（54% *vs.* 18%，$P<0.05$），见表 1-2 及图 1-6、图 1-7。

表 1-2　冠状动脉左主干病变所致急性心肌梗死死亡与生存患者的心电图改变

心电图改变	死亡组（$n=24$）	生存组（$n=17$）	P 值
aVR 及 aVL 导联 ST 段抬高≥1 mm	13（54%）	3（18%）	<0.05
V_5 导联 ST 段压低≥1 mm	4（17%）	10（59%）	<0.05
LAFB	23（83%）	7（41%）	<0.05
RBBB	13（54%）	3（18%）	<0.05

注：表中数据为例数，括号内数据为占比；LAFB 为左前分支传导阻滞；RBBB 为右束支传导阻滞。

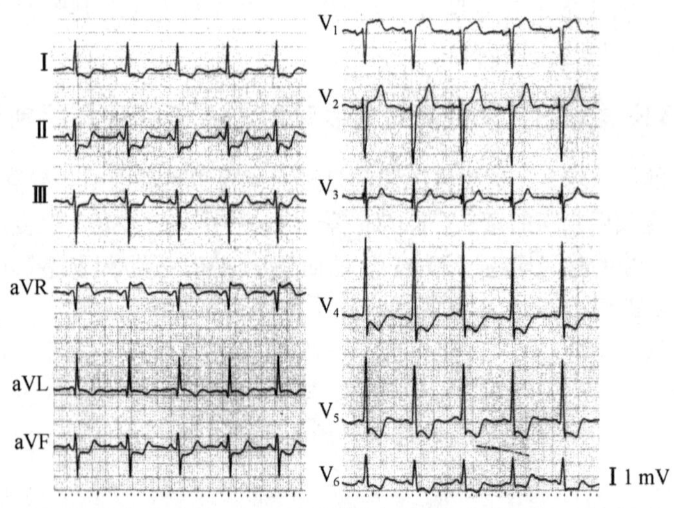

图示Ⅰ，aVL，Ⅱ，Ⅲ，aVF，$V_4 \sim V_6$ 导联 ST 段压低，其中 V_5 导联 ST 段压低>1 mm。aVR 导联 ST 段抬高，V_1 导联 ST 也有轻度抬高，抬高的程度低于 aVR 导联，V_3 导联有碎裂 QRS 波。缺血范围累及广泛前壁、侧壁及下壁，部位广泛，提示为 LMCA 病变，CAG 示 LMCA 完全闭塞。

图 1-6　冠状动脉左主干病变所致急性心肌梗死患者的心电图改变

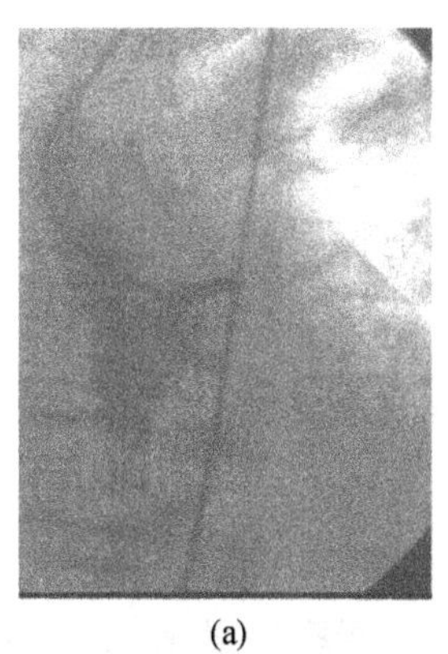

(a)

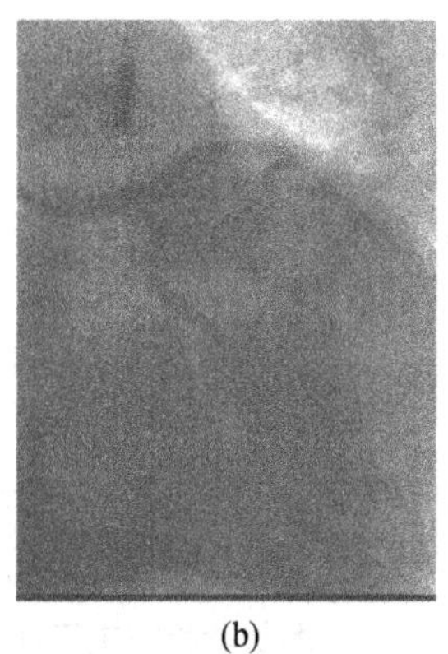

(b)

图 a 为急诊 CAG，示 LMCA 完全闭塞。图 b 为冠状动脉球囊扩张及支架植入后的 CAG 图像，示 LMCA 及其分支显影良好，TIMI 血流Ⅲ级。

图 1-7 冠状动脉左主干病变及经皮冠状动脉介入术前后冠状动脉造影改变

（四）LMCA 病变患者 aVR 导联 ST 段抬高的程度与死亡率的关系

LMCA 病变者 aVR 导联 ST 段抬高的程度与死亡率成正比，即患者的死亡率随 aVR 导联 ST 段抬高程度的加深而升高。Barrabés 等[8]报道 LMCA 病变患者住院期间的死亡率与 aVR 导联 ST 段抬高的程度呈梯度递增，aVR 导联 ST 段无抬高者的死亡率为 1.3%，ST 段抬高 0.05 ~ 0.1 mV 者死亡率为 8.6%，ST 段抬高 >0.1 mV 者死亡率为 19.4%，ST 段抬高的不同程度与死亡率的危险比分别为 4.2 和 6.6，各梯度间的差别极显著。经多因素相关分析，aVR 导联 ST 段抬高是院内死亡和心力衰竭发生的独立危险因素。因此，AMI 患者入院初始，aVR 导联 ST 段抬高不仅对 LMCA 病变的诊断具有重要价值，而且对患者的预后判断，特别是短期死亡危险的预测亦具有重要意义（图 1-8、图 1-9）。

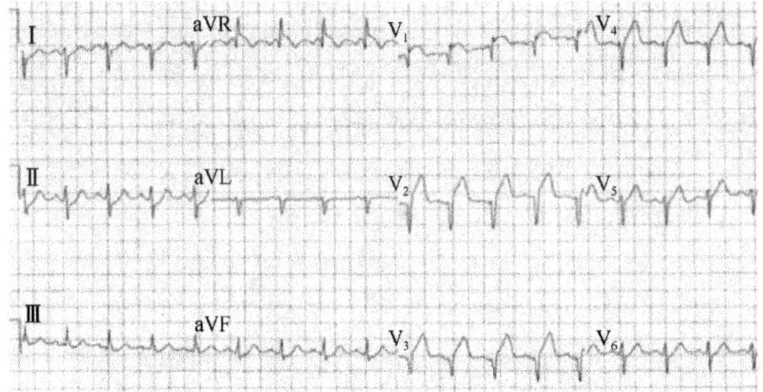

该 44 岁男性患者因胸痛入院，曾有心肌梗死、高血压、糖尿病病史。入院时 ECG 示 V_1 ~ V_4 导联 ST 段抬高，下壁Ⅱ，Ⅲ，aVF 导联 ST 段轻度压低，aVR 导联 ST 段弓背向上型抬高，电轴右偏，顺时针方向转位，实际上是胸导联、aVL 及Ⅰ导联 R 波递增不良，提示为 LMCA 病变所致的广泛前壁及侧壁心肌梗死。CAG 示 LMCA 阻塞。患者实施了冠状动脉搭桥术。

图 1-8 冠状动脉左主干病变所致急性 ST 段抬高型心肌梗死患者的心电图改变

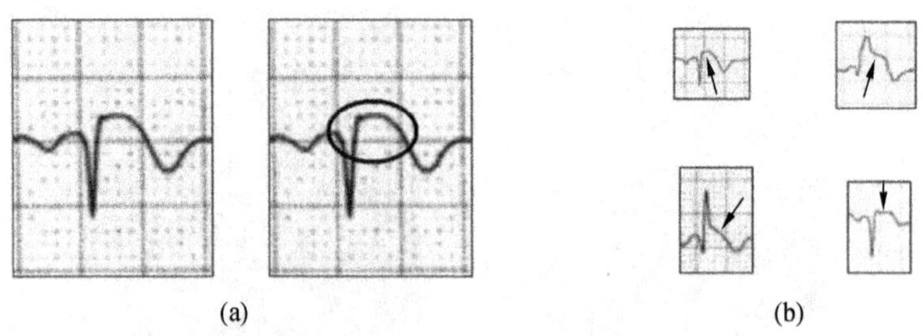

图 a 为 aVR 导联 ST 段抬高的放大图形(圆圈处),提示冠状动脉左主干阻塞。图 b 为 aVR 导联 ST 段抬高的不同类型,基本为弓背向上型抬高(箭头处)。

图 1-9 冠状动脉左主干病变者 aVR 导联 ST 段抬高的类型

二、aVR 导联 ST 段抬高伴其他心电图异常对冠状动脉左主干病变预后判断的意义

这种情况较复杂,aVR 导联 ST 段抬高的同时可伴有多种 ECG 异常,如心室内束支或分支传导阻滞及其他导联的 ST 段改变等。常见的 ECG 异常改变有以下几种:

(一) aVR 导联 ST 段抬高伴心室内束支或分支传导阻滞

Kurisu 等[46]曾报道下壁导联 ST 段压低伴有 LAFB 者提示 LMCA 病变,如同时伴有 LAFB 及 RBBB,不仅对 LMCA 病变诊断的敏感性升高,而且患者的死亡率也明显升高。特别是 AMI 伴有 LAFB 及 RBBB 者死亡率升高明显,这与 LMCA 病变所致的 AMI 面积扩大有关,提示 AMI 不仅累及左心室,亦可能累及右心室。尽管所研究的对象排除了 RCA 狭窄≥75% 者,但未排除狭窄 <75% 的患者,狭窄 <75% 者并不能排除 ACS 的存在,故 aVR 导联伴双束支传导阻滞者不仅提示 LMCA 病变,同时也提示累及 RCA,MI 面积扩大,预后不良、死亡率显著升高。Fiol 等[47]曾报道过一组 LMCA 完全阻塞而未形成侧支循环的 STEMI 患者,其中 RBBB 伴 LAFB 者占 60%,心搏骤停及心源性休克者占 71%,经急诊 PCI 治疗后生存率为 43%,即死亡率为 57%,与 Kurisu 的报道结果基本一致。

(二) aVR 导联同时伴有 aVL 导联 ST 段抬高

AMI 患者 ECG 同时出现 aVR 及 aVL 导联 ST 段抬高者提示为 LMCA 病变及预后不良。Yamaji 等[25]曾报道过一个小样本的研究,结果显示,死亡者多伴有 aVR 及 aVL 导联 ST 段的抬高。Kurisu 等[45]研究的样本量较大,也证实 aVR 及 aVL 导联 ST 段同时抬高者死亡率显著升高。Hori 及 Wong 等[48,49]的研究也显示冠状动脉前降支(LAD)近端病变累及第一间隔支,使室间隔基底发生透壁性缺血,损伤电流指向右上方而引起 aVR 导联 ST 段抬高。当 aVR 和 aVL 导联同时出现 ST 段抬高时,往往超过了 LAD 所分布的区域,MI 面积扩大,这种大面积的 AMI 可能由 LMCA 病变所致。大面积的 MI 可引起心功能降低、心源性休

克、血流动力学及心电生理学的异常等，故死亡率显著升高。

（三）aVR 导联 ST 段抬高伴 V_5 导联 ST 段压低

V_5 导联 ST 段压低对 LAD 闭塞并累及第一对角支的诊断具有很高的特异性，其电生理机制可解释为前间壁透壁性缺血的对应性改变。换句话说，冠状动脉左回旋支（LCX）闭塞引起 V_5 导联 ST 段压低亦很常见，但当透壁性心肌缺血的范围超越 LAD 和 LCX 两支血管的分布区域时，V_5 导联 ST 段的压低常被抵消，亦即 V_5 导联 ST 段压低的改变反而减少，这种情况并不意味着病变范围的减小，而是 MI 面积扩大[49]。Kurisu 等[45]的研究结果示 LMCA 病变所致 AMI 患者 V_5 导联 ST 段压低≥1 mm 者的检出率下降，而患者的死亡率却明显升高。出现这种情况可能是由病变范围超过了 LAD 及 LCX 血管的分布区域，MI 面积扩大所致，但必须同时伴有 aVR 导联 ST 段的抬高，才可判断为 LMCA 病变所致。

（四）aVR 导联 ST 段抬高对冠状动脉左主干病变的阴性预测值

Kühl 等[50]通过系统回顾，对 aVR 导联 ST 段改变与梗死相关血管的临床对照研究进行了分析，其中 5 个研究均显示 aVR 导联 ST 段抬高对 LMCA 病变具有诊断意义，特别是具有很高的阴性预测值，也就是说，如果患者的 ECG 无 aVR 导联 ST 段的抬高，则基本可以排除 LMCA 病变，患者的预后也相对良好。

小　结

AMI 患者入院时 ECG 示 aVR 导联 ST 段抬高，不仅提示 LMCA 病变，而且提示患者的预后不良，死亡率升高。aVR 导联 ST 段抬高对 LMCA 病变的预测意义总结如下：

1. aVR 导联 ST 段抬高者 30 天的死亡率显著升高。

2. aVR 导联 ST 段抬高者住院期间心源性休克的发生率显著升高。

3. aVR 导联 ST 段抬高的程度与死亡率成正比。

4. aVR 导联 ST 段抬高伴有双束支传导阻滞者提示心肌梗死面积扩大，患者死亡危险程度增加。

5. aVR 及 aVL 导联 ST 段同时抬高者提示 LMCA 病变、预后不良。

6. aVR 导联 ST 段抬高不伴有 V_5 导联 ST 段压低者，提示 LMCA 病变，预后不良、死亡率升高。

7. aVR 导联 ST 段抬高对 LMCA 病变的阴性预测值更具特异性。

第五节　aVR 导联 ST 段抬高对冠状动脉左前降支病变的诊断及预后判断的意义

ST 段抬高型心肌梗死（STEMI）的临床发生率和院内死亡率均很高，尤其是前壁 STEMI 预后更差,这主要与前壁 STEMI 的罪犯血管及其闭塞的部位相关。前壁 STEMI 可由冠状动脉左前降支(LAD)近端狭窄所致,也可由冠状动脉左主干(LMCA)病变引起,由于心肌梗死(MI)的面积较大而引起血流动力学不稳定,故二者的病变均可导致患者预后不良。因此对于 LAD 或 LMCA 的病变应予以正确的诊断和鉴别诊断,并尽早进行危险评估,以便采取积极合理的治疗措施,从而降低患者的死亡率、改善预后。aVR 导联 ST 段抬高对 LMCA 或 LAD 病变所致 STEMI 的诊断具有重要价值,但临床对 aVR 导联 ST 段抬高与 LAD 病变和/或近端狭窄的研究相对较少,特别是大样本的研究更少。对此,Aygul 等[51]曾进行过较大样本量的研究。本节就该研究及 aVR 导联 ST 段抬高对 LAD 病变的诊断价值进行讨论[8,52]。

Aygul 等[51]的研究共纳入了 950 例 STEMI 患者,其中男性 742 例,女性 208 例,平均年龄(59 ±12)岁。所有患者均做冠状动脉造影(CAG)检查。其中 73% 的患者为发病 6 h 内、25% 的患者为发病后 1 ~7 天内完成 CAG 检查。LMCA 狭窄≥50%、其他主要血管狭窄≥70% 者定义为“有意义的狭窄”,“LAD 近端狭窄”定义为“LAD 近端并累及第一间隔支的狭窄”。第一间隔支以下者为“远端狭窄”。患者入院初始的心电图(ECG)均纳入分析,aVR 导联 ST 段抬高≥0.5 mm 者为抬高组(aVR-EST),余者为非抬高组(aVR-NST)。患者均在入院 3 天内完成超声心动图(UCG)的检查,左心室射血分数(LVEF)由 UCG 检测完成。该研究的主要结果及临床意义如下:

(一)冠状动脉前降支病变患者 aVR 导联 ST 段抬高的检出率及其临床特点

本组 LAD 病变所致 STEMI 患者 aVR-EST 的检出率为 16%(155 例)。aVR-EST 组女性患者数、有高血压病史者数、心率增快、血压偏高、心功能降低等均显著高于 aVR-NST 组($P<0.01$);Killip 级别、心肌酶学、院内死亡率及需实施冠状动脉搭桥术(CABG)的患者数也显著高于 aVR-NST 组,见表 1-3。

表 1-3 冠状动脉前降支病变所致 aVR 导联 ST 段抬高的检出率及临床特点

临床特点	aVR-EST ($n=155$)	aVR-NST ($n=795$)	P 值
性别(女性)	108(68%)	636(80%)	<0.01
高血压	66(45%)	276(35%)	<0.03
心率/(次·min^{-1})	86 ±22	77 ±19	<0.01
收缩压/mmHg	110 ±29	119 ±27	<0.01
舒张压/mmHg	69 ±21	75 ±16	<0.01
LVEF/%	41 ±10	45 ±9	<0.01
CK-MB	2 827 ±2 810	2 358 ±1 825	<0.04

续表

临床特点	aVR-EST（$n=155$）	aVR-NST（$n=795$）	P 值
Killp 级别≥Ⅱ	59（38.1%）	175（22.0%）	<0.01
院内死亡率	29（19.0%）	41（5.0%）	<0.01
冠状动脉搭桥术	21（15.0%）	20（2.0%）	<0.01

注：表中数据为例数，括号内数据为占比，余者为均数 ± 标准差；aVR-EST 指 aVR 导联 ST 段抬高；aVR-NST 指 aVR 导联 ST 段不抬高；LVEF 指左心室射血分数；CK-MB 指肌酸激酶同工酶（U/L）。

（二）aVR 导联 ST 段抬高对 LAD 病变和/或 LAD 近端狭窄的诊断意义

全部 aVR-EST 患者中前壁 STEMI 者为76%，其余24%为下壁 STEMI，二者差别显著（$P<0.001$）；经 CAG 检查证实，aVR-EST 由 LAD 病变所致者占73.6%、RCA 病变所致者占21.9%，梗死相关血管与 MI 部位高度相符，由 LMCA 及 LCX 病变所致的 aVR-EST 只占2.6%和1.9%。aVR-NST 组由 LAD 和 RCA 病变所致者基本相等，各占45.9%和42.1%；其次为 LCX，占11.9%；由 LMCA 病变所致者最低，只有0.1%，亦即 STEMI 患者如果无 aVR 导联 ST 段的抬高，LMCA 病变可基本排除。单支血管病变在 aVR-NST 组显著高于 aVR-EST 组（60% *vs.* 44%，$P<0.001$），而3支血管病变者在 aVR-EST 组显著高于 aVR-NST 组（25% *vs.* 10%，$P<0.001$）。aVR-EST 组 LAD 近端至第一间隔支狭窄者占52%，近端至第一对角支狭窄者占47%，显著高于 aVR-NST 组的9%和8%（$P<0.001$）；远端狭窄者为22%，显著低于 aVR-NST 组的37%（$P<0.001$）。本结果说明前壁 STEMI 患者的罪犯血管主要为 LAD 病变所致，这些患者伴有 aVR 导联 ST 段抬高者占76%，而且近端狭窄者超过50%。Gensini 指数是反映 CHD 患者血管病变严重程度的指标，这在 aVR-EST 组显著高于 aVR-NST 组（$P<0.001$）。Gensini 指数与 aVR 导联 ST 段改变的程度呈正相关，即无论 aVR 导联 ST 段抬高或压低，均为冠状动脉（CA）病变广泛的指标（$r=0.34$，$P<0.001$）；aVR-EST 对 LAD 病变和/或 LAD 近端狭窄的预测价值显著高于其他导联，特别是 aVR-EST 组伴有 RBBB 者，预测 LAD 病变和/或 LAD 近端狭窄的特异性达99%、阳性预测值达88%，预测价值显著高于其他导联。aVR 导联 ST 段抬高≥0.5 mm 者，即可提示严重血管病变，尽管其敏感性较低，但特异性（90%）和阴性预测值（80%）均很高，见表1-4和表1-5。

表 1-4　aVR 导联 ST 段抬高对冠状动脉病变的预测价值

ECG 及 CAG 改变	aVR-EST (n=155)	aVR-NST (n=795)	P 值
AN-STEMI	118（76%）	366（46%）	<0.001
RBBB	16（10%）	45（6%）	=0.03
病变血管支数			
1	69（44%）	478（60%）	<0.001
2	48（31%）	236（30%）	=0.19
3	38（25%）	81（10%）	<0.001
血管显著狭窄	86（56%）	86（11%）	<0.001
Gensini 指数	183±68	119±49	<0.001
主要罪犯血管			
LMCA	4（2.6%）	1（0.1%）	<0.001
LAD	114（73.6%）	365（45.9%）	<0.001
近端至 S1	80（52%）	72（9%）	<0.001
近端至 D1	73（47%）	68（8%）	<0.001
S1 至远端	34（22%）	293（37%）	<0.001
LCX	3（1.9%）	94（11.9%）	<0.001
RCA	34（21.9%）	335（42.1%）	<0.001

注：表中数据为例数，括号内数据为占比，余者为均数±标准差；aVR-EST 指 aVR 导联 ST 段抬高；aVR-NST 指 aVR 导联 ST 段无抬高；AN-STEMI 指前壁 STEMI；RBBB 指右束支传导阻滞；LMCA 指冠状动脉左主干；LAD 指冠状动脉左前降支；S1 指第一间隔支；D1 指第一对角支；LCX 指冠状动脉左旋支；RCA 指右冠状动脉。

表 1-5　aVR-EST 伴其他导联 ST 段改变对 LAD 病变和/或近端狭窄的诊断价值　%

ECG 指标	敏感性	特异性	PPV	NPV	诊断准确率
aVR-EST≥0.5 mm	54	90	71	80	90
Ⅱ导联 ST 压低≥1 mm	47	85	59	77	73
Ⅲ导联 ST 压低≥1 mm	65	68	49	80	67
aVF 导联 ST 压低≥1 mm	58	79	53	79	70
V_1 导联 EST≥2.5 mm	22	85	41	69	64
V_5~V_6 导联 ST 压低≥0.5 mm	29	88	54	72	69
RBBB	18	93	56	70	69
RBBB 及 aVR-EST≥0.5 mm	9	99	88	69	70

注：ECG 指心电图；LAD 指冠状动脉左前降支；PPV 指阳性预测值；NPV 指阴性预测值；EST 指 ST 段抬高；RBBB 指右束支传导阻滞。

（三）aVR 导联 ST 段抬高及其他危险因素与前壁 STEMI 患者院内死亡率的关系

对患者住院期间死亡率影响较明显的因素有年龄，高血压及糖尿病病史，入院时心率、血压、LVEF、Killp 级别及 aVR-EST 等。本研究示 aVR-EST 组住院期间的死亡率为 19%，显著高于 aVR-NST 组的 5%（$P<0.001$），死亡组 aVR 导联 ST 段抬高的绝对值也显著高于生存组（$P<0.001$）。相关回归分析显示，对前壁 STEM 患者院内死亡率影响最明显的危险因素为 aVR 导联 ST 段抬高，其次为 Killp 级别，其他危险因素无显著相关，见表 1-6 和表 1-7。

表 1-6　aVR 导联 ST 段抬高及其他危险因素与前壁 ST 段抬高型心肌梗死患者院内死亡率的关系

危险因素	死亡组（$n=70$）	生存组（$n=880$）	P 值
年龄/岁	65 ± 11	59 ± 11	<0.001
性别（男性）	42（60%）	700（80%）	<0.001
高血压	37（59%）	305（35%）	<0.001
糖尿病	27（43%）	176（20%）	<0.001
前壁 STEMI	43（61%）	445（51%）	<0.001
心率（$X \pm SD$）	88 ± 26	78 ± 19	<0.001
收缩压/mmHg	92 ± 31	120 ± 26	<0.001
舒张压/mmHg	55 ± 23	76 ± 15	<0.001
LVEF/%	36 ± 11	45 ± 9	<0.001
Killp 级别≥Ⅱ	45（64.3%）	185（21.2%）	<0.001
aVR-EST≥0.5 mm	29（41%）	126（14%）	<0.001
RBBB	15（21%）	46（5%）	<0.001

注：表中数据为例数，括号内数据为占比，余者为均数 ± 标准差；LVEF 指左心室射血分数；aVR-EST 指 aVR 导联 ST 段抬高；RBBB 指右束支传导阻滞。

表 1-7　前壁 ST 段抬高型心肌梗死患者住院期间死亡危险的相关分析

危险因素	OR	95% CI	P 值
aVR-EST≥0.5 mm	3.981	1.518 ~ 10.441	<0.005
Killp 级别	2.535	1.328 ~ 4.837	<0.005
糖尿病	2.452	0.956 ~ 6.289	0.062
年龄	1.042	0.996 ~ 1.090	0.072
收缩压	0.981	0.963 ~ 0.999	0.037
LVEF	1.007	0.954 ~ 1.063	0.800
心率	1.007	0.986 ~ 1.092	0.516

注：LVEF 指左心室射血分数。

（四）前壁 AMI 患者 aVR 导联 ST 段抬高的机制

Kosuge 等[44]报道在 STEMI 患者中 aVR 导联 ST 段抬高反映的是 LMCA 或 LAD 近端狭窄所致的室间隔基底部的透壁性心肌缺血，而在 NSTEMI 患者中则反映左心全心室心内膜下心肌缺血，反映的是LMCA/3－vd。前壁AMI可引起室间隔基底部的电活动异常，室间隔心肌的透壁性损伤电流指向右肩方向，故出现aVR导联ST段抬高[53]。更多内容详见本章第三节。

（五）aVR导联ST段抬高对LAD近端及LMCA病变鉴别诊断的意义

LMCA病变、LAD病变，特别是LAD近端狭窄等均可引起aVR导联ST段抬高，同时也可引起V_1乃至V_2～V_3导联ST段抬高，故二者的鉴别诊断非常重要。从Yamaji等的研究结果[25,54]看，ECG鉴别诊断LMCA和LAD病变的要点为aVR和V_1导联ST段抬高的程度不同，即LMCA病变者ST段抬高以aVR导联为主，V_1导联次之，即aVR导联ST段抬高的程度大于或至少等于V_1导联；与此相反，LAD病变者ST段抬高以V_1及V_2～V_3导联为主，aVR导联次之，或无抬高，亦即V_1导联ST段抬高的程度大于aVR导联。Tamura等报道aVR导联ST段抬高的程度≥V_1导联，诊断LMCA病变及与LAD病变鉴别诊断的敏感性为81%、特异性为80%[22,50]。Tamura等[22]的研究还发现aVR导联ST段改变与不同部位STEMI患者的不良预后亦显著相关，aVR导联ST段改变与前壁STEMI患者30天的死亡率呈"U"形曲线，亦即aVR导联ST段压低及抬高者死亡率均升高，死亡率在"U"形曲线的两端，而ST段正常者的死亡率在"U"形曲线的低谷；aVR导联ST段抬高≥0.1 mV者与下壁STEMI患者30～90天死亡率独立相关，与非下壁STEMI患者90天的死亡率独立相关。

冠状动脉前降支近端狭窄所致AMI图形见图1-10。更多内容见本章第九节。

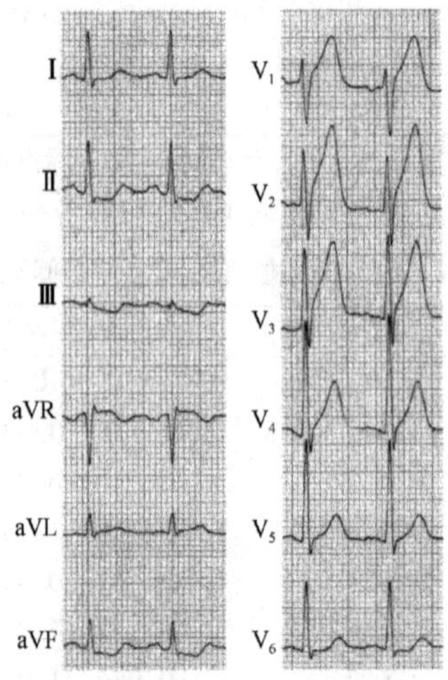

图示aVR导联ST段弓背向上型抬高，Ⅱ，Ⅲ，aVF导联ST段压低。值得注意的是，V_1～V_3导联T波高尖，V_2～V_3导联ST段与T波之结合点消失，几乎呈烫平样斜上型抬高，抬高的程度大于aVR导联，提示为冠状动脉前降支近端狭窄，后为冠状动脉造影所证实。

图1-10 冠状动脉前降支近端狭窄所致急性心肌梗死图形

资料来源：www.sciencedirect.com；www.jecgonline.com.

小结

1. 在不同部位的 STEMI 中，前壁 STEMI 患者 aVR 导联 ST 段抬高者最多，达 76%；下壁 STEMI 次之，为 24%。

2. 前壁 STEMI 患者伴有 aVR 导联 ST 段抬高者，由 LAD 病变所致者占 73.6%，RCA 病变者占 21.9%，LMCA 及 LCX 病变者各占 2.6% 和 1.9%，故前壁 STEMI 患者伴有 aVR 导联 ST 段抬高者病变血管以 LAD 为主，特别是 V_1 ~ V_2 导联 ST 段抬高的程度大于 aVR 导联时，多为 LAD 近端狭窄。

3. 前壁 STEMI 患者伴有 aVR 导联 ST 段抬高的患者院内死亡率升高，这种改变是患者预后不良的独立危险因素和预测指标。

4. aVR 导联 ST 段改变与前壁 STEMI 患者 30 天的死亡率呈"U"形曲线，即 aVR 导联 ST 段压低及抬高者死亡率均升高，死亡率在"U"形曲线的两端；而 ST 段正常者的死亡率在"U"形曲线的低谷。

第六节　aVR 导联 ST 段抬高与冠状动脉左前降支病理解剖改变的关系

由于 aVR 导联位于额面导联体系的右上方位，俯瞰整个左、右心室腔，故可提供某些特定的心电信息，包括来自心脏右上方、右心室流出道及室间隔基底部等部位的电活动信息。但是在急性心急梗死（AMI）的诊断中常常忽略 aVR 导联的作用，或者只被认为是心室左侧壁，如Ⅱ，aVL，V_5 ~ V_6 导联的对应性改变[5,25,55]。在前壁及下壁 ST 段抬高型心肌梗死（STEMI）患者中，aVR 导联 ST 段的改变如何，与这些部位相关导联的关系如何，冠状动脉左前降支（LAD）阻塞的部位、LAD 的长度、冠状动脉造影（CAG）示冠状动脉（CA）的形态学改变与 aVR 导联 ST 段改变的相关性如何等，均没有相关的研究报道。为此 Kotoku 等[52]对此进行了研究，共纳入 261 例前壁 STEMI 患者，诊断标准为胸痛、ECG 相邻的两个导联 ST 段抬高≥2 mm、有心肌酶学增高等；CAG 标准为 LAD 狭窄≥75%，两支及以上主要 CA 狭窄≥50% 者定义为多支血管病变。根据 CAG 改变把 LAD 分为 3 组：LAD 长度未到达心尖部者为短 LAD 组，LAD 超过心尖部但灌注下壁心肌的区域 <25% 者为中等长度 LAD 组，灌注下壁心肌区域 >25% 者为长 LAD 组。研究 aVR 导联 ST 段抬高与 LAD 的长度及其病变部位的关系，主要结果及临床意义如下：

一、前壁 ST 段抬高型心肌梗死患者 aVR 导联 ST 段抬高与冠状动脉左前降支病变部位及其长度的关系

短、中、长 LAD 组 aVR 导联 ST 段抬高的检出率分别为 10.7%，51.0% 及 38.3 %，中等长度组检出率最高。无论长短，LAD 近端阻塞者 aVR 导联 ST 段抬高≥0.5 mm 者为 78.8%，显著高于远端闭塞者的 47.7%（$P<0.001$）。近端狭窄者 aVR 导联 ST 段抬高的幅度也显著高于远端阻塞者[(0.29 ±0.58 mm) *vs.* (−0.12 ±0.63) mm，$P<0.001$]；中、短 LAD 组 aVR 导联 ST 段抬高的程度也显著高于长 LAD 组（$P<0.001$），亦即 LAD 越长，aVR 导联 ST 段抬高的幅度越小，甚至转为压低。LAD 阻塞后侧支循环建立良好与否，aVR 导联 ST 段抬高的程度差别不显著，亦即不能根据 aVR 导联 ST 段抬高的程度来判断侧支循环建立的情况（0.18 ±0.58）mm *vs.*（0.07 ±0.66）mm，$P=0.19$）；冠状动脉 TIMI 血流级别，即 0，1，2 及 3 级者，aVR 导联 ST 段抬高的程度分别为（0.07 ±0.66）mm，（0.24 ±0.52）mm，（0.29 ±0.56）mm 和（0.19 ±0.52）mm，组间差别不显著（$P=0.18$）；单支血管和多支血管病变者 aVR 导联 ST 段抬高的程度分别为（0.20 ± 0.67）mm *vs.*（0.08 ± 0.62）mm，组间差别不显著（$P=0.18$）。根据这些结果可以提示：前壁 STEMI 患者 aVR 导联 ST 段抬高的程度与 LAD 病变部位及 LAD 的长度有关，而与侧支循环的建立与否、TIMI 血流的级别、单支或多支血管病变的相关性不强，见图 1-11 及表 1-8。

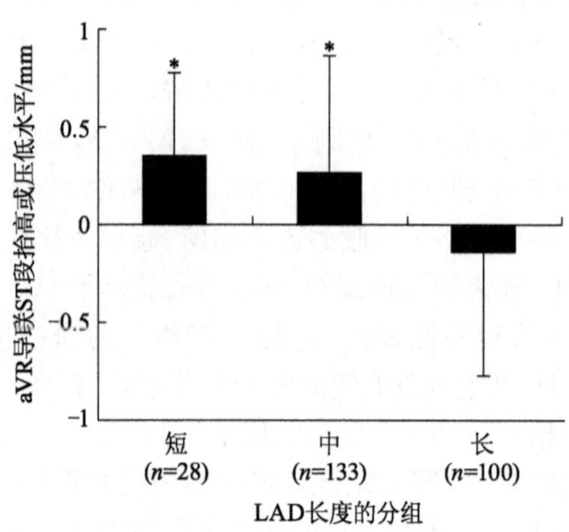

图中的黑色方柱为 aVR 导联 ST 段抬高或压低的均数。短 LAD 组血管闭塞后 ST 段抬高最明显，中等长度 LAD 组次之，长 LAD 组 ST 段则变为负值，呈压低状态。3 组间差别显著（* 指 $P<0.05$）。

图 1-11　前壁 ST 段抬高型心肌梗死患者 aVR 导联 ST 段改变与冠状动脉左前降支血管长度的关系

表 1-8　前壁 ST 段抬高型心肌梗死患者的临床特点及冠状动脉造影改变（$n=261$）

年龄/岁	62.1 ± 10.6
男性	194（74.3%）
高血压	123（47.1%）
糖尿病	52（19.9%）
吸烟	166（63.6%）
TIMI 血流	
0 级	191（73.2%）
1 级	21（8.0%）
2 级	31（11.9%）
3 级	18（6.9%）
LAD 近端阻塞并累及第一对角支	151（57.9%）
多支血管病变	79（30.3%）
侧支循环良好	109（41.8%）
LAD 的长度	
短	28（10.7%）
中	133（51.0%）
长	100（38.3%）

注：表中数据为例数，括号内数据为占比，余者为均数 ± 标准差；LAD 指冠状动脉左前降支；TIMI 指 TIMI 血流指数。

二、前壁 ST 段抬高型心肌梗死患者 aVR 导联 ST 段抬高与其他导联的相关性

aVR 导联 ST 段抬高与 Ⅰ，Ⅱ，Ⅲ，aVF 及 $V_3 \sim V_6$ 导联 ST 段的振幅呈负相关(r: −0.63 ~ −0.21, $P<0.001$)，其中以 Ⅱ，$V_5 \sim V_6$ 导联的负相关性最强，相关指数（r 值）最高，因为这 3 个导联正好位于 aVR 导联的对侧。aVR 与 V_1 导联是唯一呈正相关的导联，因为这两个导联均位于心脏的右上方，但 r 值只有 0.25，相关性不太强。aVR 导联 ST 段抬高与 V_2 和 aVL 导联无相关，可能与这两个导联的方位有关，特别是 aVL 导联位于心脏的左上方，与 aVR 导联 ST 段抬高无相关性，见表 1-9。

表 1-9　前壁 ST 段抬高型心肌梗死患者 aVR 导联 ST 段抬高与其他导联 ST 段改变的相关性

导联	r 值	P 值
Ⅰ	−0.42	<0.001
Ⅱ	−0.63	<0.001
Ⅲ	−0.21	<0.01
aVL	−0.06	=0.36

续表

导联	r 值	P 值
aVF	-0.40	<0.001
V_1	0.25	<0.001
V_2	-0.01	=0.82
V_3	-0.23	<0.001
V_4	-0.38	<0.001
V_5	-0.50	<0.001
V_6	-0.61	<0.001

三、前壁 ST 段抬高型心肌梗死患者 aVR 导联 ST 段抬高的多因素分析

多因素相关回归分析示，Ⅱ导联、V_6 导联的 ST 段压低与 aVR 导联 ST 段抬高呈独立负相关，LAD 近端狭窄与 aVR 导联 ST 段抬高呈独立正相关，*OR* 分别为 0.34（95% *CI*：0.22 ~ 0.52，$P<0.001$），0.50（95% *CI*：0.36 ~ 0.70，$P<0.001$）和 2.85（95% *CI*：1.34 ~ 6.07，$P=0.007$），LAD 近端狭窄的 *OR* 值最高；与此相反，Ⅱ导联和 V_6 导联 ST 段抬高的程度与 aVR 导联 ST 段压低呈独立负相关，LAD 长度及 LAD 远端狭窄与 aVR 导联 ST 段压低呈独立正相关相关，*OR* 分别为 7.45（95% *CI*：2.94 ~ 4.18，$P<0.001$），2.75（95% *CI*：1.79 ~ 4.22，$P<0.001$），4.96（95% *CI*：2.04 ~ 12.07，$P<0.001$）和 0.20（95% *CI*：0.05 ~ 0.07，$P=0.002$），亦即 LAD 闭塞的部位及其不同长度对 aVR 导联 ST 段抬高或压低的程度相关性最强。近端闭塞且为短 LAD 者，aVR 导联 ST 段抬高的程度最明显，中等长度 LAD 组抬高的程度次之，长 LAD 组 ST 抬高的程度最低，3 组间差别显著（$P<0.05$）；与此相反，长 LAD 组远端闭塞者 aVR 导联 ST 段则表现为压低，而且压低的程度在 3 组中最明显，与其他两组比较差别极显著（$P<0.01$），见表 1-10、图 1-12、图 1-13。

表 1-10　前壁 ST 段抬高型心肌梗死患者 aVR 导联 ST 段抬高与冠状动脉左前降支闭塞的部位及血管长度的关系

LAD 长度		短	中	长
ST 段抬高水平/mm	近端闭塞	$0.47 \pm 0.46^{*}$	$0.38 \pm 0.62^{*}$	$0.11 \pm 0.55^{*}$
	远端闭塞	$0.15 \pm 0.34^{*}$	$0.11 \pm 0.55^{**}$	$-0.49 \pm 0.60^{**}$

注：* 指 $P<0.05$；** 指 $P<0.01$，各组间比较。

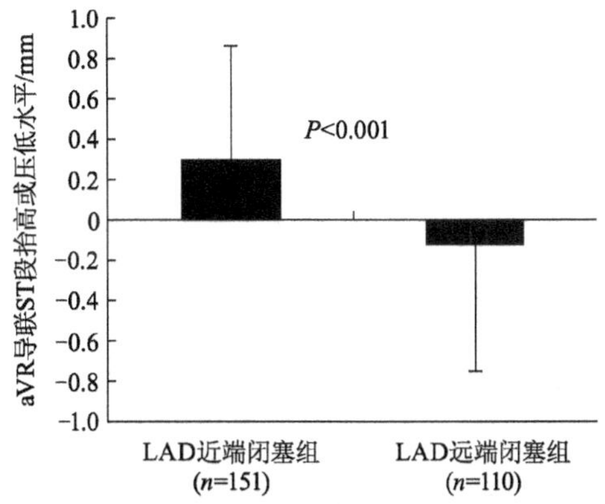

LAD 近端闭塞组 aVR 导联 ST 段抬高的程度显著高于 LAD 远端闭塞组，组间差别极显著（$P<0.01$）。

图 1-12　前壁 ST 段抬高型心肌梗死患者 aVR 导联 ST 段改变与冠状动脉左前降支闭塞部位的关系

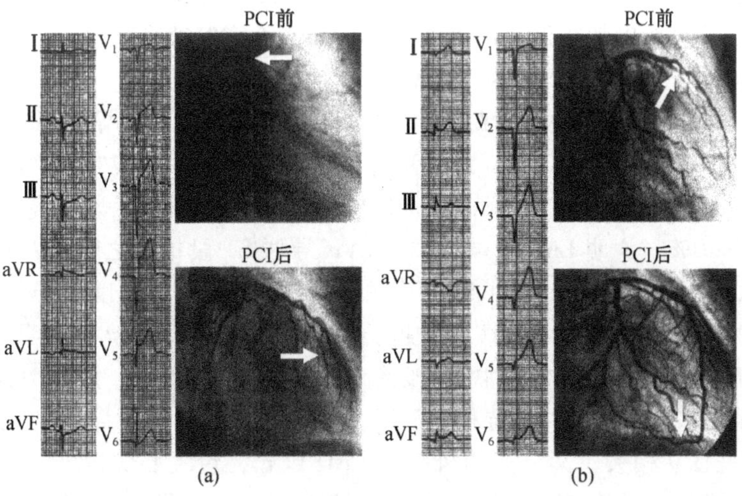

病例 a，ECG 示 aVR 及 $V_1 \sim V_5$ 导联 ST 段抬高。经皮冠状动脉介入术（PCI）之前 CAG 示 LAD 近端完全阻塞，并累及第一对角支。PCI 之后示 LAD 开通，LAD 血管末梢未到达心尖部，为短 LAD（箭头处）。

病例 b，ECG 示 $V_1 \sim V_5$ 导联呈 QS 型，$V_2 \sim V_5$ 导联 T 波高尖，aVR 导联 ST 段压低。PCI 之前 CAG 示 LAD 远端完全阻塞并累及第一对角支，PCI 之后示 LAD 开通，LAD 血管越过心尖部、血流灌注的下壁区域 >25%，为长 LAD（箭头处）。

以上两个病例说明同为 LAD 病变，根据其病变的部位和 LAD 长度的不同，aVR 导联 ST 段可表现为抬高或压低。短 LAD 且为近端狭窄者 aVR 导联 ST 段抬高最明显，长 LAD 且为远端狭窄者 aVR 导联 ST 段则以压低为主。

图 1-13　前壁 ST 段抬高型心肌梗死患者 aVR 导联 ST 段改变与冠状动脉左前降支病理解剖的关系

四、前壁 ST 段抬高型心肌梗死患者 aVR 导联 ST 段改变的电生理机制

众所周知，aVR 导联与Ⅱ及 $V_5 \sim V_6$ 导联互为对应性改变，aVR 导联 ST 段抬高时，这些导联的 ST 段则表现为压低；反之亦然。而 aVR 导联与Ⅰ，Ⅲ，aVF，$V_1 \sim V_3$ 导联呈弱至中度相关，亦即在前壁 STEMI 时，这些导联 ST 段的抬高或压低对 aVR 导联 ST 的改变影响不明显，因此前壁 STEMI 患者伴有 aVR 导联 ST 段改变者还有其他因素参与，可能的机制如下[51,56]：

（一）aVR 导联 ST 段改变与 LAD 病变部位的关系

Kotoku 等[52]的研究示 LAD 近端狭窄者 aVR 导联 ST 段抬高最明显，显著高于 LAD 其他任何部位的病变。多因素相关回归分析也显示 LAD 近端狭窄是 aVR 导联 ST 段抬高≥0.5 mm 的独立相关因素。LAD 近端狭窄或狭窄累及第一对角支时，可引起室间隔基底部的透壁性缺血，其损伤电流指向右肩方向，引起 aVR 导联 ST 段的抬高，Kotoku 等[52]的早期研究也证实了这一点。Engelen 等[57]报道前壁 STEMI 患者入院时 aVR 导联 ST 段抬高≥0.5 mm 预测 LAD 近端狭窄的特异性为 95%、敏感性为 43%，即特异性高但敏感性低。

（二）aVR 导联 ST 段改变与 LAD 长度的关系

Kotoku 等[52]的研究示短 LAD 且为近端狭窄者，其 aVR 导联 ST 段抬高≥0.5 mm 的检出率高达 78.8%，显著高于远端狭窄者的 47.7%（$P<0.001$）。但一般报道 LAD 近端狭窄所致 STEMI 患者中，aVR 导联 ST 段抬高≥0.5 mm 者约占 50.0%，说明 LAD 近端狭窄与 aVR 导联 ST 段抬高之间还有其他因素参与，如 LAD 的长短等。Kotoku 等[52]的研究发现 LAD 的长度与 aVR 导联 ST 段抬高的程度呈负相关，亦即 LAD 越长，aVR 导联 ST 段抬高越不明显，直至转为压低。长 LAD 组 aVR 导联 ST 段抬高的水平显著低于中、短 LAD 组，直至变为负值。多因素相关回归分析也显示，LAD 的长度与 aVR 导联 ST 段压低≥0.5 mm 呈独立相关，其可能的机制为 LAD 过长，包绕心尖部并灌注下壁心肌，一旦发生血管闭塞，则引起左心室心尖部及下壁心肌的透壁性缺血，其损伤电流向左、向下与 aVR 导联相背离，故 aVR 导联 ST 段压低[8,58]。Kotoku 等[52]的研究示短 LAD 组 aVR 导联 ST 段均抬高，无一例发生过 aVR 导联 ST 段的压低，也证明了 LAD 近端与远端狭窄者心肌损伤电流互为反向，前者使 aVR 导联 ST 段抬高，后者则表现为压低。因此，aVR 导联 ST 段的改变就单纯 LAD 病变所致者，参与因素较多，包括 LAD 的病变部位、LAD 的长度及 LAD 所灌注心肌的范围等。

（三）aVR 导联 ST 段压低与心肌梗死范围的关系

Kosuge 等[58]曾报道前壁 STEMI 且 aVR 导联 ST 段压低≥0.5 mm 者，其 MI

面积扩大、左心室功能降低，但 Kotoku 等[52]的研究未显示 aVR 导联 ST 段压低者 MI 面积扩大，因此 aVR 导联 ST 段压低是否与 MI 面积扩大有关，尚待进一步研究证实，因此 Sgarbossa 等[3]主张增添“－aVR”导联，有助于对下壁或侧壁 MI 面积扩大的诊断，目前常规 12 导联 ECG 额面导联系统无论从逻辑排列还是心脏的激动顺序上均有不足或欠缺，应在Ⅰ和Ⅱ导联之间添加“－aVR”导联，并按心脏激动的顺序把额面导联重新排列组合，方可容易地根据各导联图形之间的联系分析 MI 面积是否扩大[42]（详见本章第二节）。

小　结

1. 前壁 STEMI 患者中，aVR 导联 ST 段的改变与 LAD 病变的部位及 LAD 的长短有关。

2. 在 LAD 近端狭窄所致的前壁 STEMI 患者中，aVR 导联 ST 段以抬高为主，占 78.8% 左右。

3. 长 LAD 且远端狭窄者，其 aVR 导联 ST 段以压低为主。

4. aVR 导联 ST 段抬高与前壁 STEMI 患者的冠状动脉侧支循环建立与否及 TIMI 血流的级别之间无明显相关性。

第七节　aVR 导联 ST 段改变对 ST 段抬高型心肌梗死面积扩大及心肌再灌注不良的诊断意义

众所周知，下壁急性心肌梗死（AMI）或 ST 段抬高型心肌梗死（STEMI）的罪犯血管以右冠状动脉（RCA）病变者最多，左回旋支（LCX）引起者较少。心电图（ECG）aVR 的对侧导联，即“－aVR”导联 ST 段抬高可作为下壁和高侧壁 STEMI 及心肌梗死（MI）面积扩大诊断的分水岭，但目前国内外大多数医院使用的仍为常规 12 导联 ECG，尚未添加“－aVR”导联。“－aVR”ST 段抬高，其对侧 aVR 导联的 ST 段则必然压低，因此 aVR 导联 ST 段的压低对于这两支罪犯血管的界定也有重要意义。在前侧壁 STEMI，按 ST 段对应性改变的理论，如出现 aVR 导联 ST 段的压低应该是其对侧，即前侧壁导联 ST 段的抬高所致，如此一来，aVR 导联 ST 段的压低可能不具有太大的临床意义。但事实上，出现这种改变可能为心肌再灌注不良，即再灌注治疗不成功或 MI 面积扩大，本节将结合 Kosuge 等的多次研究结果[17,56,59,60]，对上述问题进行归纳总结。Kosuge 等的研究主要观察 aVR 导联 ST 段压低对下壁及前侧壁 STEMI 患者面积扩大及心肌再灌注不良的诊断意义，其主要内容及临床意义如下。

一、aVR 导联 ST 段压低对下壁 STEMI 面积扩大及心肌再灌注不良的诊断意义

（一）下壁 STEMI 及心肌再灌注不良的诊断标准

本研究共纳入 225 例 STEMI 患者，平均年龄（63 ± 11）岁。诊断标准为患者胸痛持续的时间≥30 min，ECG 中Ⅱ，Ⅲ，aVF 3 个导联中任何两个导联的 ST 段抬高≥1 mm，同时伴有心肌酶学升高≥正常水平的两倍。患者均在入院后 6 h 内实施冠状动脉造影（CAG）及经皮冠状动脉介入治疗（PCI）。冠状动脉血流水平按 TIMI 0 ~ 3 级评价，PCI 后血流达 TIMI 3 级者认定为血管完全开通，侧支循环达 2 ~ 3 级者为侧支循环良好，0 ~ 1 级者为侧支循环不良。心肌再灌注不良的诊断标准按 Wong 氏的计分标准，即心肌无充盈（no myocardial blush）者计 0 分，轻度充盈计 1 分，中度充盈计 2 分，正常充盈计 3 分，0 ~ 1 分者定义为心肌充盈受损，即心肌再灌注不良（impaired myocardial reperfusion）。

（二）下壁 STEMI 患者 aVR 其他导联 ST 段的改变

根据 aVR 导联 ST 段压低的情况把患者分为 3 组：A 组患者 aVR 导联 ST 段无压低，B 组患者 aVR 导联 ST 段压低≤1.0 mm，C 组 ST 段压低 > 1.0 mm。各组患者的年龄、Killip 级别、PCI 的实施情况、冠心病（CHD）的危险因素等均差别不显著（$P > 0.05$）。ECG 中Ⅱ，Ⅲ，aVF，$V_5 \sim V_6$ 导联 ST 段抬高的程度，$V_1 \sim V_4$ 导联 ST 段压低的程度，以及这些导联 ST 段偏移的总和在 C 组最高、A 组最低、B 组介于 A 和 C 组之间，3 组间的差别极显著（$P < 0.001$）；ST 段抬高或压低的导联数亦是如此，即下壁 3 个导联 ST 段抬高的程度、抬高的均数，以及 $\sum$ Ⅱ,Ⅲ, aVF 3 个导联 ST 段的抬高，在 B，C 两组均显著高于 A 组（$P < 0.001$）；心尖部 $V_5 \sim V_6$ 导联 ST 段的抬高，$V_1 \sim V_4$ 导联 ST 段的压低等在 B，C 两组亦显著高于 A 组（$P < 0.001$）；心肌酶学的峰值和住院期间心力衰竭（HF）的发生率在 B，C 两组均显著高于 A 组（$P < 0.001$），这些均说明 B，C 两组，特别是 C 组患者的 MI 面积扩大，并发症的检出率升高，见表 1-11 及图 1-14。

表 1-11　下壁 STEMI 患者 3 组间各导联 ST 段改变的差别及其显著性检验（$X \pm SD$，mm）

各导联 ST 段改变	A 组 aVR-ST↓ （-）	B 组 aVR-ST↓ ≤1.0 mm	C 组 aVR-ST↓ >1.0 mm	P 值
Ⅱ导联 ST 段↑	1.4 ± 0.9	2.3 ± 1.2	4.5 ± 1.8	<0.001
Ⅲ导联 ST 段↑	2.3 ± 1.3	3.1 ± 1.8	5.5 ± 2.2	<0.001
aVF 导联 ST 段↑	1.7 ± 1.2	2.8 ± 1.5	4.8 ± 1.9	<0.001
3 个导联 ST 段↑	2.2 ± 1.3	3.3 ± 1.7	5.6 ± 2.2	<0.001

续表

各导联 ST 段改变	A 组 aVR−ST↓ (−)	B 组 aVR−ST↓ ≤1.0 mm	C 组 aVR−ST↓ >1.0 mm	P 值
∑ Ⅱ，Ⅲ，aVF↑	5.2±3.2	8.4±4.5	14.7±5.5	<0.001
V_5 导联 ST 段↑	0.3±0.2	0.3±0.7	1.0±1.5	<0.001
V_6 导联 ST 段↑	0.1±0.5	0.5±0.4	1.7±1.6	<0.001
∑ V_5 ~ V_6 导联↑	0.2±0.5	0.5±1.4	2.7±2.4	<0.001
∑ 下壁及 V_5 ~ V_6↑	5.4±3.5	9.2±4.5	17.3±7.2	<0.001
V_1 导联 ST 段↓	0.3±0.7	0.5±1.0	1.7±2.4	<0.001
V_2 导联 ST 段↓	1.0±1.2	1.8±1.9	4.1±4.6	<0.001
V_3 导联 ST 段↓	1.5±1.6	2.2±2.3	3.7±3.4	<0.001
V_4 导联 ST 段↓	1.6±1.6	1.5±1.6	2.4±2.3	<0.001
∑ V_1 ~ V_4 导联↓	4.3±4.5	6.7±4.3	12.1±11.3	<0.001

注：表中数据为 ST 段抬高或压低 mm 数的均数±标准差（$X \pm SD$）；↑指 ST 段抬高；↓指 ST 段压低；aVR−ST↓（−）指 aVR 导联 ST 段无压低。

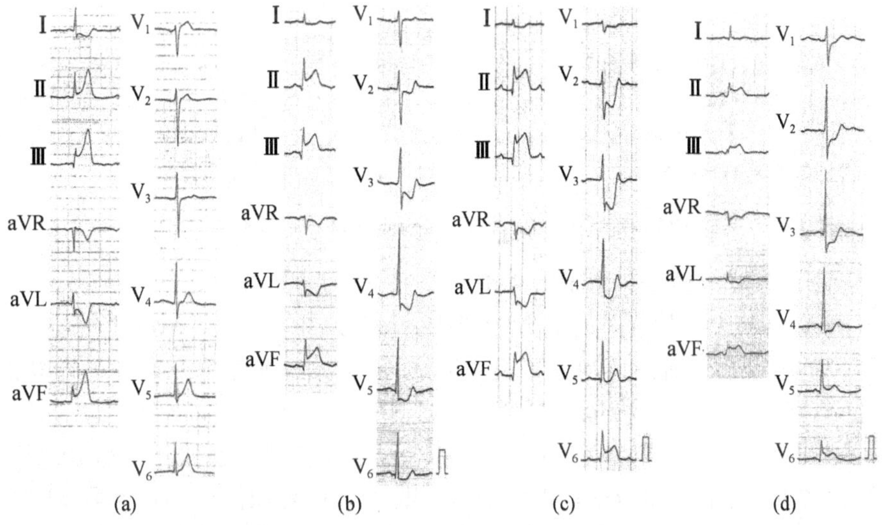

图 a 为下壁 STEMI 患者，其中Ⅱ，Ⅲ，aVF 导联 ST 段弓背向上型抬高，Ⅰ和 aVL 导联 ST 段压低，aVR 导联 ST 段无压低；图 b 的图形基本与图 a 相同，aVR 导联 ST 段压低，但≤1.0 mm；图 c 示Ⅱ，Ⅲ，aVF 和 V_6 导联 ST 段弓背向上型抬高，Ⅰ，aVL，V_1 ~ V_4 导联 ST 段压低，aVR 导联 ST 段压低>1.0 mm；图 d 的图形与图 c 基本相同，但 V_1 ~ V_4 导联 ST 段压低的程度有所缓解，aVR 导联 ST 段压低亦>1.0 mm。图 c 和图 d 说明 aVR 导联 ST 段压低>1.0 mm 者伴有其他导联 ST 段抬高或压低的程度及导联数明显增加，说明 MI 面积扩大，心肌再灌注不良。

图 1-14　下壁 STEMI 患者 aVR 导联 ST 段压低伴有其他导联 ST 段改变的意义

（三）下壁 STEMI 患者 aVR 导联 ST 段压低与 CAG 改变的关系

CAG 示三组间 RCA 或 LCX 病变的程度、多支血管狭窄的检出率差别不显著，但 C 组患者侧支循环的建立较差。C 组心肌再灌注不良的发生率为 67%，B 组为 25%，A 组只有 2%，三组间差别极显著（$P<0.001$）；aVR 导联 ST 段压低 > 1.0 mm 对心肌再灌注不良预测的敏感性为 92%、特异性为 67%、阴性预测值为 97%，显著高于其他各 ECG 指标（$P<0.001$），见图 1-15。

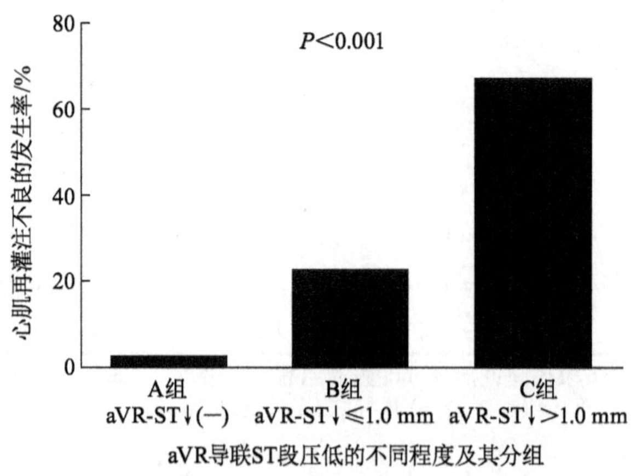

心肌再灌注不良的诊断标准按 Wong 氏的 0 ~ 1 计分标准分为 A，B，C 三组。↓示 aVR 导联 ST 压低。A 组 aVR 导联 ST 段无压低［aVR ST↓（－）］，B 组为 aVR 导联 ST 压低≤1.0 mm，C 组为 aVR 导联 ST 段压低 > 1.0 mm。A 组心肌再灌注不良的发生率为 2%，B 组为 25%，C 组为 67%，三组间差别极显著（$P<0.001$）。

图 1-15　下壁 STEMI 患者 aVR 导联 ST 段压低对心肌再灌注不良的诊断意义

（四）下壁 STEMI 患者 aVR 导联 ST 段压低的临床意义

Stone 等研究[61,62]证实尽管对梗死相关血管（IRA）进行了成功的开通术，仍有一些患者处于血液再灌注不良、MI 面积扩大及死亡率升高的高危状态。因此应对此进行研究以便能够早期识别这些高危患者。Kosuge 等[56]的研究发现 aVR 导联 ST 段压低特别是压低 > 1.0 mm 者是心肌再灌注不良和/或 MI 面积扩大的重要指标。Menown 等[17]报道下壁 AMI 患者如伴有 aVR 导联 ST 段压低示 MI 面积扩大，但是他们的研究无 CAG 的相关资料，因此不能确定患者的 IRA 是否开通。Nair 等[60]报道伴有 aVR 导联 ST 段压低的下壁 AMI 患者 IRA 以 LCX 病变为主，RCA 相对较少，但样本量太少、代表性差。因此，以往的研究尚未肯定下壁 AMI 伴有 aVR 导联 ST 段压低与 IRA 及梗死面积大小的关系。

Kosuge 等[56]研究的患者均为首次发生的下壁 STEMI，在起病 6 h 内实施了血管再通术，CAG 示 RCA 或 LCX 血流均达到了 TIMI 3 级，在这种情况下如伴有 aVR 导联 ST 段压低，均与 MI 面积扩大及再灌注不良有关，三组患者的 IRA，即 RCA 或 LCX 的病变情况或狭窄的程度差别不显著，但伴有 aVR 导联 ST 段压低的患者 MI 面积扩大、心肌再灌注不良的区域显著增加，说明下壁 STEMI 患者伴有 aVR 导联 ST 段压低是心肌再灌注不良和/或 MI 面积扩大的简单诊断指标。

下壁导联 ST 段的抬高伴有前壁导联 ST 段的压低亦可提示 MI 面积的扩大。在 Kosuge 等[56]的研究中，把 aVR 导联 ST 段压低 >1.0 mm 者与 V_1 ~ V_4 导联 ST 段压低，以及Ⅱ，Ⅲ，aVF，V_5 或 V_6 导联 ST 段抬高等进行汇总分析，结果显示，无论 ST 段压低或抬高的幅度如何，还是抬高或压低的导联数显著增高，均说明 aVR 导联 ST 段压低 >1.0 mm 者 MI 的面积扩大，心肌再灌注不良，特别是对后者的预测值、敏感性、特异性等均高于其他导联或其他导联的总和。这说明下壁 STEMI 患者如伴有 aVR 导联 ST 段压低，对于 MI 的扩大及心肌再灌注不良诊断及预测的价值高于其他任何导联。对于此类患者应采取积极的治疗措施，改善心肌不良灌注，以便改善患者的预后。

在下壁 STEMI 患者中亦可出现 aVR 导联 ST 段的抬高，但出现率低于 aVR 导联 ST 段压低，不良预后的发生率可能高于 aVR 导联 ST 段压低者。Kukla 等[63]曾研究过 320 例下壁 STEMI 患者，其中 aVR 导联 ST 段抬高组占 14.7%，ST 段压低组占 27.5%，共计 42.2%，余者 aVR 导联 ST 段无异常。这三组患者住院期间的死亡率分别为 27.7%，16.5% 和 1.0%，各组间的差别极显著（$P<0.001$）。在实施各种治疗方案的患者中，有无 aVR 导联 ST 段改变者的死亡率存在显著差别：实施 PCI 的患者中，伴有 aVR 导联 ST 段抬高者的死亡率显著高于无 ST 段改变者（14.5% *vs.* 1.2%，$P<0.001$）；在实施静脉溶栓的患者中，aVR 导联 ST 段抬高、压低及 ST 段无异常变化者的死亡率分别是 33.3%，12.9% 和 0（$P=0.006$）；在实施一般治疗的患者中（亦即无 PCI 及静脉溶栓组），三组间的死亡率分别是 32.0%，12.5% 和 2.0%（$P=0.006$）。入院时女性患者及糖尿病、高血压、心功能降低患者，伴有心源性休克的患者，其 aVR 导联 ST 段抬高发生率显著升高，这些均为 aVR 导联 ST 段抬高的相关因子。该研究的结论是下壁 STEMI 患者几乎半数伴有 aVR 导联 ST 段的改变，无论是抬高还是压低，其死亡率均显著高于 aVR 导联 ST 段无异常改变者。故下壁 STEMI 患者 aVR 导联 ST 段的改变是患者预后不良的简单、可靠的预测指标。

（五）下壁 STEMI 患者 aVR 导联 ST 段改变的电生理机制

众所周知，额面导联系统的下壁和高侧壁各个导联间隔为 30°，而Ⅰ导联和Ⅱ导联的间隔却为 60°，出现了一个 60°的间隔空缺，使这个区域的心电信息不能被充分反映，如在 30°这个空间位置增添一个“－aVR”导联，则可以弥补这些不足。研究已经证实下壁或高侧壁 AMI 如伴有“－aVR”导联 ST 段抬高，则提示这两个部位的 MI 面积扩大[42]。因此 Sgarbossa 等积极倡导使用 Cabrera 导联体系，鼓励使用能够记录“－aVR”导联的 ECG 设备[3,14]。aVR 导联位于“－aVR”导联的对侧，这两个导联的图形互为对应性改变。“－aVR”导联 ST 段抬高，其对侧的 aVR 导联 ST 段则必然压低，同样反映出下壁或高侧壁 MI 扩大，以及心肌再灌注不良。与此相反，如下壁或高侧壁为非 ST 段抬高型心肌梗死（NSTEMI），同时伴有“－aVR”导联 ST 段的压低，对侧的 aVR 导联 ST 段则表现为抬高，同样提示下壁或高侧壁 NSTEMI 扩大。这种方法简便易行，亦无须再添置检测“－aVR”导联的特殊 ECG 设备而达到诊断之目的（更多内容详见本章第二节）。

二、aVR 导联 ST 段压低对前侧壁 STEMI 患者面积扩大及心肌再灌注不良的诊断意义

Kosuge 等[59]的另一篇研究共收集了 301 例前侧壁 STEMI 患者，患者均在起病 6 h 内实施了急诊经皮冠状动脉介入术（PCI）或静脉溶栓术，术后均再次给予 CAG 检查以评价冠状动脉血流，按 TIMI 血流级别予以评价。根据 aVR 导联 ST 段的改变把患者分为三组。组 1 为 71 例 ST 段抬高≥0.5 mm 者，组 2 为 131 例无 ST 段偏移者，组 3 为 99 例 ST 段压低≥0.5 mm 者。

三组患者性别、年龄、冠心病(CHD)危险因素、起病到就诊的时间及血管病变的支数等均差别不显著。研究结果示 Killip 级别≥Ⅱ者在三组间分别为 6%，6%和 15%，组 3 显著大于前两组($P=0.03$)；心电图Ⅰ，aVL 及 $V_1\sim V_6$ 导联 ST 段抬高的程度，即总毫米数，在三组间分别为（20±11），（23±9）和（33±14）mm，组 3 显著大于前两组($P<0.01$)；TIMI 血流在 0～1 级者在三组间所占比例分别为 56%，70%和 78%，组间差别极显著($P=0.01$)；良好的侧支循环率(rate of good collateral circulation)，三组间分别为 43%，39%和 22%，组 3 显著低于前两组($P=0.03$)；心肌灌注不良率(rate of impaired myocardial reperfusion)，三组间分别为 14%，23%和 65%，组 3 显著高于前两组($P<0.01$)；心肌酶学 CK 平均值，三组间分别为（3 432±1 995），（4 045±2 144）和（5 986±2 550）mU/mL，三组间差别极显著($P<0.01$)；出院前三组患者左心室射血分数(LVEF)分别为(56±13)%，(51±11)%和(44±12)%，三组间差别极显著($P<0.01$)。

该研究结果示前侧壁 STEMI 患者如出现 aVR 导联 ST 段的压低，说明心肌再灌注不良，即再灌注成功率低，MI 面积较大，患者的并发症多，预后不良。故 STEMI 患者再灌注治疗后 aVR 导联 ST 段压低对心肌再灌注不良及预后的判断具有重要意义[59]。

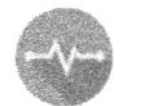

小 结

1. 下壁 STEMI 患者伴有 aVR 导联 ST 压低，特别是压低 > 1.0 mm 者示 MI 面积扩大、心肌再灌注不良。

2. 下壁 STEMI 患者伴有 aVR 导联 ST 压低可作为“－aVR”导联 ST 段抬高的代用指标，用来预测 MI 面积扩大及心肌再灌注不良，方法简单可靠。

3. 前侧壁 STEMI 患者伴有 aVR 导联 ST 压低≥0.5 mm 者示 MI 面积扩大、心肌再灌注不良。

第八节 aVR 导联 ST 段压低对下壁急性心肌梗死患者罪犯血管鉴别诊断的意义

急性下壁 ST 段抬高型心肌梗死（STEMI）的罪犯血管以右冠状动脉（RCA）为主，但也可由左回旋支（LCX）病变引起。患者的临床预后及死亡率取决于这两支血管的病变部位。例如，下壁伴右心室急性心肌梗死（AMI）患者的罪犯血管几乎均为 RCA，被掩盖的右心室 AMI、心律失常、休克的发生率及死亡危险性等均显著增高。因此，识别下壁 AMI 高危患者及其罪犯血管，并予以积极治疗，可大大降低患者异常事件的发生率。Nair 等[60]曾对一组下壁 AMI 患者的心电图（ECG）与冠状动脉造影（CAG）进行过对照研究，结果显示，下壁 AMI 患者的罪犯血管为 RCA 者占 83%、LCX 者为 17%，RCA 与 LCX 的比例几乎为 5∶1，也有报道为 2.2∶1 或 7.0∶1，因此下壁 AMI 的罪犯血管仍以 RCA 为主，LCX 次之，也有左前降支（LAD）病变引起者，这种情况往往是 LAD 过长，越过心尖供应下壁所致，即所谓 LAD 包绕现象（详见本章第六节）[52,60,64,65]。RCA 病变者的梗死向量指向下和右，而 LCX 病变的梗死向量指向后下和左。基于这一点，Kanei 和 Fiol 等[66,68]提出了一些 ECG 诊断标准以确定下壁 STEMI 的罪犯血管，利用 aVR 导联 ST 段的抬高来预测 LCX 的病变。分析了一组下壁 STEMI 患者的 CAG 及 ECG 改变，患者均于起病 12 h 内完成 CAG 检测，并与入院初始的 ECG 进行对照研究，分析其罪犯血管是 RCA 还是 LCX，ECG 不同诊断标准对病变血管诊断的敏感性，以及 aVR 导联 ST 段改变对罪犯血管的诊断价值。由于 aVR 导联位于额面导联体系的右上方，对下壁及左侧壁 STEMI 的反映更全面，如果下壁 STEMI 的罪犯血管来自 LCX，可出现 aVR 导联 ST 段的压低及 aVL 导联 ST 段的抬高，此时 aVR 导联 ST 段压低反映 LCX 病变的意义可能大于或等于 aVL 导联 ST 段的抬高。本节就 aVR 导联 ST 段压低对下壁 STEMI 患者罪犯血管鉴别诊断的意义进行讨论。

一、Fiol 等[68]提出的鉴别下壁 STEMI 患者罪犯血管的 ECG 标准

1. Ⅰ导联 ST 段压低，额面向量偏右（right-sided vector），罪犯血管为 RCA。相反，如Ⅰ导联 ST 段抬高，额面向量偏左（left-sided vector），则罪犯血管为 LCX。

2. 如果无第 1 条改变，但Ⅱ导联 ST 段抬高的程度大于Ⅲ导联，并且额面向量偏左，罪犯血管为 LCX。

3. 如果无第 1、2 条改变，心前区导联 ST 段压低的总和与下壁导联 ST 段抬高总和的比例小于 1，罪犯血管为 RCA；如果大于 1，则为 LCX(例如，心前区导联 ST 段压低的总和为 10 mm，下壁 ST 段抬高的总和为 12 mm，10/12 为 0.83，小于 1，罪犯血管为 RCA。相反，如心前区导联 ST 段压低的总和为12 mm,下壁 ST 段抬高的总和为 10 mm，12/10 为 1.2，大于 1，罪犯血管为 LCX)。

这 3 条标准诊断罪犯血管为 RCA 的敏感性为 94%，特异性为 60%；诊断罪犯血管为 LCX 的敏感性为 63%，特异性为 94%。

二、Vales 及 Tierala 等[67,68]提出的鉴别下壁 STEMI 患者罪犯血管的 ECG 标准

1. Ⅱ导联 ST 段抬高的程度大于Ⅲ导联，额面向量偏左，罪犯血管为 LCX。

2. 如果无第 1 条改变，则 V_1 导联 ST 段抬高或 ST 段处于等电位线水平，而 V_2 导联 ST 段压低，额面向量偏右，罪犯血管为 RCA。

3. 如果无 1、2 条改变，则 aVR 导联 ST 段压低的幅度≥aVL 导联，罪犯血管为 LCX。如果 1～3 条均无，则罪犯血管为 RCA。

这 3 条标准诊断罪犯血管为 RCA 的敏感性为 94%，特异性为 68%；诊断罪犯血管为 LCX 的敏感性为 65%，特异性为 94%。

三、Vales 等[67]提出的鉴别下壁 STEMI 患者罪犯血管的 ECG 标准

1. aVR 导联 ST 段压低 <1 mm，或无压低，罪犯血管为 RCA。

2. aVR 导联 ST 段压低≥1 mm，罪犯血管为 LCX。

这 2 条标准诊断罪犯血管为 RCA 的敏感性为 86%，特异性为 55%；诊断罪犯血管为 LCX 的敏感性为 53%，特异性为 86%，见图 1-16、图 1-17。

四、Nair 等[60]提出的鉴别下壁 STEMI 患者罪犯血管的 ECG 标准

1. RCA 的血管分布在额面 ECG 上的反应轻度偏右，故 RCA 阻塞后引起下壁 AMI 的损伤电流也偏右，因此Ⅲ导联 ST 段抬高的程度大于Ⅱ导联。

2. LCX 的血管分布在额面 ECG 上的反应偏左，故 LCX 阻塞后引起下壁

AMI 的损伤电流也偏左，因此Ⅱ导联 ST 段抬高的程度大于Ⅲ导联，可同时有Ⅰ导联的 ST 段抬高，而 RCA 阻塞所致的 AMI 则无。

3. LCX 阻塞引起下壁 AMI 的梗死向量与 aVR 导联轴呈钝角，故 aVR 导联 ST 段压低明显≥1 mm。

4. RCA 阻塞所致下壁 AMI 的梗死向量与 aVR 导联轴相垂直，故 aVR 导联 ST 段无压低或压低的幅度 <1 mm。

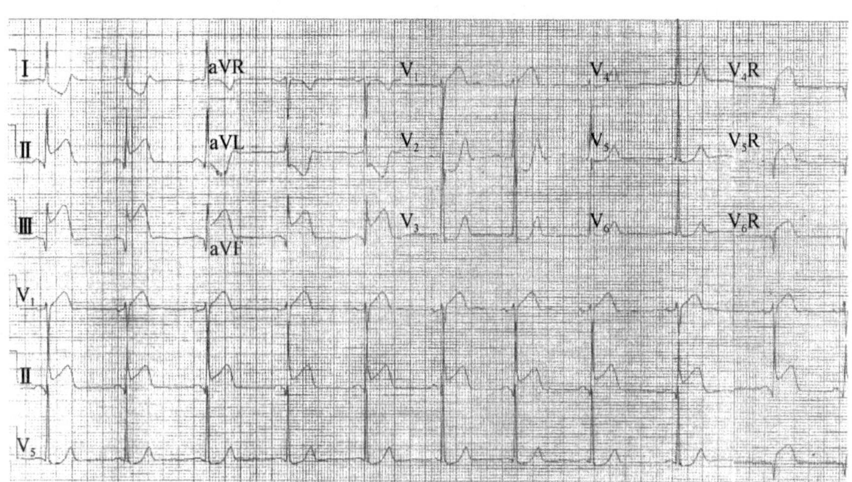

图示Ⅱ，Ⅲ，aVF 导联 ST 段抬高，Ⅲ导联 ST 段抬高的幅度大于Ⅱ导联，aVR 导联 ST 段压低 <1 mm，V_4R、V_5R 及 V_6R ST 段抬高≥1 mm，为典型的下壁伴右心室 AMI 图形。其他尚有Ⅰ，aVL，V_2 等导联的 ST 段压低。图中后 3 行为 V_1，Ⅱ及 V_5 导联的连续记录。左下方 3 个图形无导联的标注，自上至下的分布应为 V_1，Ⅱ和 V_4R 导联。此患者冠状动脉造影证实为右冠状动脉近端闭塞[60]。

图 1-16　右冠状动脉近端阻塞引起下壁及右心室梗死的 ECG 改变

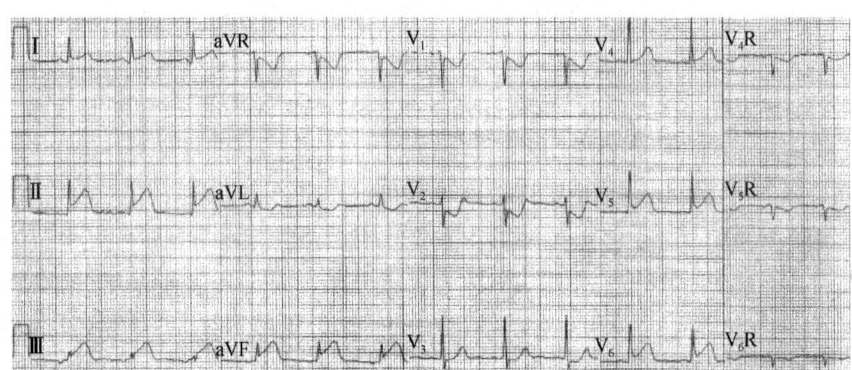

图示Ⅱ，Ⅲ，aVF 导联 ST 段抬高，但Ⅱ导联 ST 段抬高的幅度大于Ⅲ导联，aVR 导联 ST 段压低 >1 mm，Ⅰ导联 ST 段轻度抬高。V_1 ~ V_2 导联 ST 段压低、V_4R ~ V_6R ST 段压低。此图亦为下壁 AMI，冠状动脉造影证实为 LCX 远端闭塞并累及第一钝缘支[60]。

图 1-17　冠状动脉左旋支阻塞引起的下壁急性心肌梗死 ECG 图形

五、aVR 导联 ST 段改变对下壁 STEMI 罪犯血管诊断的意义

Vales 等[67]研究了 106 例下壁 STEMI 患者。结果显示，罪犯血管为 RCA 者占 81.1%，LCX 者占 17.9%，aVR 导联 ST 段压低者共计 21.6%。伴有 aVR 导联 ST 段压低者罪犯血管多为 LCX，aVR 导联 ST 段压低≥1 mm 预测 LCX 病变的敏感性为 53%、特异性为 86%、与 LCX 相反，预测 RCA 病变的敏感性为 86%、特异性为 55%，敏感性高而特异性低。aVR 导联 ST 段无压低或压低 < 1 mm 者，RCA 病变者占 89%，显著高于其他病变血管（$P<0.01$）。RCA 病变患者如伴有 aVR 导联 ST 段压低，则多伴有后侧支（posterolateral branches）冠状动脉血管的病变，其发生率显著高于无 aVR 导联 ST 段压低者（67% *vs.* 16%，$P=0.0006$）。Nair 等[60]的研究也示 aVR 导联 ST 压低≥1 mm 者，其罪犯血管多为 LCX，而压低 < 1 mm、无压低，或抬高者的罪犯血管多为 RCA，对罪犯血管诊断的敏感性为 70%、特异性为 94%，各个预测值略低于 aVR 导联 ST 段的抬高。Kühl 等[50]通过系统回顾，对 aVR 导联 ST 段改变与梗死相关血管（infarct-related artery，IRA）相关的临床对照研究进行了分析，其中有 5 个研究示下壁 STEMI 患者 aVR 导联 ST 段压低对甄别病变血管来自于 RCA 而非 LCX 有重要价值，其敏感性为 37%、特异性为 86%、阳性预测值为 42%、阴性预测值为 83%，Kühl 等认为 aVR 导联的方位与 aVL 导联相比，在解剖学的反方向更能准确地反映下壁左侧部位（left-sided inferior）的 MI 改变，当 LCX 阻塞时 aVR 导联 ST 段压低的意义不亚于 aVL 导联 ST 段抬高的意义。

六、下壁 STEMI 患者 aVR 导联 ST 段改变的电生理基础

通过观察 ECG 上梗死向量的方向，可判断下壁 STEMI 的罪犯血管是 RCA 还是 LCX。如梗死向量向下、向右，则罪犯血管为 RCA；如梗死向量向下、向左，则罪犯血管为 LCX。如果 IRA 为 RCA，则常伴有右心室梗死及血流动力学的异常，患者的死亡率明显升高，故及时正确区分 IRA 非常重要。Fiol 及 Zhong-qun 等[68,69]的研究认为 aVR 导联 ST 段偏移的幅度与损伤向量的方向和损伤向量的面积（size of the vector）有关，而后两者则由心肌缺血的严重程度所决定。下壁 STEMI 可由 RCA 或 LCX 闭塞引起，因这两支血管的供血区域在额面上位于 +120° ~ −60°，但两支血管的管辖范围仍有区别。RCA 闭塞所致的下壁 STEMI，其梗死向量向下、向右，在额面上位于 +90° ~ +120°，与位于 −150°角的 aVR 导联的夹角较小，故 aVR 导联 ST 段压低的程度小，多 < 1 mm、无压低，甚至抬高。而 LCX 闭塞所致的下壁 STEMI，其梗死向量向下、向左，位于 +90° ~ −60°，与位于 −150°角的 aVR 导联夹角增大，亦即反方向的角度增大，故 aVR 导联 ST 段压低≥1 mm。此为下壁 STEMI 患者的 IRA 是 RCA 还

是 LCX 的主要鉴别点。

小　结

下壁 STEMI 的罪犯血管由 RCA 引起者占 81.1% ~83.0%，LCX 引起者占 17.9%，RCA 与 LCX 的比例几乎为 5∶1。aVR 导联 ST 段改变鉴别下壁 STEMI 患者罪犯血管简单而实用：

1. 下壁 STEMI Ⅲ导联 ST 段抬高的幅度大于Ⅱ导联，aVR 导联 ST 段无压低，或压低 <1 mm，罪犯血管为 RCA，其敏感性为 94%、特异性为 68%。

2. 下壁 STEMI Ⅱ导联 ST 段抬高大于Ⅲ导联，同时有Ⅰ导联 ST 段抬高、aVR 导联 ST 段压低≥1 mm，罪犯血管为 LCX，其敏感性为 63%、特异性为 94%。

第九节　aVR 导联 ST 段改变对不同冠状动脉病变诊断及鉴别诊断的意义

冠状动脉左主干（LMCA）病变常见的心电图改变为 aVR 导联 ST 段抬高，但 aVR 导联 ST 段抬高并不一定是由 LMCA 病变所致，其他冠状动脉血管病变，如左前降支（LAD）、特别是 LAD 近端狭窄、右冠状动脉（RCA）及左回旋支（LCX）病变亦可引起 aVR 导联 ST 段的抬高或压低。Yamaji 等[25]曾把一组急性心肌梗死（AMI）患者根据冠状动脉造影（CAG）的改变分为三组，即LMCA 组、LAD 组及 RCA 组，分别观察这三组患者 aVR 导联 ST 段抬高的检出率，结果显示，LMCA 组为 88%、LAD 组为 43%、RCA 组为 8%。尽管三组间差别极显著，aVR 导联 ST 段抬高以 LMCA 组为主，但其他两支冠状动脉病变者也有 aVR 导联 ST 段的抬高，这足以说明 aVR 导联 ST 段的抬高并非 LMCA 病变的特异性改变。这就要求临床工作者对这些患者进行诊断和鉴别诊断，并注意总结这些患者的临床特点、ECG 的改变、危险分层及预后的判断等，但有关上述方面的研究较少。本节就 aVR 导联 ST 段改变对不同冠状动脉病变的诊断及鉴别诊断的意义讨论如下[24,25,53]。

一、aVR 导联 ST 段抬高对 LMCA 及 LAD 病变的诊断及鉴别诊断的意义

aVR 导联 ST 段抬高对 LMCA 病变的诊断意义已在本章第三节中介绍过，故不再赘述。在此重点讨论 LAD 病变所致前壁 ST 段抬高型心肌梗死（STEMI）及其与 LMCA 病变的鉴别诊断。与其他部位的心肌梗死（MI）相比，前壁

STEMI 的预后更差，这主要与前壁 STEMI 的罪犯血管及其闭塞的部位相关。该部位的 MI 可由 LAD 病变所致，也可由 LMCA 病变引起。尽管 LAD 近端狭窄是 LMCA 病变的等危症，但 LAD 病变的临床改变仍有别于LMCA 病变，故对二者的鉴别诊断很重要[70,72]。aVR 导联 ST 段抬高对 LMCA 或 LAD 病变所致 STEMI 的诊断具有重要价值。Aygul 等[51]报道过一个大样本的临床研究，该研究共纳入了 950 例 STEMI 患者，所有的患者均做 CAG 检查，LMCA 狭窄≥50%，其他主要血管狭窄≥70%者定义为"有意义的狭窄"。LAD 近端狭窄则定义为"LAD 近端并累及第一间隔支狭窄"。第一间隔支以下者为远端狭窄。患者入院初始的心电图均纳入分析。ST 段抬高的定义为 aVR 导联 ST 段抬高≥0.5 mm，其他相邻的任何两个导联 ST 段抬高≥1 mm。Aygul 等的主要研究结果如下：

（一）aVR 导联 ST 段抬高对左前降支病变和/或左前降支近端狭窄的诊断意义

Aygul 等[51]的研究结果显示，STEMI 患者中 aVR 导联 ST 段抬高的检出率为 16%（155 例），其中前壁 STEMI 为 76%，其余的 24% 为下壁 STEMI，二者差别显著（$P<0.001$）；经 CAG 检查证实，前壁 STEMI 伴 aVR 导联 ST 段抬高者梗死相关血管（IRA）为 LAD 者占 73.6%，RCA 病变者占 21.9%，IRA 与 MI 部位高度相符；与此相反，前壁 STEMI 伴 aVR 导联 ST 段抬高者 IRA 为 LMCA 及 LCX 者各占 2.6% 和 1.9%。在 aVR 导联 ST 段无抬高的所有 STEMI 患者中，IRA 为 LAD 和 RCA 者各占 45.9% 和 42.1%，其次为 LCX，占 11.9%，由 LMCA 病变所致者最低，只占 0.1%，亦即 STEMI 患者如果无 aVR 导联 ST 段的抬高，LMCA 病变可基本排除；aVR 导联 ST 段抬高组 LAD 近端狭窄者占 52%，远端狭窄者占 47%，显著高于 aVR 导联 ST 段无抬高组的 9% 和 8%（$P<0.001$）。本结果说明前壁 STEMI 患者的 IRA 主要为 LAD 病变所致，这些患者伴有 aVR 导联 ST 段抬高占 76%，而且近端狭窄者超过 50%。aVR 导联 ST 段抬高预测 LAD 病变和/或 LAD 近端狭窄的特异性达 99%、阳性预测值达 88%，预测价值显著高于其他导联。

（二）冠状动脉左主干和左前降支病变所致 aVR 及其他导联 ST 段抬高的定量分析

根据 Yamaji 等[25]的报道，CAG 证实的 AMI 伴有 aVR 导联 ST 段抬高者 IRA 的检出率分别为 LMCA 组 88%、LAD 组 43%、RCA 组 8%。LAD 组的检出率仅次于 LMCA 组，说明 LAD 病变所致的 aVR 导联 ST 段抬高者占比依然很大。Yamaji 等[25]把 LMCA 组及 LAD 组患者 ST 段的改变进行定量分析，结果显示，LMCA 组以 aVR 导联 ST 段抬高为主，抬高的程度显著高于 LAD 组，同时也有 $V_1 \sim V_3$ 导联 ST 段的抬高，但抬高的程度显著低于 LAD 组。aVR 导联

ST 段抬高的程度≥V_1 导联者在 LMCA 组为 81%、LAD 组为 20%，两组间差别极显著（$P<0.01$）；与此相反，LAD 组仍以 $V_1 \sim V_3$ 导联 ST 段抬高为主，抬高的程度显著高于 LMCA 组（$P<0.01$），见表 1-12。

表 1-12 LMCA 和 LAD 病变所致 ST 段抬高的定量分析及显著性检验（$\bar{X} \pm SD$，mV）

各导联 ST 段抬高	LMCA 组	LAD 组	P 值
aVR	0.16 ±0.13	0.04 ±0.10	<0.000 1
V_1	0.00 ±0.21	0.14 ±0.11	<0.000 1
V_2	0.15 ±0.27	0.34 ±0.21	<0.000 1
V_3	0.27 ±0.40	0.44 ±0.35	<0.001

注：LMCA 为冠状动脉左主干；LAD 为冠状动脉左前降支。

（三）aVR 及 V_1 导联 ST 段抬高对冠状动脉左主干及左前降支病变诊断及鉴别诊断的意义

LMCA 病变、LAD 病变，特别是 LAD 近端狭窄等均可引起 aVR 导联 ST 段的抬高，同时也可引起 V_1 乃至 $V_2 \sim V_3$ 导联 ST 段的抬高，故二者的鉴别诊断非常重要。从 Yamaji 等[25]的研究结果看，LMCA 和 LAD 病变的 ECG 主要鉴别点为 aVR 和 V_1 导联 ST 段抬高程度的不同：LMCA 病变者 ST 段抬高以 aVR 导联为主，V_1 导联次之，即 aVR 导联 ST 段抬高的程度大于等于 V_1 导联；与此相反，LAD 病变者 ST 段抬高以 V_1 及 $V_2 \sim V_3$ 导联为主，aVR 次之，或无抬高，亦即 V_1 导联 ST 段抬高的程度大于 aVR 导联。Tamura 等[22]报道 aVR 导联 ST 段抬高的程度≥V_1 导联，诊断 LMCA 病变及与 LAD 病变鉴别诊断的敏感性为 81%、特异性为 80%，见图 1-18。

Kühl 等[50]对 aVR 导联 ST 段改变与梗死相关血管的临床对照进行了回顾性分析。对于前壁 STEMI，有 6 个研究示 aVR 导联 ST 段抬高对 LAD 近端病变的甄别具有重要价值，其敏感性为 47%、特异性为 96%、阳性预测值为 91%、阴性预测值为 69%。aVR 导联 ST 段抬高见于 LAD 近端狭窄并累及第一对角支者并不少见，阳性检出率约 43%。如果只有第一对角支或 LAD 远端狭窄，aVR 导联 ST 段以压低为主。LAD 近端狭窄者 V_1 导联 ST 段抬高，特别是抬高的程度≥2.5 mm，或超过 aVR 导联 ST 段抬高的程度则更具诊断意义。LMCA 闭塞时 aVR 导联 ST 段抬高伴有 V_1 导联 ST 段抬高的情况较少，更多的是 aVR 导联 ST 段抬高的程度大于 V_1 导联 ST 段的抬高，可能解释是 LMCA 病变所致的 MI 面积广泛，前壁和后壁梗死向量相互抵消，故 V_1 导联 ST 段抬高者少见或抬高的程度降低，可用以鉴别诊断 LAD 近端狭窄与 LMCA 病变[5]。Tamura 等[22]报道前壁 AMI 患者 aVR 导联 ST 段抬高≥ 0.05 mV 示 LAD 近端狭窄。这种情况说明两个问题：① 前壁 MI 面积扩大；② aVR 导联 ST 段抬高的幅度不甚明显，亦即抬高的程度低于 V_1 导联。这主要是室间隔基底部的损伤电流被下侧壁和心尖部的损伤电流所抵消之故。但这种 aVR 导联 ST 段改变的电生理机制可受某些情况的干扰而变得不明显，如多支血管病变、左心室肥厚伴心肌劳损及心脏传导异常等。

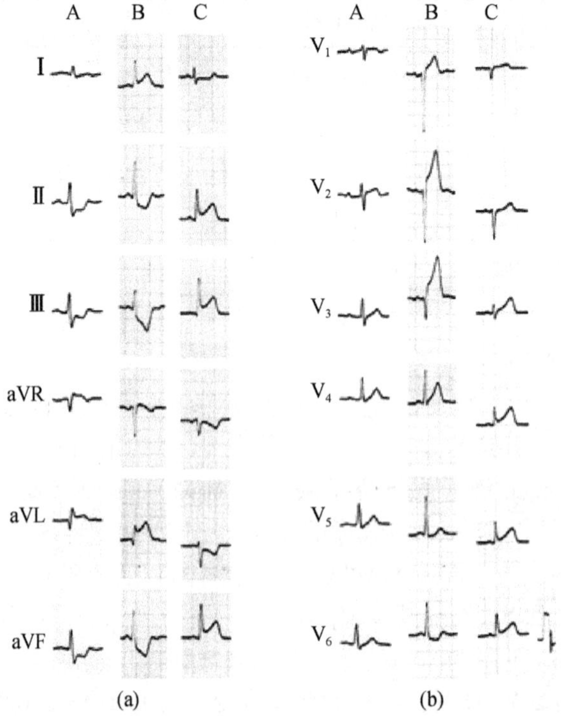

(a) (b)

图 a 中三组图形分别为 LMCA，LAD 和 RCA 病变的肢导联图形，图 b 分别为三组患者心电图胸导联的图形。A 为 LMCA 病变，aVR 导联 ST 段抬高明显，Ⅱ，Ⅲ，aVF 导联 ST 段压低，V_1 导联 ST 段轻度抬高，抬高的程度小于 aVR 导联。B 为 LAD 病变，$V_1 \sim V_3$ 导联 ST 段抬高，特别是 V_1 导联 ST 段抬高的程度显著高于 aVR 导联。Ⅱ，Ⅲ，aVF 导联 ST 段压低，符合经典图形改变。C 为 RCA 病变，肢导联Ⅱ，Ⅲ，aVF 的 ST 段抬高，aVR 导联 ST 段不仅没有抬高，反而有所压低，压低程度 <1 mm，与本节所提的相关标准相符。

图 1-18　冠状动脉左主干、前降支及右冠状动脉病变所致 AMI 患者心电图 aVR 及其他导联 ST 段的改变

（四）aVR 及 V_1 导联 ST 段抬高对冠状动脉左主干病变诊断的比较优势

aVR 导联 ST 段抬高对 LMCA 病变的诊断具有重要价值，这与 aVR 导联在额面导联体系中的特殊方位有关，因为 aVR 导联是唯一模拟心室腔的导联，对心电信息的记录更全面、更完善。V_1 导联在某种程度上也是面向心室腔的导联，在诊断 LMCA 病变时与 aVR 导联相比是否具有相同价值[42]，Rostoff 等[26,27]对此进行过研究。该研究对 150 例 ACS 患者的 CAG 及 ECG 进行对照分析，其中 LMCA 组 46 例，其他血管病变组 104 例。ACS 患者 LMCA 严重狭窄或完全阻塞者 aVR 导联 ST 段抬高是非 LMCA 病变者的两倍（69.6% *vs.* 34.6%，$P=0.0001$），而 V_1 导联的任何改变在两组间均无显著差异；aVR 导联 ST 段抬高是 LMCA 病变的独立危险因素，*OR* 值为 6.1（95% *CI*：2.62～14.23，$P<0.005$），而 V_1 导联 ST 段抬高及糖尿病病史与 LMCA 病变的 *OR* 值分别为 3.03（95% *CI*：1.34～6.86，$P<0.01$）和 2.89（95% *CI*：1.17～7.15，$P<0.05$），其 *OR* 值均明显低于 aVR 导联 ST 段的抬高。然而对 LMCA 病变相关的预测因子进行分析时，只显示 aVR 导联 ST 段抬高和先前的 MI 病史为强预测因子，而 V_1 导联 ST 段抬高无预测价值。因此，aVR 导联 ST 段抬高足以提示 LMCA 病变，而 V_1 导联 ST 段的改变对 LMCA 病变的诊断则无更多的帮助。

（五）aVR 及 V_1 导联 ST 段抬高对冠状动脉左主干与左前降支病变鉴别诊断的电生理机制

Kosuge 等[44]报道，在 STEMI 患者中 aVR 导联 ST 段抬高反映的是 LMCA 或 LAD 近端狭窄所致的室间隔基底部心肌的透壁性缺血，而在非 ST 段抬高型心肌梗死（NSTEMI）患者中则反映左心全心室心内膜下心肌缺血，代表着 LMCA 和/或 3 支血管病变（LMCA/3-vd）。然而，LMCA 与 LAD 病变鉴别诊断的电生理基础不同。Yamaji 等[25]认为 LMCA 病变，特别是 LMCA 急性闭塞时，在 aVR 导联 ST 段抬高的同时可伴有 V_1，甚至 V_2，V_3 导联 ST 段的抬高，其机理为 LMCA 闭塞可引起左回旋支（LCX）的血流中断，使左心室后壁发生缺血损伤，但 LAD 没有阻塞或有侧支循环供血，故没有前壁缺血性损伤电流的抵消，使后壁的损伤电流指向前，故 V_1 甚至 V_2 导联的 ST 段抬高，但抬高的程度远低于 aVR 导联，故它们诊断 LMCA 病变的意义也显著低于 aVR 导联。LAD 病变，特别是 LAD 近端狭窄时亦可引起 aVR 导联 ST 段的抬高。这种情况往往为 LAD 近端狭窄并累及 LAD 的分支，引起室间隔基底部心肌的透壁性缺血性损伤，损伤电流指向右肩，故 aVR 导联 ST 段抬高。另外，LMCA 的急性阻塞也可引起冠状动脉中隔支及 LAD 的近端血流中断或血流紊乱，进而引起间隔基底部的缺血性损伤及 aVR 导联 ST 段抬高，但抬高的程度低于心前区导联。因为毕竟是 LAD 的主干病变，其引起前壁 AMI 的梗死向量远大于其分支的梗死向量，因此 V_1 等心前区导联 ST 段抬高的程度大于 aVR 导联。此为 LAD 与 LMCA 病变鉴别诊断的电生理基础。其他相关机制见上述第（三）条。

二、aVR 导联 ST 段改变对 LMCA 及 RCA 病变的诊断及鉴别诊断的价值

RCA 病变时亦可出现 aVR 导联 ST 段的抬高或压低，这种情况以下壁 AMI 患者较多见。下壁 AMI 患者由于其罪犯血管及梗死向量方向的不同，可引起

aVR 导联 ST 段的抬高或压低，容易与 LMCA 病变混淆，也应注意与 RCA 病变的鉴别诊断，见图 1-18。

（一）右冠状动脉及冠状动脉左主干病变者 aVR 导联 ST 段改变的检出率

Yamaji 等[25]的研究示 RCA 病变所致的 AMI 患者也可出现 aVR 导联 ST 段的抬高，检出率为 8%，显著低于 LMCA 病变者的 88%（$P<0.01$）。RCA 病变者仍以下壁导联 ST-T 改变为主，同时部分患者出现 aVR 导联 ST 段的抬高。与此相反，LMCA 病变者亦可出现下壁，即Ⅱ，Ⅲ，aVF 导联 ST 段抬高，检出率也很低，分别只有 6%，13% 和 0，亦即 LMCA 病变者不会出现 aVF 导联 ST 段抬高。Pourafkari 等[24]报道下壁 STEMI 患者 aVR 导联 ST 段抬高≥0.5 mm 者占 11.3%，而压低≥0.5 mm 者占 39.3%，亦即下壁 STEMI 患者即可出现 aVR 导联 ST 段抬高，也可出现压低，而且压低的检出率高于 ST 段抬高者（电生理机制见后）。

（二）aVR 及下壁导联 ST 段抬高对冠状动脉左主干及右冠状动脉病变的鉴别诊断意义

LMCA 病变时出现 aVF 导联 ST 段抬高的概率几乎为 0，该导联 ST 段无抬高对诊断 LMCA 病变的敏感性、特异性更高，准确率为 100%，亦即 aVR 导联 ST 段抬高，有或无Ⅱ，Ⅲ导联抬高，但 aVF 导联无抬高者，100% 的可能性为 LMCA 病变。如果Ⅱ，Ⅲ，aVF 导联 ST 段均抬高，且抬高程度显著大于 aVR 导联者，则为 RCA 病变。Pourafkari 等[24]认为 aVR 导联 ST 段抬高预测下壁 STEMI 的 IRA 来自 RCA 者的敏感性为 13.68 %，而特异性为 96.97%，亦即下壁 STEMI 患者出现 aVR 导联 ST 段抬高预测 IRA 为 RCA 的特异性高。Kosuge 等[73]2016 年的最新研究表明，下壁 AMI 患者伴 aVR 导联 ST 段压低不仅说明罪犯血管来自 RCA，而且与 MI 面积扩大有关。这样一来，问题就有点复杂了，即 RCA 病变既可以引起 aVR 导联 ST 段抬高，也可以引起 ST 段压低。Vales 等[67]提出下壁 AMI 患者 aVR 导联 ST 段压低 <1 mm，或无压低者诊断罪犯血管为 RCA 的敏感性为 86%、特异性为 55%。下壁 AMI 患者 aVR 导联 ST 段抬高或压低的电生理基础并不矛盾。这主要是因为 aVR 导联 ST 段的偏移与损伤电流的方向和损伤向量的面积（size of the vector）有关，而后两者则由心肌缺血的严重程度及罪犯血管的管辖区域所决定。RCA 闭塞所致的下壁 STEMI，其梗死向量向下、向右，在额面上位于 +90° ~ +120°，与位于 -150°角的 aVR 导联的夹角较小，故 aVR 导联 ST 段压低的程度小，多 <1 mm，无压低。如梗死向量与 aVR 导联的夹角进一步缩小，则出现 ST 段抬高（详见本章第八节六）。aVR 导联 ST 段压低的另一个原因是对侧“ -aVR”导联 ST 段抬高的对应性改变，示下壁 MI 面积扩大[42]。

（三）右冠状动脉病变者 aVR 导联 ST 段抬高的机制

RCA 阻塞时亦可出现 aVR 导联 ST 段抬高，但发生率很低，只有 8% 左右。

由于 RCA 的分支，即间孔支（septal perforator branches）的急性阻塞，可引起室间隔部位的缺血性损失，损伤电流亦指向右上，因此在 RCA 阻塞时会出现 aVR 导联 ST 段的抬高[25]。Ching 等[30]报道 RCA 近端狭窄可引起右心室流出道的透壁性心肌缺血，进而引起 aVR 导联的 ST 段抬高。Talebi 等[43]报道下壁 AMI 患者如出现 aVR 导联 ST 段抬高及 $V_5 \sim V_6$ 导联 ST 段压低，则说明心尖部及左心室侧壁弥漫性缺血。因为 aVR 是唯一模拟心室腔的导联，可通过心室腔而直接记录心尖部的电活动，aVR 导联 ST 段的抬高为 $V_5 \sim V_6$ 导联 ST 段压低的对应性改变，同时还提示 MI 面积扩大及预后不良[42]。下壁 AMI 患者 aVR 导联 ST 段抬高及压低的其他电生理机制见本节其他段落相关内容。

三、aVR 导联 ST 段改变对冠状动脉左主干及左回旋支病变的诊断及鉴别诊断的意义

因 LMCA 闭塞可引起 LCX 的血流中断，使左心室后壁发生缺血损伤而引起 aVR 导联 ST 段的抬高，抬高的程度大于 V_1 导联［详见本节一（五）］。下壁 AMI 患者罪犯血管可由 RCA 及 LCX 病变所致，这些改变亦可引起 aVR 导联 ST 段的改变，包括抬高和压低。APEX-AMI 研究（assessment of pexelizumab in acute myocardial infarction）是一个大型的临床对照研究，纳入分析的有 5 683 例STEMI 患者。该研究结果示下壁 STEMI 患者伴有 aVR 导联 ST 段压低者，其罪犯血管以 LCX 病变更多见，特别是比 RCA 更多见[37]。Radharkrishnan Nair 等[22]报道下壁 STEMI 伴有 aVR 导联 ST 段压低≥1 mm 者诊断 IRA 为 LCX 的敏感性为 80%、特异性为 96%。Kanei 等[66]则认为这一标准诊断 IRA 来自 LCX 的敏感性为 86%，特异性只有 53%，敏感性高而特异性低，尽管对这一标准尚有争议，但 aVR 导联 ST 段压低≥1 mm 者 LCX 病变比 RCA 更多见，并示 MI 面积扩大。如 aVR 导联 ST 段压低 <1 mm，甚至抬高者则 IRA 为 RCA。Pourafkari 等[24]认为 aVR 导联 ST 段压低诊断 LCX 的敏感性和特异性分别为 66.67% 和 55.56%。上述内容均为 LMCA 伴有 LCX 病变，或下壁 AMI 的 IRA 来自 LCX 时 aVR 导联 ST 段改变的诊断意义，单纯 LCX 病变是否伴有 aVR 导联 ST 段的改变尚未见报道。

冠状动脉左主干及左回旋支病变导致 aVR 导联 ST 段的电生理机制发生改变。下壁 STEMI 的 IRA 是 RCA 还是 LCX 的 ECG 改变主要基于梗死向量的方向和 IRA 的分布区域，如梗死向量向下、向右，则 IRA 为 RCA；如梗死向量向下、向左，则 IRA 为 LCX。aVR 导联 ST 段偏移的幅度与损伤向量的方向和损伤向量的面积（size of the vector）有关，而后两者则由心肌缺血的严重程度和相关血管的管辖范围所决定。因为 RCA 和 LCX 两支血管的供血区域在额面上位于 -60° ~ +120°，但两支血管的管辖范围仍有区别。RCA 闭塞所致的下壁 STEMI，

其梗死向量向下、向右，在额面上位于 +90° ~ +120°，与位于 -150°角的 aVR 导联的夹角较小，故 aVR 导联 ST 段压低的程度小，多 <1 mm、无压低，甚至抬高。而 LCX 闭塞所致的下壁 STEMI，其梗死向量向下、向左，位于 +90° ~ -60°，与位于 -150°角的 aVR 导联夹角增大，亦即反方向的角度增大，故 aVR 导联 ST 段压低≥1 mm。此为下壁 STEMI 患者的 IRA 是 RCA 还是 LCX 的主要鉴别点及其电生理基础[67]。

小 结

1. LMCA，LAD，RCA 三支血管病变所致的 AMI 均可引起 aVR 导联 ST 段抬高，但三组间的检出率差别显著，分别为 88%，43% 和 8%。

2. aVR 导联 ST 段抬高的程度≥V_1 导联者多为 LMCA 病变。

3. V_1 导联 ST 段抬高的程度 >aVR 导联 ST 段抬高者多为 LAD 病变，特别是 LAD 近端狭窄者。

4. aVR 导联 ST 段抬高，有或无Ⅱ，Ⅲ导联抬高，但 aVF 导联绝对无抬高者，100% 为 LMCA 病变。

5. Ⅱ，Ⅲ，aVF 导联 ST 段均抬高，且抬高的程度大于 aVR 导联者罪犯血管为 RCA。

下壁 STEMI 患者 aVR 导联 ST 段抬高≥0.5 mm 或压低 <1 mm 者罪犯血管为 RCA，而压低≥1 mm 者罪犯血管为 LCX。

第十节 aVR 导联 ST 段抬高对非 ST 段抬高型心肌梗死患者危险分层及预后判断的价值

由于非 ST 段抬高型心肌梗死（NSTEMI）具有不同的病理生理机制、心肌梗死（MI）面积、濒危心肌面积的大小、临床情况且预后也不同，因此尽早对患者进行危险分层，以便采取相应的治疗措施，是临床管理的重要前提。心电图（ECG）是对患者进行正确评估的快速诊断工具，入院时 ST 段的压低是患者不良预后的重要预测指标，其压低的程度与冠状动脉病变的严重程度直接相关，据此实施的早期介入治疗可使患者转危为安。位于额面右上方位的 aVR 导联“居高临下”、俯瞰心室，能更全面地反映心电信息的变化，当 NSTEMI 患者伴有 aVR 导联 ST 段抬高时提示冠状动脉病变严重，但对患者短期预后的判断尚不清楚。José 等[8]曾对此进行过研究。本节将结合该研究，重点讨论 aVR 导联 ST 段抬高对 NSTEMI 患者住院期间发生心脏事件的风险及预后的判断价值。

José 等[8]的报道是一个大样本的临床研究，共纳入 775 例首次发生 NSTEMI 的患者，均在胸痛发生的 24 h 内入院。诊断标准为相邻的两个导联 ST 段压低 ≥0.1 mV，同时伴有心肌酶学指标超标。入院时除 aVR 或 V_1 导联 ST 段抬高外，其他导联均无 ST 段抬高或抬高未超过 0.1 mV。住院期间主要心脏事件的定义为死亡、心肌再梗死（re-MI）、心力衰竭（HF）及梗死后心绞痛等。56%（437 例）以上的患者在住院期间给予冠状动脉造影（CAG），冠状动脉左主干（LMCA）狭窄≥50%，或其他任何一侧的主要分支狭窄≥70%者定义为显著狭窄，46%的患者接受左心室造影，以观察室壁运动情况及心功能检测。根据 aVR 导联 ST 抬高的程度把患者分为三组，即无抬高、抬高［0.05，0.1）mV、抬高≥0.1 mV，分别观察三组间心脏事件的发生率。该研究的主要内容及其临床意义如下：

一、研究的主要内容

（一）NSTEMI 患者 aVR 导联 ST 段抬高的发生率及其相关危险因素

aVR 导联 ST 段抬高者计 32.3%，其中抬高［0.05，0.1）mV 者为 15.0%、抬高≥0.1 mV 者为 17.3%。aVR 导联 ST 段抬高者较无抬高者年龄偏大，先前有心绞痛及高血压史者，以及入院时心功能的 Killip 级别等均显著增高；右束支传导阻滞（RBBB）、左心室肥厚（LVH）、V_1 导联 ST 段抬高的检出率升高，其他导联 ST 段压低的程度和广度均显著加深。这些改变在 MI 的各个部位均如此。aVR 导联 ST 段抬高的患者 T 波倒置的检出率显著降低。以上改变在三组间差别显著（$P<0.001$），见表 1-13 和表 1-14。

表 1-13　NSTEMI 患者 aVR 导联 ST 段不同程度的抬高及其相关危险因素

心电图改变	不同程度的 aVR 导联 ST 段抬高			P 值
	无抬高（$n=525$）	抬高［0.05,0.1）mV（$n=116$）	抬高≥0.1 mV（$n=134$）	
窦性心律	503（96%）	103（89%）	123（92%）	0.02
右束支传导阻滞	15（3%）	4（3%）	10（8%）	0.02
左心室肥厚	11（2%）	9（8%）	21（16%）	<0.001
V_1 导联 ST 段抬高≥0.1 mV	9（2%）	12（10%）	37（28%）	<0.001
其他导联 ST 段压低≥0.1 mV 者	196（37%）	101（87%）	133（99%）	<0.001
其他导联 ST 段压低的最大程度/mV	0.09±0.09	0.18±0.12	0.28±0.15	<0.001
其他导联 ST 段压低的总量/mV	0.26±0.33	0.68±0.39	1.17±0.58	<0.001
ST 段压低≥0.1 mV 的导联数	1.0±1.6	3.2±2.0	5.3±1.7	<0.001

续表

心电图改变	不同程度的 aVR 导联 ST 段抬高			P 值
	无抬高 ($n=525$)	抬高 [0.05,0.1) mV ($n=116$)	抬高 ≥0.1 mV ($n=134$)	
前壁导联 ST 段压低者	108（21%）	43（37%）	72（54%）	<0.001
下壁导联 ST 段压低者	16（3%）	15（13%）	53（40%）	<0.001
侧壁导联 ST 段压低者	47（9%）	50（43%）	110（82%）	<0.001
aVR 导联 T 倒置	110（21%）	16（14%）	16（12%）	0.007

注：表中数据为例数，括号内数据为占比，余者为均数 ± 标准差；P 值为三组间的比较。

表 1-14　NSTEMI 患者伴 aVR 导联 ST 段抬高者心脏事件的发生率及其相关因素

心电图改变	不同程度的 aVR 导联 ST 段抬高			P 值
	无抬高 ($n=525$)	[0.05,0.1) mV ($n=116$)	≥0.1 mV ($n=134$)	
死亡	7（1.3%）	10（8.6%）	26（19.4%）	<0.001
心肌再梗死	11（2.1%）	7（6.0%）	8（6.0%）	0.009
心绞痛时伴有心电图改变	54（10.3%）	23（19.8%）	36（26.9%）	<0.001
心力衰竭	17（3.2%）	12（10.3%）	41（30.6%）	<0.001
CK 峰值/（$IU \cdot L^{-1}$）	1 014 ± 844	1 007 ± 740	1 094 ± 1 178	0.4
CK-MB 峰值/（$IU \cdot L^{-1}$）	127 ± 103	128 ± 102	119 ± 95	0.6
治疗措施				
硝酸甘油	380（78.4%）	94（84.7%）	106（87.6%）	0.04
β-阻断剂	319（61.5%）	72（62.6%）	62（48.8%）	0.02
钙拮抗剂	249（48.0%）	57（49.6%）	65（51.2%）	0.5
阿司匹林	429（82.5%）	98（85.2%）	115（90.6%）	0.03
肝素	438（92.6%）	103（96.3%）	108（94.7%）	0.2
冠脉介入术	73（13.9%）	19（16.4%）	18（13.4%）	0.9
心脏搭桥术	28（5.3%）	18（15.5%）	30（22.4%）	<0.001

注：表中数据为例数，括号内数据为占比，余者为均数 ± 标准差；CK 指肌酸激酶；CK-MB 指肌酸激酶同工酶；P 值为三组间的比较。

（二）NSTEMI 患者伴有 aVR 导联 ST 段抬高者院内心脏事件的发生率

本组 NSTEMI 患者住院期间的总死亡率为 5.5%，其中 aVR 导联 ST 段抬高者占比显著增大，其死亡率随 aVR 导联 ST 段抬高程度的加深而升高，分别为 8.6% 和 19.4%，死亡率分别为无 aVR 导联 ST 段抬高组（1.3%）的 7～18 倍。经多因素相关回归分析，aVR 导联 ST 段抬高是 NSTEMI 患者住院期间死亡率升高的独立预测因子，对患者死亡危险的预测价值最高，显著高于 V_1 导联 ST 段抬高及 LVH（$P<0.001$）。其他不良事件如 HF 及 re-MI 的发生率，以及需要实施外科冠状动脉成形术的患者在 aVR 导联 ST 段抬高组占比也显著增大（$P<0.001$），因此 NSTEMI 患者 aVR 导联 ST 段抬高对院内心脏事件的发生率具有重要的预测价值。各种治疗措施及心肌酶学改变等在三组间差别不显著，见图 1-19、表 1-15。

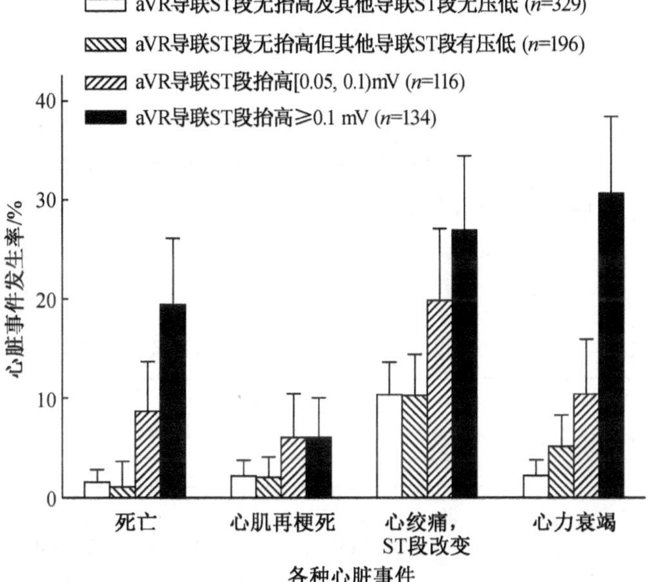

图内各种心脏事件，包括死亡、心肌再梗死或心绞痛及 ST 段改变及心力衰竭等的发生率在各组间差别显著。心脏事件的发生率随 aVR 导联 ST 段抬高程度的加深而升高，以抬高≥0.1 mV 组为最明显，各组间差别显著（$P<0.001$）。

图 1-19　NSTEMI 患者住院期间 aVR 导联 ST 段抬高、其他导联 ST 段压低与心脏事件发生率的关系

资料来源：Barrabés J A，et al. Circulation，2003，108：814－819.

表 1-15　aVR 导联 ST 段抬高对 NSTEMI 患者院内死亡率的预测价值

预测因子	*OR*	95% *CI*	*P* 值
Killip 级别≥Ⅱ	6.11	2.73～13.67	<0.001
aVR 导联 ST 段抬高程度			<0.001
[0.05，0.1) mV	4.24	1.47～12.25	
≥0.1 mV	6.61	2.49～17.56	
收缩压每降低 10 mmHg	1.16	1.04～1.30	0.006
外周血管疾病	2.76	1.29～5.91	0.010
年龄每增长 1 岁	1.04	1.00～1.09	0.045

表1-15 示 aVR 导联 ST 段抬高对 NSTEMI 患者院内死亡率的预测价值最高，特别是 ST 段抬高≥0.1 mV 时 *OR* 达最高值。NSTEMI 患者院内死亡的其他危险因素依次为 Killip 级别≥Ⅱ、外周血管疾病、收缩压降低及年龄增长等。如果没有 aVR 导联 ST 段抬高，而仅有其他导联的 ST 段压低，其对心力衰竭的预测价值为中度。

（三）NSTEMI 患者 aVR 导联 ST 段抬高与冠状动脉造影的关系

aVR 导联 ST 段抬高与冠状动脉病变的程度，特别是与冠状动脉左主干及 3 支血管病变（LMCA/3-vd），以及左心功能不全的发生率显著相关。经 CAG 证实，LMCA/3-vd 的检出率在无 ST 段抬高组、抬高［0.05，0.1）mV 组及≥0.1 mV 组分别为 22.0%，42.6% 和 66.3%，各组间差别极显著（$P<0.001$）。与无 ST 段抬高组相比，aVR 导联 ST 段抬高≥0.05 mV 者 LAD 近端狭窄的发生率也明显升高（27% *vs.* 37%）。该研究未显示 aVR 导联 ST 段抬高与 LCX 病变有相关性（表1-16）。

表1-16　NSTEMI 患者 aVR 导联 ST 段抬高与冠状动脉造影的关系

冠状动脉及心室造影	不同程度的 aVR 导联 ST 段抬高			*P* 值
	无抬高（*n*=525）	［0.05，0.1）mV（*n*=116）	≥0.1 mV（*n*=92））	
室壁运动异常				
正常	107（45%）	22（39%）	22（36%）	0.1
前壁异常	45（19%）	12（21%）	12（19%）	0.9
后侧壁异常	75（32%）	18（32%）	18（29%）	0.7
多段运动异常	9（4%）	5（9%）	10（16%）	0.001
左心室射血分数/%	66±12	63±11	59±16	<0.001
冠脉狭窄支数（>70%）				
正常	18（6%）	1（2%）	3（3%）	0.1
1 支	121（44%）	20（29%）	12（13%）	<0.001
2 支	77（28%）	18（26%）	16（17%）	0.06
3 支	52（19%）	22（32%）	44（48%）	<0.001
左主干（>50%）	9（3%）	7（10%）	17（18%）	<0.001
梗死相关血管				
左主干	2（1%）	0（0）	7（8%）	<0.001
前降支	58（21%）	13（19%）	18（20%）	0.7
左回旋支	112（40%）	22（32%）	14（15%）	<0.001
右冠状动脉	46（17%）	8（12%）	12（13%）	0.3
无定义血管	59（21%）	25（37%）	41（45%）	<0.001

注：表内注解见表1-13。

二、研究的临床意义

（一）aVR 导联 ST 段抬高对 NSTEMI 患者院内心脏事件的发生率具有独立的预测价值

aVR 导联 ST 段抬高与患者住院期间的死亡率、再缺血事件及 HF 的发生率密切相关。aVR 导联 ST 段抬高的预测价值高于其他导联的 ST 段压低、心肌酶学增高等其他危险因素。Yamaji 等也曾报道急性心肌梗死（AMI）及不稳定心绞痛患者如伴有 aVR 导联 ST 段抬高，与冠状动脉病变的严重程度密切相关[25,74]，Kaul 等[75]也曾利用 ECG 其他导联 ST 段的改变对 NSTEMI 患者进行危险评估。尽管这些研究报道并不少见，但利用 aVR 导联 ST 段抬高来预测 NSTEMI 患者短期预后尚为首次报道。José 等[8]的研究样本量较大，揭示出 aVR 导联 ST 段抬高对 NSTEMI 患者院内心脏事件的发生率具有独立预测价值，简单实用，临床意义显得更为重要。

（二）aVR 导联方位的独立优势

aVR 导联 ST 段抬高与其他导联的 ST 段压低密切相关，预示患者预后不良的风险明显增加[25,75]。其中 aVR 导联 ST 段抬高的预测价值独立于其他导联，这是因为在额面导联体系中 aVR 导联位于 -150°，当其 ST 段抬高时与之相对应的侧壁或下壁导联 ST 段压低，然而 aVR 导联 ST 段抬高对不良事件预测的价值却明显高于这些导联 ST 段的压低，亦即对预后的判断有增效作用（incremental prognostic value）。对此最好的解释是 aVR 导联刚好位于Ⅰ和Ⅱ导联之间的对侧，当 aVR 导联 ST 段抬高时，不仅仅是侧壁或下壁导联 ST 段压低的对应性改变，同时也反映了这两个部位 MI 面积的扩展，如同在这个区域增设的“-aVR”导联出现 ST 段的压低，提示下壁或侧壁 NSTEMI 的扩展，因此患者不良事件的发生率明显升高[42]（详细内容见本章第二节）。

（三）aVR 导联 ST 段抬高与冠状动脉病变的严重程度相关

José 等研究的另一个结果显示，aVR 导联 ST 段抬高所反映的不仅仅是梗死面积及其相关的不良预后，而且与冠状动脉病变的严重程度及心功能不全有关。aVR 导联 ST 段抬高者与无抬高者相比，LMCA/3-vd 的检出率高 1～2 倍，LAD 近端狭窄的检出率升高 10%，说明 aVR 导联 ST 段抬高与冠状动脉病变的严重程度密切相关，故 aVR 导联 ST 段抬高对冠状动脉病变的预测价值更高，这当然也与 aVR 导联的特殊方位有关。José 等研究的另一结果显示，aVR 导联 ST 段抬高患者的 T 波倒置者显著减少，几乎比 aVR 导联 ST 段无抬高的患者少一半，这也是 NSTEMI 患者预后不良的一个预测指标。美国退伍军人医疗中心的研究也显示人群中 aVR 导联 T 波倒置减少者，心血管病的死亡危险增加，其死亡危险是 T 波倒置者的 5 倍。故 aVR 导联 T 波倒置的幅度变浅乃至直立者是心血管病死亡危险的一个预测指标。这是因为 aVR 导联是唯一的心内或腔内导联，直接面对 T 波的复极向量，故正常 aVR 导联的 T 波永远是倒置的，一旦 aVR 导联的 T 波变为直立，则说明心室肌的电活动或心功能发生异常改变，心血管病死亡危险明显增加[12,42,74,76-78]。

小 结

1. aVR 导联包含了对 NSTEMI 患者预后判断的重要信息。

2. 首发 NSTEMI 患者 aVR 导联 ST 段抬高是院内心脏事件发生的独立预测因子。

3. aVR 导联 ST 段抬高的程度与 NSTEMI 患者院内死亡率呈正相关。

4. 下壁或侧壁 NSTEMI 患者伴 aVR 导联 ST 段抬高者示梗死面积扩大。

5. NSTEMI 患者 aVR 导联 ST 段抬高与冠状动脉病变严重程度密切相关，其中 LMCA/3-vd 及 LAD 近端狭窄的检出率较无抬高者显著升高。

第十一节　aVR 导联 ST 段抬高及 TIMI 指数对不稳定型心绞痛和/或非 ST 段抬高型心肌梗死患者危险分层及预后判断的意义

心电图改变及心肌酶学的升高在急性冠状动脉综合征（ACS）的诊断及临床管理中具有重要意义，其中 aVR 导联 ST 抬高对患者预后的判断具有重要价值。不稳定型心绞痛和/或非 ST 段抬高型心肌梗死（UA/NSTEMI）的基本病理改变为冠状动脉斑块破裂、血栓形成，造成冠状动脉的不全阻塞。UA/NSTEMI 患者其他导联 ST 段压低，但可伴有 aVR 导联 ST 段的抬高，其罪犯血管可由冠状动脉左主干（LMCA）或 3 支血管病变（3-vd）所致。UA/NSTEMI 患者伴有 aVR 导联 ST 段抬高者院内死亡率、心肌再缺血事件和心力衰竭的发生率等均显著升高，且显著高于其他导联 ST 段改变者[5,8,25,79]，因此 aVR 导联 ST 段抬高对患者的危险分层及预后判断具有重要意义。Antman 等[80]报道临床常用的 TIMI 危险指数（thrombolysis in myocardial infarction risk score）可用于对患者的死亡风险进行预测，对缺血事件进行危险分层、预后判断、制订治疗措施等，简单实用，但这些指数与 ECG 结合，特别是与 aVR 导联 ST 段的改变进行综合分析尚未见研究报道。Szymański 等[79]曾对此进行过研究，共纳入 205 例 UA/NSTEMI 患者，平均年龄为（64.2 ± 11.9）岁（即 38 ~ 94 岁）。患者均在起病 12 h 内入院并记录 ECG、一般情况、冠心病（CHD）危险因素、心肌酶学指标及肌钙蛋白 I（TnI）水平等，分析 aVR 导联 ST 段抬高者 30 天及 1 年的全因死亡率及其他事件的发生率，以明确 aVR 导联 ST 抬高对 UA/

NSTEMI 患者预后判断的价值。

一、UA/NSTEMI 患者 aVR 导联 ST 段偏移及临床特点

UA/NSTEMI 患者 aVR 导联 ST 段抬高（aVR-STE）者占 55.6%，压低者占 6.8%；aVR-STE 者的年龄显著大于 aVR 导联 ST 段正常者［(66.1 ± 12.1) 岁 *vs.* (61.9 ± 11.2) 岁，$P = 0.01$］，入院前两周内有心绞痛前驱症状者占比显著高于 aVR 导联 ST 段正常者（65.8% *vs.* 51.6%，$P = 0.05$）；aVR-STE 者 TnI 水平显著增高［(9.4 ± 15.5) ng/mL *vs.* (2.7 ± 6.9) ng/mL，$P = 0.000\ 1$］，且与 ST 段抬高的程度呈正相关，无 ST 段抬高者 TnI 均值为2.7 ng/mL，ST 段抬高 0.5 ~ 1 mm 者 TnI 均值为 8 ng/mL；抬高 1.5 ~ 2 mm 者为 18 ng/mL；抬高 ≥2.5 mm 者为 22.4 ng/mL，各组间差别极显著（$P < 0.001$）；冠状动脉造影（CAG）示 aVR-STE 者多支血管病变者占 52.6%，显著高于无 ST 段抬高者的 18.7%（$P < 0.001$）。

二、UA/NSTEMI 患者 aVR 导联 ST 段抬高的不同程度与 30 天死亡率的关系

30 天内死亡者中伴有 aVR-STE 的占 88.9%，无 ST 段抬高者为 52.4%，二者差别显著（$P = 0.02$）；死亡率与 aVR-STE 的程度显著相关，无 aVR-STE 者 30 天的死亡率为 2.2%，抬高 0.5 mm 者死亡率为 10.8%，抬高 1.0 mm 者死亡率为 13.8%，抬高 1.5 ~ 2.5 mm 者死亡率为 22.2%，抬高 ≥3.0 mm 者死亡率为 50.0%，各组间差别极显著（$P < 0.000\ 1$）。经多因素回归分析，aVR 导联 ST 段抬高是 UA/NSTEMI 患者 30 天死亡率最强的独立预测因子，*OR* 为 7.8，显著高于其他危险因素（95% *CI*：1.5 ~ 3.9；$P < 0.000\ 1$），见图 1-20。

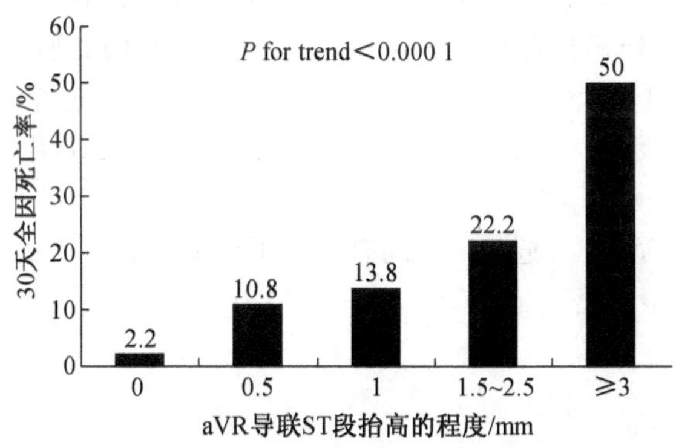

随 ST 段抬高程度的加深（mm），死亡率逐步升高，抬高 1.5 ~ 2.5 mm 者死亡率为 22.2%，是 aVR 导联 ST 段未抬高者的 10 倍，抬高 ≥3.0 mm 者死亡率为 50.0%，各组间差别极显著（$P < 0.000\ 1$）。

图 1-20 UA/NSTEMI 患者 aVR 导联 ST 段抬高的程度与 30 天死亡率的关系

三、UA/NSTEMI 患者 aVR 导联 ST 段抬高伴多支血管病变者与 30 天死亡率的关系

aVR-STE 伴多支血管病变者 30 天的死亡率为 18.3%，无这两种改变者的死亡率为 2.7%，前者几乎是后者的 6 倍，差别极显著（$P=0.003$）。UA/NSTEMI 患者无 aVR 导联 ST 段抬高者随访期间无一例死亡。

四、UA/NSTEMI 患者 aVR 导联 ST 段抬高与其他导联 ST 段压低的关系

aVR-STE 患者同时伴有 $V_5 \sim V_6$ 导联 ST 段压低者为 44.7%，伴 $V_1 \sim V_4$ 导联 ST 段压低者为 30.7%，伴 I 和 aVL 导联 ST 段压低者为 23.7%，伴Ⅱ，Ⅲ和 aVF 导联 ST 段压低者为 17.5%。以心尖部 ST 段的压低者最多，前间壁次之，高侧壁较少，下壁最少。aVR-STE 与这些导联 ST 段压低的关系、与相互之间的对应性改变、血流动力学改变、多支血管病变及冠状动脉病变的严重程度等有关，无论哪种改变机制，均使患者的死亡率升高[74,81]，心脏事件的发生率升高（详见本章第三节及第十节）。

五、低危 UA/NSTEMI 患者伴有 aVR 导联 ST 段抬高者 30 天的死亡率

结合 TIMI 危险指数及临床情况，患者被分为低危组及高危组。低危组的患者包括 TnI 阴性、心率≤110 次/min、收缩压 >90 mmHg、入院时 Killip 分级为Ⅰ级及年龄≤70 岁等。这些患者有无 aVR-STE 者，其 30 天的死亡率相差甚远：TnI 阴性，有 aVR-STE 者死亡率为 16.1%，无 aVR-STE 者死亡率为 2.2%，二者差别显著（$P=0.04$）；心率≤110 次/min，有 aVR-STE 者死亡率为 13.9%，无 aVR-STE 者死亡率为 1.1%（$P=0.001$）；收缩压 >90 mmHg，有 aVR-STE 者死亡率为 12.4%，无 aVR-STE 者死亡率为 1.1%（$P=0.002$）；Killip Ⅰ级，有 aVR-STE 者死亡率为 9.6%，无 aVR-STE 者为 1.2%（$P=0.02$）；年龄≤70 岁，有 aVR-STE 者死亡率为 6.7%，无 aVR-STE 者死亡率为 0（$P=0.05$）。各危险因素间有无 aVR-STE 者 30 天的死亡率相差 6 ~ 13 倍之多，差别极显著（图 1-21）。

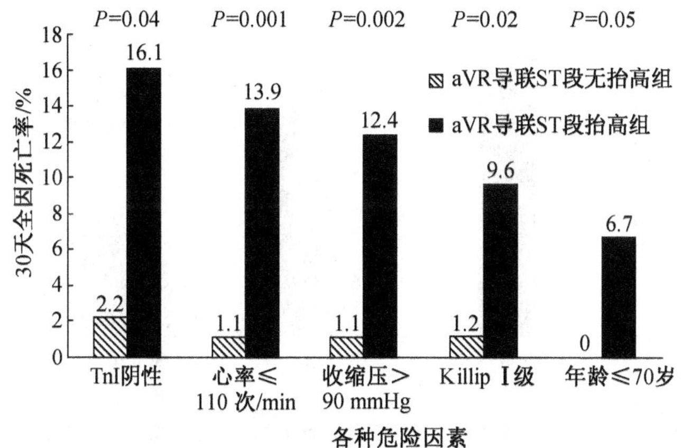

各组间 aVR 导联 ST 段抬高患者 30 天的死亡率均显著高于无抬高者。

图 1-21　UA/NSTEMI 患者有无 aVR 导联 ST 段抬高及临床各危险因素与 30 天死亡率的关系

六、高危 UA/NSTEMI 患者有无 aVR 导联 ST 段抬高者 30 天死亡率的差别

根据 TIMI 危险指数及 Szymański 等研究的临床情况，高危组的患者包括 TnI 阳性、心率 >110 次/min、收缩压 < 90 mmHg、入院时 Killip 分级 Ⅰ 级以上及年龄 >70 岁等。高危组各危险因素间有无 aVR-STE 者 30 天的死亡率分别为 16.1% *vs.* 2.4% (P = 0.05)，16.7% *vs.* 33.3% (P > 0.05)，50.0% *vs.* 50.0% (P > 0.05)，35.0% *vs.* 20.0% (P > 0.05)，24.5% *vs.* 8.7% (P > 0.05)，除 TnI 阳性外，各组间差别不显著（图 1-22）。

七、UA/NSTEMI 患者 TIMI 危险指数与有无 aVR 导联 ST 段抬高者 30 天死亡率的关系

单纯按 TIMI 危险指数将患者分为低危、中危及高危组（TIMI 危险指数：年龄≥65 岁计 1 分；≥3 个 CHD 危险因素计 1 分；CAG 示冠状动脉有意义的狭窄计 1 分；ST 段压低≥0.5 mm 计 1 分；心肌酶学增高计 1 分；严重心绞痛症状计 1 分；入院前 7 天内使用阿司匹林计 1 分。按计分标准把患者分为三组，即 0 ~2 分为低危组，3 ~4 分为中危组，5 ~7 分为高危组）。三组间有无 aVR-STE 者 30 天的死亡率分别为 18.5% *vs.* 0（P = 0.008)，15.5% *vs.* 2.6%（P =0.05)，6.9% *vs.* 8.3%（P >0.05)，只有低、中危组差别显著，高危组差别不显著（图 1-22）。

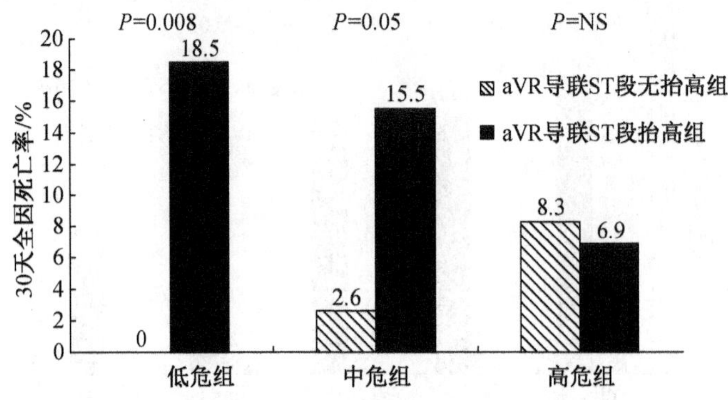

从图中可以看出，只有低危及中危组差别显著，高危组差别不显著（P 为 NS）。

图 1-22　UA/NSTEMI 患者 TIMI 危险指数与有无 aVR 导联 ST 段抬高者 30 天死亡率的关系

众所周知，TIMI 危险指数及临床危险因素是 ACS 患者入院后是否需要溶栓或早期介入治疗的评价指标。Szymański 等[79]的研究增加了 aVR 导联 ST 段抬高的相关内容，可弥补 TIMI 危险指数的某些不足。研究结果显示 aVR 导联 ST 段抬高只对低、中危 UA/NSTEMI 患者的危险分层及预后判断有意义，这些患者 30 天的死亡率显著升高，即便是这些患者的临床危险因素均为阴性，如 TnI 阴性、心率＜110 次/min、收缩压＞90 mmHg、年龄＜70 岁等，其死亡率仍显著升高。但对于高危组的患者只要存在两个危险因素，如 TnI 阳性、收缩压＜90 mmHg 等，无论 aVR 导联 ST 段抬高与否，30 天的死亡率差别均不显著。同时，观察到低、中危组患者的死亡率与 aVR 导联 ST 段抬高的程度及 TIMI 危险指数呈正相关，即 aVR 导联 ST 段抬高越明显，TIMI 危险指数越大，患者的死亡率就越高，但是这种情况在高危组不存在。因此对于 UA/NSTEMI 患者的低中危患者，aVR 导联 ST 段抬高对于危险分层及预后判断具有重要价值；而对于高危患者，因其临床情况危重，aVR 导联 ST 段的抬高不能再提供有助于预后判断的信息[58,79,82,83]。

小　结

1. aVR 导联 ST 段抬高的程度与 NSTEMI 患者血清肌钙蛋白 I 的浓度成正比。

2. NSTEMI 患者 aVR 导联 ST 段抬高者冠状动脉血管多支病变的检出率在 50% 以上。

3. UA/NSTEMI 患者 aVR 导联 ST 段抬高程度与 30 天的死亡率呈正比。

4. UA/NSTEMI 患者 aVR 导联 ST 段抬高者对 TIMI 危险指数及临床危险因素分层为低、中危险者的预后有预测价值，而对高危患者预后的预测意义不明显。

第十二节　非 ST 段抬高型心肌梗死患者 aVR 导联 ST 段抬高/回落及持续抬高的临床意义

非 ST 段抬高型心肌梗死(NSTEMI)患者预后不确定的因素有两个，即冠状动脉病理改变的严重程度及心脏事件危险因素的多寡。因此，对此类患者行早期危险分层，以便实施正确的临床管理，对高危患者给予积极的治疗等均至关重要。对患者的危险分层，心电图(ECG)是最早、最方便、最广泛使用的诊断工具。许多研究示 NSTEMI 患者在入院时 ST 段压低是患者预后不良的重要预测指标。此外，肌钙蛋白、C-反应蛋白(CRP)、脑钠肽(BNP)及前体 BNP(pro-BNP)等生化指标的升高对心脏事件的发生也具有重要预测价值。GUSTO-Ⅳ研究示 ST 段压低的预测价值显著高于心肌酶学等其他危险指标。最近 aVR 导联 ST 段的改变对 NSTEMI 患者预后判断的价值也备受关注，几项研究示患者入院时 aVR 导联 ST 段抬高所提供的信息与 ST 段压低相比，预测价值更大，而与其他导联 ST 段的压低相比，对 NSTEMI 患者死亡危险的预测具有独特的意义。以往的研究示 aVR 导联 ST 段抬高者冠状动脉左主干和/或 3 支血管病变（LMCA/3-vd)，以及心脏事件的发生率显著高于其他导联 ST 压低的患者[5,25,38,57,58]。但有关 NSTEMI 患者 aVR 导联 ST 抬高/回落，亦即抬高后回落的时间，以及持续抬高者和预后的关系，尚未见报道。Kosuge 等[38]对此进行了研究，本节将结合该研究，重点讨论 NSTEMI 患者 aVR 导联 ST 段抬高/回落、持续抬高，以及 aVR 导联 ST 段无抬高对患者的危险分层及终点事件的预测价值。

一、NSTEMI 患者的一般情况及诊断标准

Kosuge 等[38]的研究共纳入 367 例 NSTEMI 患者，平均年龄(67 ± 10)岁(38 ~ 94 岁)，其中男性 252 例，女性 115 例，患者入院前胸痛持续的时间为 5 min ~ 48 h，入院时及入院 6 h 内 ECG 示 aVR 导联 ST 段抬高，且心肌酶学指标异常。多数患者均给予阿司匹林、肝素或硝酸酯类药物治疗。

ECG 分析：患者均在入院 6 h 内记录 12 导联 ECG，测量 J 点之后 80 ms ST 段的压低，及 J 点之后 20 ms ST 段抬高的程度，任何相邻≥两个导联 ST 段抬高或压低 0.5 mm 者均纳入分析。根据 ECG 改变把 NSTEMI 患者分为 3 组：aVR 导联 ST 段抬高/回落组（入院 6 h 内回落 >50%）、持续抬高组（入院 6 h 后无回落）及 aVR 导联 ST 段无抬高组。

生化标记物分析：CRP、高敏感 CRP(Hi-CRP)、肌酸激酶同工酶(CK-MB)及肌钙蛋白 T（TnT）等均在入院 3 ~ 24 h 内检测完成，首次心肌酶学检测阴

性或正常者，8 ~ 12 h 后予以复查。

冠状动脉造影（CAG）分析：所有患者均在入院 3 天内实施 CAG。冠状动脉左主干（LMCA）狭窄≥50%，或其他主要分支血管狭窄≥75% 者为临床有意义的狭窄。

终点事件的界定：患者入院期间至 30 天内的死亡率、心肌梗死及再梗死（MI/re-MI）的发生率，以及急诊经皮冠状动脉介入术（PCI）或冠状动脉搭桥术（CABG）的实施率。

二、NSTEMI 患者 aVR 导联 ST 段抬高者的临床特点

367 例患者中，aVR 导联 ST 段抬高者占 25.0%。aVR 导联 ST 段抬高者在入院 6 h 内回落 >50% 者中有 50 例，占 54.3%。6 h 后 ST 段仍持续抬高无回落者占 45.6%，这些患者年龄均偏大，心率增快，Killip 级别高，心肌酶学、CK-MB、TnT、CRP 及 Hi-CRP 增高者显著增高；有高血压、糖尿病及先前心肌梗死（MI）病史、住院期间需做 CABG、2 次血管重建术的患者也显著增多，详见表 1-17。

表 1-17 NSTEMI 患者 aVR 导联 ST 段抬高/回落、持续抬高及无抬高者的临床特点

临床特点	STE-aVR（-）（n =275）	STE-aVR（+）（n =92）		P 值
		ST 段回落（n =50）	ST 段持续抬高（n =42）	
年龄/岁	66 ± 11	69 ± 8	72 ± 10	<0.001
男性	192（70%）	37（74%）	23（55%）	0.10
先前 MI	56（20%）	13（26%）	12（29%）	0.38
先前 PCI	53（19%）	10（20%）	7（17%）	0.91
先前 CABG	13（5%）	6（12%）	3（7%）	0.13
糖尿病	84（31%）	17（34%）	20（48%）	0.09
高血压	173（63%）	38（76%）	28（67%）	0.20
血脂紊乱	142（52%）	23（46%）	23（55%）	0.68
阿司匹林使用史	84（31%）	14（28%）	16（38%）	0.54
β-阻断剂使用史	40（15%）	9（18%）	13（31%）	0.030
硝酸酯使用史	67（24%）	15（30%）	21（50%）	0.003
入院时心率/（次 · min^{-1}）	75 ± 16	82 ± 22	84 ± 14	<0.001
Killip Ⅱ级	11（4%）	5（10%）	10（24%）	<0.001
Hi-CRP/（mg · dL^{-1}）	0.534 ± 1.351	0.617 ± 1.121	0.960 ± 2.049	0.12
CK-MB/（IU · L^{-1}）	13 ± 11	16 ± 20	19 ± 21	0.034
TnT 阳性	107（39%）	29（58%）	27（64%）	<0.001
住院时 PCI	150（55%）	35（70%）	16（38%）	0.009
住院时 CABG	17（6%）	6（12%）	27（64%）	<0.001
PCI 或 CABG 或二者均有	164（60%）	40（80%）	39（93%）	<0.001

注：表中数据为例数，括号内数据为占比，余者为均数 ± 标准差；STE-aVR（+）指 aVR 导联 ST 段抬高；STE-aVR（-）指 aVR 导联 ST 段无抬高；MI 指心肌梗死；PCI 指经皮冠状动脉介入术；CABG 指冠状动脉搭桥术；Hi-CRP 指高敏感 C 反应蛋白。

三、NSTEMI 患者 aVR 伴有其他导联 ST 段的改变

aVR 导联 ST 段抬高的患者均伴有其他导联 ST 段的压低，且压低程度（以总 mm 数计）显著高于 aVR 导联 ST 段无抬高组，特别是 aVR 导联 ST 段持续抬高组，伴有其他导联 ST 段压低的程度更明显。这些患者 ST 段的改变，无论是入院时还是入院 6 h 后，其定性定量改变仍明显，组间差别极显著（$P<0.001$），见表 1-18。

四、NSTEMI 患者 aVR 导联 ST 段改变与冠状动脉造影的关系

CAG 示冠状动脉（CA）狭窄的支数及其狭窄的检出率在三组间差异显著。CA 狭窄≥2 支者在 aVR 导联 ST 段抬高/回落、持续抬高组均显著高于 ST 段无抬高组；LMCA/3-vd 的检出率在 aVR 导联 ST 段抬高/回落及持续抬高组分别是 ST 段无抬高组的 4～10 倍之多（32% *vs.* 74% *vs.* 7%）；单纯 LMCA 狭窄者在三组间分别为 8%，21% 和 1%，亦即 aVR 导联 ST 段无抬高组 LMCA 狭窄者只有 1%，组间差异极显著（$P<0.001$），详见表 1-18。

表 1-18　NSTEMI 患者 aVR 导联 ST 段抬高/回落、持续抬高及无抬高组 ST 段改变及其与冠状动脉造影的关系

	STE-aVR（-）（$n=275$）	STE-aVR（+）（$n=92$）		P 值
		ST 段回落（$n=50$）	ST 段持续抬高（$n=42$）	
入院时 ST 段抬高/mm	—	0.7±0.4	1.1±0.5	<0.001
6 h 后 ST 段抬高/mm	—	0.2±0.3	0.9±0.5	<0.001
aVR 以外其他导联改变				
入院时 ST 段压低	171（62%）	50（100%）	42（100%）	<0.001
ST 段压低总数/mm	2.0±2.7	7.6±5.1	9.7±4.9	<0.001
6 h 后 ST 段压低	99（36%）	38（76%）	42（100%）	<0.001
6 h 后 ST 段压低/mm	0.9±2.1	3.3±0.5	6.3±3.8	<0.001
CAG 改变				
CA 狭窄支数				
0	62（22%）	2（4%）	0（0）	
1	142（52%）	15（30%）	2（5%）	
2	54（20%）	20（40%）	9（21%）	<0.001
3	17（6%）	13（26%）	31（74%）	<0.001
左主干	3（1%）	4（8%）	9（21%）	<0.001
左主干和/或 3 支 CA 狭窄	19（7%）	16（32%）	31（74%）	<0.001

注：表中数据为例数，括号内数据为占比，余者为均数±标准差；STE-aVR（+）指 aVR 导联 ST 段抬高；STE-aVR（-）指 aVR 导联 ST 段无抬高；CA 指冠状动脉；CAG 指冠状动脉造影。

五、aVR 导联 ST 段抬高与冠状动脉严重狭窄的关系

CA 严重狭窄的定义为 LMCA 狭窄≥75%和/或 3 支血管狭窄程度≥90%、狭窄点位于心外膜主要血管的近端者≥2 支。这 3 种 CA 严重狭窄的检出率在 aVR 导联 ST 段抬高组显著高于 ST 段无抬高组，而 aVR 导联 ST 段持续抬高组又显著高于抬高/回落组，三组间差异极显著（$P<0.001$），见图 1-23。

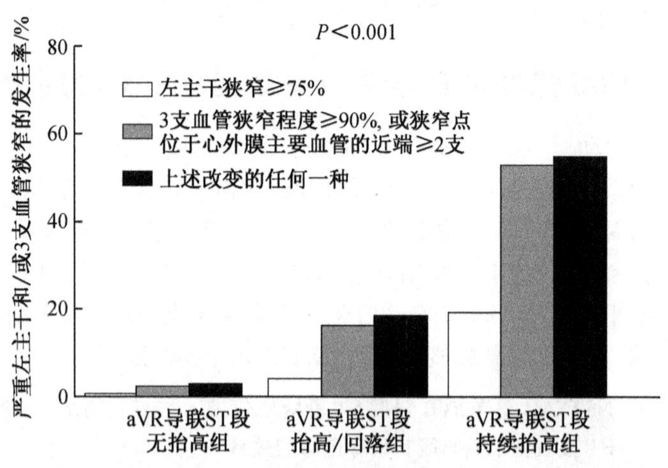

图示 aVR 导联 ST 联无抬高组严重冠状动脉病变的发生率均在 10% 以下，aVR 导联 ST 段抬高/回落组严重冠状动脉狭窄的发生率在 5% ~20%，而 aVR 导联 ST 段持续抬高组的上述病变在 20% ~60%，三组间差别极显著（$P<0.001$）。

图 1-23　非 ST 段抬高型心肌梗死患者 aVR 导联 ST 段抬高/回落、持续抬高及 ST 段无抬高者冠状动脉严重狭窄的差异

六、aVR 导联 ST 段抬高与患者 30 天终点事件发生率的关系

aVR 导联 ST 段持续抬高组 30 天终点事件，如死亡、re-MI、再次血管重建术等的发生率均显著升高。多因素相关分析示，aVR 导联 ST 段持续抬高是 30 天终点事件发生率的最强预测因子，其预测价值显著高于其他危险因素，如年龄、性别、Killip 级别、Hi-CRP、CK-MB 及 aVR 导联 ST 段抬高回落者，见表 1-19 和图 1-24。

表 1-19　NSTEMI 患者 aVR 导联 ST 段抬高/回落、持续抬高及无抬高者 30 天终点事件的发生率

	STE-aVR（-）（n=275）	STE-aVR（+）（n=92）		P 值
		ST 段回落（n=50）	ST 段无回落（n=42）	
死亡	0（0）	1（2%）	1（2%）	0.048
心肌再梗死	2（1%）	2（4%）	8（19%）	<0.001
死亡和/或再梗死	2（1%）	3（6%）	9（21%）	<0.001
急诊 PCI	8（3%）	5（10%）	6（14%）	0.002
急诊 CABG	4（2%）	3（6%）	22（52%）	<0.001
2 次血管再通术（PCI 或 CABG）	12（4%）	8（16%）	28（67%）	<0.001
上述任两种事件	14（5%）	9（18%）	30（71%）	<0.001

注：表中数据为例数，括号内数据为占比；STE-aVR（+）指 aVR 导联 ST 段抬高；STE-aVR（-）指 aVR 导联 ST 段无抬高；PCI 指经皮冠状动脉介入术；CABG 指冠状动脉搭桥术。

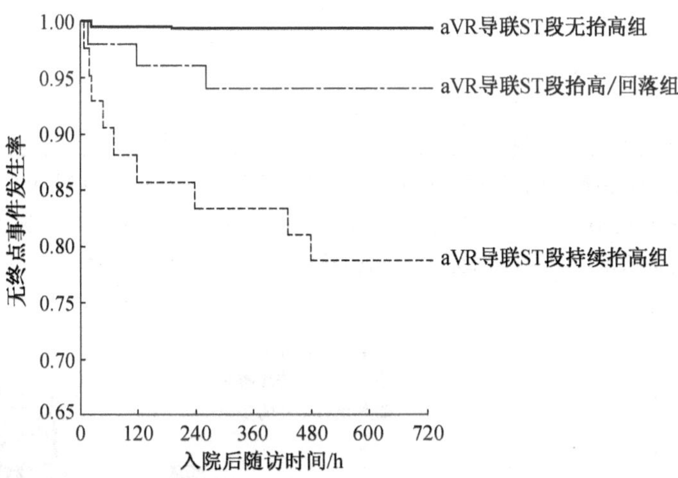

图中 aVR 导联 ST 段无抬高组的 30 天无终点事件发生率几乎为 100%；aVR 导联 ST 段抬高/回落组的 30 天无终点事件发生率约为 95%；aVR 导联 ST 段持续抬高组的 30 天无终点事件的发生率最低，约为 80%，即终点事件的发生率在 20% 以上，三组间差别显著（P<0.005~0.000 1）。

图 1-24　非 ST 段抬高型心肌梗死患者 aVR 导联 ST 段抬高/回落、持续抬高及 ST 段无抬高者 30 天无终点事件的 Kaplan-Meier 生存曲线

七、aVR 导联 ST 段抬高与 TnT 结合对 NSTEMI 患者 90 天终点事件的预测价值

Kosuge 等[58]在另一篇报道中把 aVR 导联 ST 段抬高与 TnT 结合起来进行研究，根据 aVR 导联 ST 段的改变和 TnT 的浓度把患者分为 4 组，即 aVR 导联

ST 段无抬高伴 TnT 阴性组，aVR 导联 ST 段无抬高伴 TnT 阳性组、aVR 导联 ST 段抬高伴 TnT 阴性组，以及 aVR 导联 ST 段抬高伴 TnT 阳性组，四组间 CAG 病变和临床不良预后的检出率差别显著（$P<0.01$）。aVR 导联 ST 段抬高和 TnT 阳性者 LMCA/3-vd 的检出率达 62%；住院期间需行急诊 PCI 及 CABG 手术者占比均显著增高，达 89%；90 天终点事件的发生率达 47%。aVR 导联 ST 段抬高与 TnT 结合可提高患者危险分层和预后判断的价值。详细内容见表 1-20 和图 1-25、图 1-26。

表 1-20 NSTEMI 患者 aVR 导联有无 ST 段抬高和 TnT 结合与 CAG 的关系

	aVR-STE（-）伴 TnT 阴性（n=180）	aVR-STE（-）伴 TnT 阳性（n=63）	aVR-STE（+）伴 TnT 阴性（n=43）	aVR-STE（+）伴 TnT 阳性（n=47）	P 值
CA 狭窄支数					
0	52（29%）	4（6%）	1（2%）	1（2%）	<0.01
1	88（49%）	36（57%）	10（23%）	7（15%）	<0.01
2	28（16%）	19（30%）	15（35%）	12（26%）	<0.01
3	12（7%）	4（6%）	17（40%）	27（57%）	<0.01
左主干	1（1%）	0	3（7%）	8（17%）	<0.01
急诊 PCI	88（49%）	45（71%）	23（54%）	25（53%）	0.02
急诊 CABG	8（4%）	6（10%）	15（35%）	18（38%）	<0.01
上述 1 或 2 种手术	94（52%）	50（79%）	36（84%）	42（89%）	<0.01

注：表中数据为例数，括号内数据为占比；aVR-STE（-）指 aVR 导联 ST 段无抬高；aVR-STE（+）指 aVR 导联 ST 段抬高；TnT 指肌钙蛋白 T；CAG 指冠状动脉造影；PCI 指经皮冠状动脉介入术；CABG 指冠状动脉搭桥术。

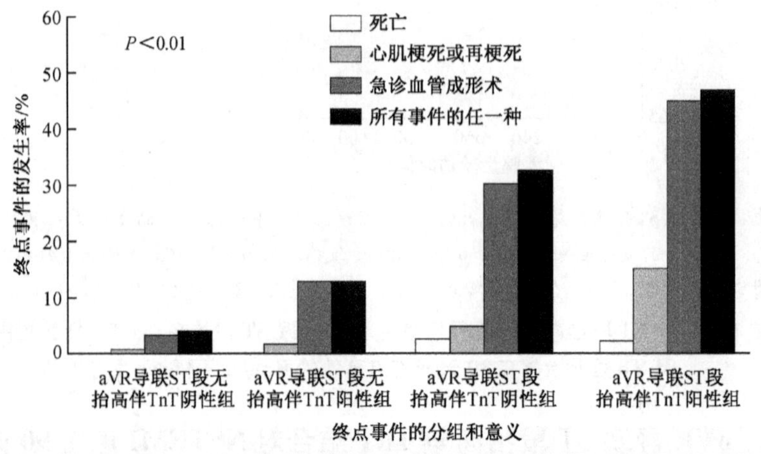

在 aVR 导联 ST 段无抬高组，无论 TnT 阳性与否，90 天的死亡率均为 0；aVR 导联 ST 段抬高伴 TnT 阳性组终点事件的发生率达 47%，各组间差别极显著（$P<0.01$）。

图 1-25 非 ST 段抬高型心肌梗死患者 aVR 导联有无 ST 段抬高伴 TnT 阴性或阳性者 90 天终点事件的发生率

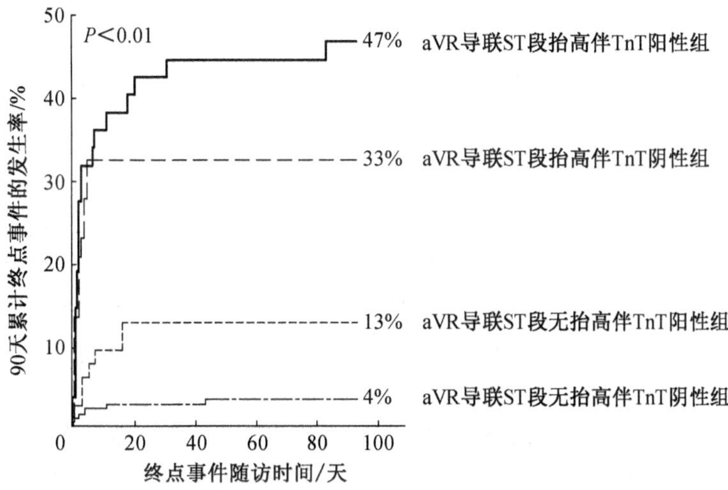

图中 aVR 导联 ST 段抬高伴 TnT 阳性组，其 90 天终点事件的发生率为 47%；aVR 导联 ST 段抬高伴 TnT 阴性组，其 90 天终点事件的发生率为 33%；aVR 导联 ST 段无抬高伴 TnT 阳性组，其 90 天终点事件的发生率为 13%；aVR 导联 ST 段无抬高伴 TnT 阴性组，其 90 天终点事件的发生率为 4%，各组间差别极显著（$P<0.01$）。

图 1-26 非 ST 段抬高型心肌梗死患者 aVR 导联有无 ST 段抬高伴 TnT 阴性或阳性者 90 天累计终点事件的 Kaplan-Meier 生存曲线

八、NSTEMI 患者 aVR 导联 ST 段抬高的机制

众所周知，根据 ECG 上 ST 段的改变可把急性心肌梗死患者分为 ST 段抬高型心肌梗死（STEMI）和非 ST 段抬高型心肌梗死（NSTEMI），这两种病变中 aVR 导联 ST 段抬高的机制是不同的。STEMI 患者 aVR 导联 ST 段的抬高反映了室间隔基底部（basal septum）以透壁性心肌缺血为主，主要是冠状动脉左主干或前降支近端的狭窄，并累及第一对角支，从而引起 ST 段的起始向量向右、向上，故 aVR 导联 ST 段抬高[5,25,57]。在 NSTEMI 患者，aVR 导联 ST 段的抬高反映了全心室或心室全周心内膜下的心肌缺血（global subendocardial ischemia），aVR 导联是从右肩或右上方位探测心室腔的唯一“腔内”导联，LMCA/3-vd 常引起心室肌全周缺血（circumferential ischemia），使左心室舒张末压突然升高，心内膜下心肌广泛而严重缺血，缺血的 ST 段向量指向右上，故 aVR 导联 ST 段抬高[42,84]。有些研究也证实 NSTEMI 患者 aVR 导联 ST 段的抬高与 LMCA/3-vd 密切相关。Kosuge 等[38]报道 LMCA/3-vd 的检出率在 aVR 导联 ST 段抬高/回落组为 32%、持续抬高组为 74%，分别是 ST 段无抬高组（7%）的 4~10 倍之多。Yan 等[8,29,58,85,86]报道 LMCA/3-vd 检出率在 ST 段无抬高组为 7%~33%。这些差别与患者冠状动脉病变的严重程度及病例的选择

标准不同有关。

九、NSTEMI 患者入院后 aVR 导联 ST 段持续抬高的临床意义

Kosuge 等[38]的研究结果显示，aVR 导联 ST 段持续抬高者 30 天终点事件的发生率与冠状动脉病变的严重程度密切相关，它是包括死亡在内的不良预后的最强预测因子。NSTEMI 患者入院时 aVR 导联 ST 段抬高但 6 h 内有回落，其预后相对良好，但心脏事件的发生率及冠状动脉病变的严重程度仍显著高于 aVR 导联 ST 段无抬高的患者，亦即 NSTEMI 患者 aVR 导联 ST 段抬高/回落及持续抬高对患者的危险分层及终点事件的预测具有重要意义。因此，应对 NSTEMI 患者入院后 aVR 导联 ST 段进行常规分析、随访观察，以便对患者进行危险分层并给予相应的治疗措施。aVR 导联 ST 段持续抬高的临床意义如下：

（一）aVR 导联 ST 段抬高无回落或持续抬高与 LMCA/3-vd 密切相关

Kaul 等[86]报道 NSTEMI 患者起病 6 h 后 aVR 导联 ST 段仍持续抬高者，其 6 个月的死亡率和 re-MI 的发生率是 ST 段回落者的 3 倍。这一结果说明 ST 段持续抬高，或回落的时间延长与不良预后密切相关。Kosuge 等[29,58,87]也曾报道 NSTEMI 患者除 aVR 导联以外的其他导联 ST 段的持续抬高与多支血管病变及 30 天的不良预后显著相关，后来的研究也证实 aVR 导联 ST 段无回落或持续抬高与 LMCA/3-vd 明显相关。Kosuge 等[38]的研究进一步证实了 aVR 导联 ST 段持续抬高与 LMCA/3-vd 的关系更密切。

（二）aVR 导联 ST 段抬高无回落或持续抬高与患者的病情严重程度有关

aVR 导联 ST 段持续抬高者示心肌缺血严重、缺血时间延长、对药物治疗的耐受性降低（refractory to medical treatment）、冠状动脉病变严重且不稳定，即斑块破裂及血栓形成等[38]。

（三）aVR 导联 ST 段抬高无回落或持续抬高对临床治疗的指导

由于 aVR 导联 ST 段持续抬高，患者冠状动脉病变严重而广泛，需急诊 CABG 者增多。需急诊 CABG 手术的患者术前应停用氯吡格雷、阿司匹林等抗血小板类药物。尽管这类药物的早期应用可改善患者的预后，但停药 5 天内手术者重要出血事件较多，因此有人建议 aVR 导联 ST 段持续抬高者待 CAG 检测后确定不需 CABG 者再给予氯吡格雷，在 CAG 前先不要给药。但 2007 年的欧洲心脏病学会（ESC）指南并不支持这种观点，因为此类患者相对较少，且手术也可延迟数天[88]。2002 年美国 ACC/AHA 的指南示高危患者应早期给予介入治疗[74]。Kosuge 等[38]则认为，对于 aVR 导联 ST 段持续抬高而拟行急诊 CABG 患者，早期 CAG 检查可确定是否推迟氯吡格雷等药物的使用。

（四）aVR 导联 ST 段持续抬高伴有其他导联 ST 段压低的意义

一些大型临床对照研究证实 NSTEMI 患者 ST 段压低的程度对患者预后的

判断具有重要意义[58,89,90]。Kosuge 等[38]报道 NSTEMI 患者入院时及入院 6 h 后 aVR 导联 ST 段持续抬高与其他导联 ST 段的压低具有相关性，即 aVR 导联 ST 段持续抬高者其他导联 ST 段的压低也更明显，与不良事件的发生率明显相关，因此 NSTEMI 患者入院后 aVR 导联 ST 段持续抬高是判断患者不良预后的重要信息[8,29,38,85]。GUSTO-Ⅳ研究示纳入分析的 7 800 例 NSTEMI 患者 ST 段压低对 30 天不良事件的发生率具有明显影响，而与 1 年后不良预后的关系不甚明显[91]。这些研究显示 NSTEMI 患者入院时 ST 段压低或 aVR 导联 ST 段持续抬高伴有其他导联 ST 段的压低，对患者中短期的危险分层和预后判断的价值更大。

（五）aVR 导联 ST 段抬高与肌钙蛋白结合对患者预后判断的价值

aVR 导联 ST 段抬高与心肌酶学肌钙蛋白增高相结合，临床预测价值将进一步提高，二者结合对患者的危险分层比单一改变更有意义。与此相反，经多因素分析，其他导联 ST 段的压低和心肌酶学的改变未显示有意义的预测价值。这一发现表明 aVR 导联 ST 段的抬高比其他导联 ST 的压低更能反映心内膜下心肌缺血的广泛性和严重性，此类患者的预后也更差。也有报道称，其他导联 ST 段压低与肌钙蛋白结合对 NSTEMI 患者的预后判断有意义，但是 aVR 导联 ST 段的抬高与肌钙蛋白结合进行危险分层尚为首次报道，二者结合对患者病变的严重程度和严重不良预后的判断更有意义，说明这些患者 LMCA/3-vd 更严重，故 90 天不良事件的发生率也最高。没有 aVR 导联 ST 段抬高，只有 TnT 浓度增高者，LMCA/3-vd 明显减少，但不良事件的发生率仍升高，说明 aVR 导联 ST 段抬高对 LMCA/3-vd 的判断更敏感。故二者结合对患者的危险分层和预后判断的价值进一步提升，不失为简单有效的方法[38,58]。

小　结

1. NSTEMI 患者入院 6 h 后 aVR 导联 ST 段抬高无回落、仍持续抬高者是预后不良的一个危险信号。

2. NSTEMI 患者 aVR 导联 ST 段持续抬高者 30～90 天的心脏事件发生率显著升高。

3. NSTEMI 患者 aVR 导联 ST 段抬高回落及持续抬高者冠状动脉病变严重、左主干及 3 支血管病变者分别达 32% 和 74%，分别是 aVR 导联 ST 段无抬高者的 4～10 倍之多。

4. aVR 导联 ST 段持续抬高者对 NSTEMI 患者的危险分层及不良预后的判断具有重要价值，是简单而重要的预测指标。

第十三节　aVR 导联 ST 段改变对非 ST 段抬高型急性冠状动脉综合征不良预后的判断价值

近年来，许多研究更多地关注非 ST 段抬高型急性冠状动脉综合征（NSTE-ACS）患者 aVR 导联 ST 段抬高（aVR-STE）对患者危险分层及不良预后判断的意义，因为该导联 ST 段的抬高与冠状动脉左主干和/或 3 支血管病变（LMCA/3-vd）的发生率密切相关，而且患者病情严重，预后不良。但这一结果只在心电图（ECG）的大型前瞻性研究（global registry of acute coronary events，GRACE）中得到部分证实，认为 aVR-STE 是 LMCA/3-vd 的一个标记，但是这种改变与患者住院期间及 6 个月的死亡率并无独立相关性。另外，不同文献对 aVR-STE 检出率的报道结果也相差甚远，从 1.5% 到 10% 以上不等，对患者随访的时间也长短不一，因此影响了结果的一致性[8,29,32,58,92]。众所周知，NSTE-ACS 患者出院后仍持久存在心血管性死亡的危险，aVR-STE 对这些患者危险评估的价值尚不确定，因此本节将介绍 Taglieri 等[32]报道的一项大样本临床研究，其目的在于评估：① aVR-STE 与其他导联 ST 段压低联合，对诊断 LMCA/3-vd 的价值；② aVR-STE 与其他导联 ST 段压低联合，对 NSTE-ACS 患者住院期间及出院后 1 年内心血管性死亡危险的预测价值。

一、NSTE-ACS 及 ECG 的诊断

（一）研究对象及诊断标准

本研究纳入分析的为 1 042 例 NSTE-ACS 患者，其中非 ST 段抬高型心肌梗死（NSTEMI）占 85%、不稳定型心绞痛（UA）占 15%。患者的诊断标准为 24 h 内发生胸痛，同时伴有以下改变中的任何 3 项异常者：① 任一导联 ST 段压低≥0.05 mV；② 相邻的两个导联 ST 段一过性抬高（STE）≥0.1 mV，但持续的时间 <20 min；③ 相邻的两个导联 T 波倒置≥0.1 mV；④ aVR-STE≥0.1 mV；⑤ 心肌酶学异常；⑥ 曾确诊过 CHD。ECG 分析时均排除了室内传导阻滞。

（二）冠状动脉造影（CAG）对病变的界定

患者住院期间均做 CAG，LMCA 狭窄≥50% 或其他主要分支狭窄≥70% 者界定为有意义的狭窄。把 LMCA/3-vd 作为罪犯血管，与 aVR-STE 进行对照分析，观察二者的相关性，以及患者住院期间及 1 年间心血管事件的发生率，包括心脏性死亡、致命性脑中风的发生率等。

（三）ECG 分析及患者分组

根据 ECG 改变把患者分为以下 5 组：① 正常 ECG、无 ST-T 改变；② T

波倒置；③ 仅有 ST 段压低（STD）、无 aVR-STE、无其他导联一过性 STE；④ STD + aVR-STE；⑤ 上述各种改变的混合存在。纳入分析的临床因素包括年龄、性别，糖尿病、高血压、心肌梗死（MI）及脑卒中病史，外周血管病史等。

二、NSTE-ACS 患者临床及 ECG 的异常改变

ECG 正常者占 28%，T 波倒置者占 17%，STD 为 27%，STD + aVR-STE 者占 13%，混合改变者为 15%。与其他组相比，STD + aVR-STE 患者更多伴有外周血管疾病、心房颤动、心率增快、Killip 级别增高、心肌酶学阳性及 GRACE 危险指数（根据 ACS 患者入院时的年龄、心率、收缩压、血清肌酐水平、肌钙蛋白水平、Killip 级别、心电图 ST 段压低≥1 mm 及有无心搏骤停 8 项指标分别计分，<108 分为低危、109～140 分为中危、>140 分为高危，详见第七章第一节）增高等。而 ECG 混合改变者的年龄均偏大，多有 MI 史等，见表 1-21。

表 1-21　NSTE-ACS 患者 ECG、临床指标的不同改变及其显著性检验

临床指标	ECG 正常（n=294）	T 波倒置（n=172）	STD（n=280）	STD + aVR-STE（n=140）	ECG 混合改变（n=156）	P 值
平均年龄/岁	73（63%～79%）	76（66%～82%）	75（65%～81%）	76（70%～84%）	81（74%～85%）	<0.001
男性比例	190(65%)	106(62%)	190(68%)	87(62%)	96(62%)	0.58
先前 MI 史	103(35%)	56(33%)	107(38%)	45(32%)	91(58%)	<0.001
先前 PCI 史	78(27%)	32(19%)	67(24%)	27(19%)	41(26%)	0.21
先前 CABG 史	24(8%)	12(7%)	26(9%)	18(13%)	22(14%)	0.12
先前脑卒中史	25(9%)	16(9%)	30(11%)	17(12%)	25(16%)	0.15
外周血管疾病史	52(18%)	21(12%)	55(20%)	43(31%)	39(25%)	0.001
糖尿病	75(26%)	29(17%)	84(30%)	30(21%)	46(30%)	0.02
高脂血症	182(62%)	98(57%)	154(55%)	70(50%)	87(56%)	0.19
高血压	222(76%)	137(80%)	223(80%)	113(81%)	136(87%)	0.07
吸烟	145(49%)	65(38%)	132(47%)	55(39%)	56(36%)	0.01
体检						
平均收缩压/mmHg	144（130～160）	140（125～160）	140（125～160）	140（120～160）	140（125～170）	0.07
心率/(次·min^{-1})	77（63～90）	77（65～90）	81（68～99）	90（79～109）	87（73～107）	<0.001
心脏停搏	2（1%）	0	4（1%）	3（2%）	1（1%）	0.31
心房颤动	25（9%）	12（7%）	28（10%）	25（18%）	23（15%）	0.007
Killip 级别						<0.001
Ⅰ	237（81%）	121（70%）	192（69%）	82（59%）	85（55%）	
Ⅱ	29（10%）	31（18%）	47（17%）	24（17%）	41（26%）	

续表

临床指标	ECG 正常（$n=294$）	T 波倒置（$n=172$）	STD（$n=280$）	STD + aVR-STE（$n=140$）	ECG 混合改变（$n=156$）	P 值
Ⅲ	26（9%）	19（11%）	39（14%）	29（21%）	30（19%）	
Ⅳ	2（1%）	1（1%）	2（1%）	5（4%）	0	
实验室检查						
TnT/（$ng \cdot mL^{-1}$）	0.16（0.06～0.36）	0.13（0.05～0.34）	0.15（0.06～0.51）	0.38（0.14～1.19）	0.17（0.07～0.48）	<0.001
CK-MB/（$U \cdot L^{-1}$）	15（1～46）	1（1～32）	21（1～51）	42（1～96）	22（1～61）	<0.001
肌酸激酶/（$mg \cdot dL^{-1}$）	1.2（1.0～1.4）	1.2（0.9～1.5）	1.2（1.0～1.5）	1.3（1.1～1.5）	1.3（1.1～1.7）	<0.001
GRACE 危险指数	123（98～146）	132（109～158）	163（141～191）	181（159～210）	155（135～175）	<0.001
入院24 h内的药物使用						
阿司匹林	269（92%）	151（88%）	255（91%）	121（86%）	138（89%）	0.39
氯吡格雷	192（65%）	106（62%）	170（61%）	74（53%）	73（47%）	
噻氯匹定	23（8%）	14（8%）	18（6%）	13（9%）	12（8%）	
β-阻滞剂	246（84%）	147（86%）	234（84%）	113（81%）	116（74%）	0.06
ACEI/ARB	219（75%）	130（76%）	204（73%）	91（65%）	113（72%）	0.25
肝素或低分子肝素	256（87%）	149（87%）	241（86%）	117（84%）	121（78%）	0.075
糖蛋白 IIb/IIIa 抑制剂	111（38%）	54（31%）	96（34%）	50（36%）	34（22%）	0.013
介入治疗	221（75%）	123（72%）	192（69%）	103（74%）	87（56%）	0.001
冠状动脉造影	237（81%）	129（75%）	210（75%）	104（74%）	91（58%）	<0.001
PCI	156（66%）	88（68%）	153（73%）	71（68%）	59（65%）	0.53
冠状动脉搭桥术	12（5%）	6（5%）	17（8%）	19（18%）	4（4%）	<0.001

注：STD 指仅有 ST 段压低；STE 指 ST 段抬高；TnT 指肌钙蛋白 T；CK-MB 指肌酸激酶同工酶；ACEI 指血管转换酶抑制剂；ARB 指血管转换酶受体阻断剂；PCI 指经皮冠状动脉介入术；CABG 指冠状动脉搭桥术。

三、STD + aVR-STE 患者与冠状动脉造影的相关性

74%的患者在出院前给予 CAG 检测，结果显示，STD + aVR-STE 的患者 LMCA/3-vd 的检出率显著升高，单纯 LMCA 者占 29%，3-vd 者占 44%，LMCA/3-vd 者占 57%，显著高于其他 ECG 异常组（$P<0.001$）。这些患者 GRACE 危险指数增高，需行冠状动脉搭桥手术（CABG）者也显著增多。与无 ST 段抬高者相比，任何导联 ST 段的抬高均可增加 LMCA 病变的危险；所有 ST 段偏移及 STD + aVR-STE 者均显示 LMCA 病变的危险性增高。单纯 ST 段偏移而无 aVR-STE 者未显示有 LMCA 病变的危险；STD + aVR-STE 是 LMCA 病

变及 LMCA/3-vd 的独立危险因素（$OR = 3.82$，95% CI，2.04 ~ 7.17，$P < 0.001$），LMCA/3-vd（$OR = 4.90$，95% CI：2.89 ~ 8.32，$P < 0.001$）。详细内容见表 1-22 及图 1-27。

表 1-22 ECG 不同改变组冠状动脉造影的改变及其显著性检验

冠状动脉造影	ECG 正常组（$n = 220$）	T 波倒置组（$n = 123$）	STD 组（$n = 188$）	STD + aVR-STE 组（$n = 92$）	ECG 混合改变组（$n = 78$）	P 值
LMCA	11（5%）	5（4%）	17（9%）	27（29%）	10（13%）	<0.001
3-vd	27（12%）	26（21%）	45（24%）	40（44%）	16（21%）	<0.001
LMCA/3-vd	34（16%）	27（22%）	53（28%）	52（57%）	21（27%）	<0.001
分支病变						<0.001
左前降支	63（29%）	59（48%）	66（35%）	28（30%）	28（36%）	
左回旋支	30（14%）	5（4%）	33（18%）	9（10%）	8（10%）	
右冠状动脉	41（19%）	21（17%）	28（15%）	14（15%）	12（15%）	
对角支	16（7%）	6（5%）	9（5%）	2（2%）	7（9%）	
钝圆之	19（9%）	8（7%）	20（11%）	12（13%）	4（5%）	

注：表中的数据为冠状动脉病变例数，括号内数据为占该组患者的百分比；STE 指 ST 段抬高；STD 指仅有 ST 段压低；LMCA 冠状动脉左主干病变；LMCA/3-vd 指冠状动脉左主干和/或 3 支血管病变。

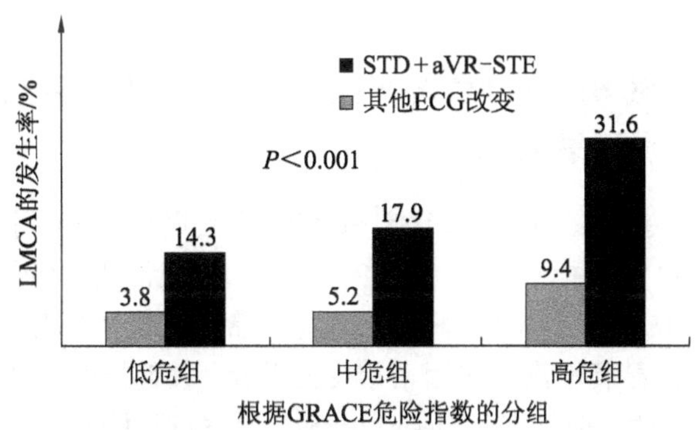

从图中可以看出，随着 GRACE 危险指数的增加，LMCA 病变的发生率亦明显升高，三组间差别极显著（$P < 0.001$）。

图 1-27 NSTE-ACS 患者 aVR 导联 ST 段抬高与冠状动脉左主干病变的关系

四、NSTE-ACS 患者住院期间的死亡率

NSTE-ACS 患者住院期间的总死亡率为 4.3%，这其中由 LMCA 病变所致的死亡率为 14.0%，非 LMCA 的死亡率为 1.3%，即前者是后者的 10 倍之多，二者差别极显著（$P < 0.001$）；LMCA/3-vd 的死亡率为 6.3% ，而非 LMCA/3-vd 者的死亡率为 0.5%，二者相差亦为 10 倍之多，差别极显著（$P < 0.001$），此处 LMCA/3-vd 患者的死亡率低于 LMCA 病变者，说明 LMCA 病变

者的危险性更高。STD + aVR - STE 伴有高 GRACE 危险指数者的死亡率为 14.7%，无这些改变者的死亡率为 7.1%，前者为后者的 2 倍（$P<0.001$）。经多因素相关分析示 STD + aVR - STE 为患者住院期间死亡的独立危险因素（$OR=5.99$，95% CI：2.14 ~ 6.79，$P<0.001$），见图 1-28。

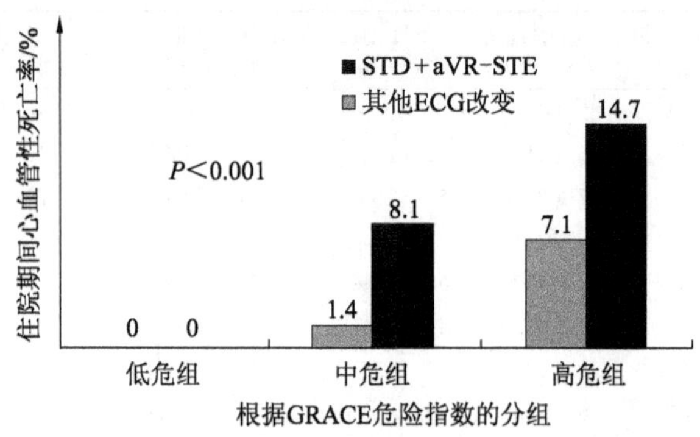

从图中可以看出，随着 GRACE 危险指数的增高，患者住院期间的死亡率也显著增加，STD + aVR-STE 者增高更明显，显著高于其他 ECG 改变者（$P<0.001$）。

图 1-28　NSTE-ACS 患者伴有 aVR 导联 ST 段抬高者住院期间的死亡率

五、aVR 导联 ST 段抬高对 NSTE-ACS 患者出院后 1 年内死亡危险的预测意义

Taglieri 等[32] 报道，NSTE - ACS 患者出院后随访 1 年间的总死亡率为 15.0%，其中心血管性死亡率为 12.2%。与 ECG 正常或非特异性 ST-T 改变者相比，单纯 STD，STD + aVR-STE 及这些异常改变的混合存在者 1 年期间心血管性死亡危险性显著增高。多因素相关分析示，任何导联 ST 段的偏移均可增加 1 年间死亡危险性，但只有 STD + aVR-STE 是终点事件发生率升高、1 年内死亡率升高，以及左心功能降低的独立危险因素（$OR=2.33$，95% CI：1.47 ~ 3.68，$P=0.001$），见图 1-29。

以上研究内容示 NSTE-ACS 患者伴有 STD + aVR-STE 者与冠状动脉损害严重程度独立相关，特别是与单纯 LMCA 病变及 LMCA/3 - vd 的相关性更强，也是患者住院期间及出院 1 年内死亡率升高的独立危险因素。因此 STD + aVR-STE 对于 NSTE-ACS 患者的危险分层、临床管理及长、短期预后的判断具有重要意义。

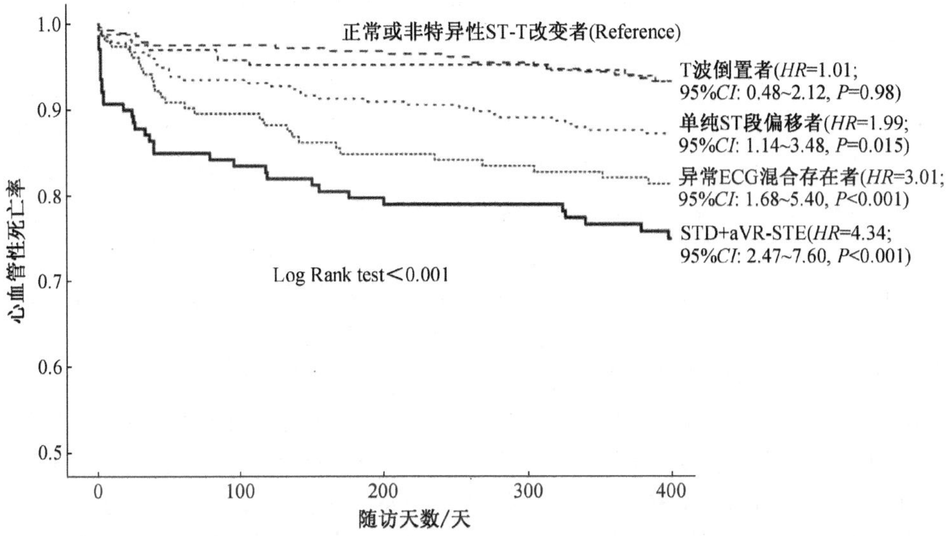

图中正常或非特异性 ST-T 改变者的生存曲线，示患者出院后随访 1 年的生存率几乎为 100%；T 波倒置者出院后 1 年的生存曲线示生存率为 97%（$HR=1.01$，95% CI：0.48～2.12，$P=0.98$）；单纯 ST 段偏移者，1 年的生存率约 90%，死亡率有所升高（$HR=1.99$，95% CI，1.43～3.48，$P=0.015$）；异常 ECG 混合存在者，1 年的生存率进一步降低为 83% 左右（$HR=3.01$，95% CI：1.68～5.40，$P<0.001$）；STD＋aVR-STE 者的生存曲线示随着随访时间的延长，死亡率逐渐升高，1 年的终末期死亡率超过了 20%，在所有 ECG 改变中死亡率最高（$HR=4.34$，95% CI：2.47～7.60，$P<0.0001$）。

图 1-29 NSTE-ACS 患者各种 ECG 改变者出院后 1 年内的 Kaplan-Meier 生存曲线

六、aVR 导联 ST 段抬高对 NSTE-ACS 患者长、短期不良事件预测意义的其他研究

众所周知，ECG 的改变对于 NSTE-ACS 患者的危险分层及临床管理的决策具有重要意义。伴有 ST 段压低者与 ST 段正常者相比，不良预后事件发生率显著升高。患者心肌损害或梗死面积的大小、冠状动脉病变的程度均与患者的不良预后密切相关。因此人们对此进行了大量的研究，包括大型的临床对照研究、ST-T 改变的研究等，试图对患者的危险分层、危险指数等进行量化分析，以便提供统一的评价指标，但是均不甚理想，故迄今尚无统一的评价标准。有关应用 aVR 导联 ST 段改变来评价 NSTE-ACS 患者预后的研究也很少。Kosuge[29,59]等研究了 310 例 NSTE-ACS 患者，发现 aVR 导联 ST 段抬高≥0.05 mV 者占 27%，LMCA/3-vd 的检出率、90 天的死亡率及心肌再梗死的发生率等均显著升高（$OR=13.8$，95% CI：1.43～10.9，$P=0.03$）。同时发现 aVR 导联 ST 段抬高及肌钙蛋白 I（TnT）阳性者对诊断 LMCA/3-vd 具有重要意义，二者的敏感性分别为 78% 和 62%，特异性分别为 86% 和 59%，阳性预测值分别为 57% 和 26%，阴性预测值分别为 95% 和 87%（$P<0.05$）。aVR 导联 ST 段

抬高对诊断 LMCA/3-vd 的价值略高于 TnI，二者结合对 LMCA/3-vd 的诊断更有意义，这其中对诊断单纯 LMCA 病变的价值可能更大一些。Barrabés 等[8]研究报道了 775 例 NSTE-ACS 患者 aVR 导联 ST 段的改变。这些患者入院初始 ECG 示 aVR 导联 ST 段抬高 0.05～0.1 mV 者占 15%，抬高 >0.1 mV 者占 17%。结果显示，ST 段无论是轻度还是显著抬高，与 aVR 导联 ST 段无抬高者相比，LMCA/3-vd 的检出率及院内死亡率均显著升高，aVR 导联 ST 段无抬高者住院期间的死亡率为 1.3%，抬高0.05～0.1 mV 者死亡率为 8.6%，抬高 >0.1 mV 者死亡率为 19.4%（$P<0.001$），抬高者死亡的 OR 分别为 4.2（95% CI：1.5～12.2）和 6.6（95% CI：2.5～17.6）；随访 6 个月，LMCA/3-vd 的检出率在 aVR 导联 ST 段无抬高组为 22.0%，抬高 0.05～0.1 mV 组为 42.6%，抬高 >0.1 mV 组为 66.3%（$P<0.001$）；后两组再缺血事件及心力衰竭（HF）的发生率也显著升高。Yan 等[85]报道，在 GRACE 研究中纳入分析的 5 064 例 NSTE-ACS 患者中，aVR 导联 ST 段抬高 >1 mm 者是 LMCA/3-vd 的独立预测因子。GRACE 研究的对象来自 13 个国家，随访 5 年，结果显示，aVR 导联 ST 段抬高 0.5～1 mm 者占 5.8%，>1 mm 者占 1.5%，其余为 aVR 导联 ST 段无抬高者，三组住院期间的死亡率分别为 4.2%，6.2% 和 7.9%（$P=0.03$），随访6 个月的死亡率分别为 7.6%，12.7% 和 18.3%（$P<0.001$）；LMCA/3-vd 的检出率分别为 26.1%，36.2% 和 55.9%（$P<0.001$），aVR 导联 ST 段抬高，特别是抬高 >1 mm 者，是预测 LMCA/3-vd 的可靠指标。Taglieri 等[32]的研究结果显示，伴有 aVR 导联 ST 段抬高的 NSTE-ACS 患者院内死亡率为 4.3%，与整个 GRACE 多中心研究的结果相符。与先前的一些研究相似，该研究也肯定了 aVR 导联 ST 段抬高与 LMCA/3-vd 等冠状动脉病变的严重程度相关。关于 NSTE-ACS 患者 aVR 导联 ST 段抬高的机制，Engelen[57]和 Yamaji 等[25]的研究确定了 aVR 导联 ST 段抬高为室间隔基底部透壁性缺血性损伤或左心室心内膜下及周围心肌缺血性损伤所致。Misumida 等[34]报道了 379 例 NSTE-ACS 患者，伴有 aVR 导联 ST 段抬高者占 26%，CAG 证实的 LMCA/3-vd 为 23%。LMCA/3-vd 患者伴有 aVR 导联 ST 段抬高者占 39%，这些患者住院期间需行冠状动脉介入者占 73%，需行 CABG 者占 19%，均显著高于 aVR 导联 ST 段无抬高者。aVR 导联 ST 段抬高是 LMCA/3-vd 的独立预测因子。APEX-AMI（assessment of pexelizumab in acute myocardial infarction）研究是一个大型临床对照研究，共纳入 5 683 例 STEMI 患者，结果显示，aVR 导联 ST 段无论是抬高还是压低≥1 mm，均与 90 天的死亡率显著相关[37]。Tamura 等[22]通过系统回顾，分析 aVR 导联 ST 段改变与 NSTE-ACS 患者院内及院外不良预后的关系，总结为以下几条：① aVR 导联 ST 段抬高与院内死亡率独立相关；② aVR 导联 ST 段无论是轻度抬高（0.05～0.1 mV）还是显著抬高（>0.1 mV），均是院内及出院后 6 个月死亡率的独立预测因子；③ 任何导联 ST 段压低≥0.05 mV，加上 aVR 导联 ST 段抬高≥0.1 mV，均与院内及出院后 1 年的心血管性死亡独立相关；④ aVR 导联 ST 段抬高≥0.05 mV 与 NSTE-ACS 患者 90 天的不良预后，包括死亡、心肌梗死及急诊冠状动脉血管再通术等独立相关。

Taglieri 等[32]首次对 aVR 导联 ST 段抬高与 NSTE-ACS 患者不良预后的关系进行研究，发现单纯 LMCA 病变者死亡危险是 3-vd 者的两倍之多（14.0% *vs.* 6.3%），同时发现 aVR 导联 ST 段抬高对 NSTE-ACS 患者长、短期的死亡危险率均具有独立的预测价值。这一结果与 GRACE-ECG 的亚组分析有所不同，这可能与病例的选择不同有关。Taglieri 等[32]的研究中所有 aVR 导联 ST 段抬高 >1 mm 的患者也同时伴有其他导联 ST 段的异常。尽管本研究结果也显示其他任何导联 ST 段的异常均可使住院期间的死亡危险率升高，但当对 ST 段的偏移及 STD + aVR-STE 进行独立分析时，只有 aVR 导联 ST 段抬高显示对住院期间及出院后 1 年的死亡危险有强的、独立的预测价值。再结合 GRACE 危险指数进行分析，也显示只有 STD + aVR-STE 患者可使住院期间心血管性死亡危险率升高。经过 1 年的随访，明确显示 STD + aVR-STE 与患者的长期心血管性死亡危险率独立相关。与其他预测指标如 LVEF 等相比，STD + aVR-STE 是更容易、更便利、可常规应用的 ECG 指标。

小　结

1. NSTE-ACS 患者伴有 aVR 导联 ST 段抬高及其他导联 ST 段压低者，更多地伴有其他心血管系统的异常改变，如外周血管疾病、心房颤动、心率增快、Killip 级别增高及 GRACE 危险指数增高等。

2. NSTE-ACS 患者伴有 aVR 导联 ST 段抬高及其他导联 ST 段压低者，单纯 LMCA 狭窄者占 29%，3-vd 者占 44%，LMCA/3-vd 者占 57%，是其他 ECG 异常改变的 2 倍。

3. NSTE-ACS 患者伴有 aVR 导联 ST 段抬高及其他导联 ST 段压低者，住院期间死亡率显著升高，是无这些改变者的 2 ~ 10 倍。

4. NSTE-ACS 患者伴有 aVR 导联 ST 段抬高及其他导联 ST 段压低者，1 年间终点事件发生率显著升高，死亡率升高 20%。

5. NSTE-ACS 患者伴有 aVR 导联 ST 段抬高及其他导联 ST 段压低者是 LMCA/3-vd 及长、短期预后不良的独立危险因素。

第十四节　aVR 导联 ST 段改变对 ST 段抬高型心肌梗死患者心功能不全的预测价值

心力衰竭（HF）是各种心脏疾患的终末期改变，其发病率逐年升高、临床死亡率高，因此对 HF 的早期诊断、正确治疗及改善患者的预后是重要的临床课题。心电图（ECG）方便实用，可为 HF 的诊断及预后判断提供重要的信息。急性冠状动脉综合征（ACS），特别是急性心肌梗死（AMI）是并发 HF 的重要原因。AMI 可引起 ECG 多个导联的 ST-T 改变，其对 AMI 的定性和定位诊断具有重要意义，但对 HF 的诊断则缺乏特异性，特别是单一导联往往不具备这种功能，必须进行综合分析。近些年来，备受临床关注的 aVR 导联 ST 段的抬高或压低对 AMI 患者临床危险的分层、不良预后的判断具有重要意义，但对于 AMI 后 HF 的诊断及预测，亦即使用 aVR 单一导联对 AMI 后 HF 的发生是否具有预测价值尚不清楚。本节将基于国外近年来的研究，就 aVR 导联 ST 段的改变对 ST 段抬高型心肌梗死（STEMI）合并 HF 的预测价值进行简单介绍[52,77,93-95]。

一、aVR 导联 ST 段压低对前侧壁 STEMI 患者左心功能的预测价值

aVR 导联 ST 段压低对 AMI 患者心功能预测的研究较少，Kosuge 等[77]曾对此进行过研究。该报道研究了前侧壁 STEMI 患者 aVR 导联 ST 段压低与 MI 面积及左心功能的关系。研究对象分 3 组：A 组患者入院时 aVR 导联 ST 段抬高≥0. 5 mm；B 组患者 ST 段正常，亦即无偏移；C 组患者 aVR 导联 ST 段压低≥0. 5 mm。研究结果示 C 组患者心肌酶学水平显著高于 A，B 两组，心功能显著低于 A，B 两组。尽管这些患者均成功地实施了冠状动脉血管再通术，但情况依然如此。该研究的主要结果如下：

（一）aVR 导联 ST 段与其他导联 ST 段改变的关系

除 aVR 导联 ST 段的定量分析外，其他导联 ST 段偏移的定量分析示前壁、侧壁 ST 段抬高的程度，以及这些导联 ST 段抬高的总和在 aVR 导联 ST 段压低组均显著高于 A，B 两组，但下壁导联 ST 段压低的程度在各组间差别不显著，见表 1-23 及图 1-30。

表 1-23　前侧壁 STEMI 患者 aVR 导联 ST 段与其他导联 ST 段改变的关系　mm

其他导联 ST 段偏移	A 组 aVR-ST 段抬高	B 组 aVR-ST 段正常	C 组 aVR-ST 段压低
Ⅰ，aVL 导联 ST 段抬高	1.5±0.8	1.7±1.4	2.8±1.9*
Ⅱ，Ⅲ，aVF 导联 ST 段压低	-3.5±2.9	-3.1±2.6	-2.2±4.7#
V_1～V_4 导联 ST 段 ST 段抬高	11.7±10.9	15.6±9.2	20.8±9.2↑↕
V_5～V_6 导联 ST 段抬高或压低	-0.7±2.2	1.6±2.9↑	4.6±3.8*
前侧壁各导联 ST 段抬高的总和	5.0±2.1	6.9±1.0↑	7.1±1.5↑

注：*指与 A，B 两组比较，$P<0.05$；#指三组间比较，$P>0.05$；↑指与 A 组比较，$P<0.01$；↕指与 A，B 两组比较，$P<0.01$。

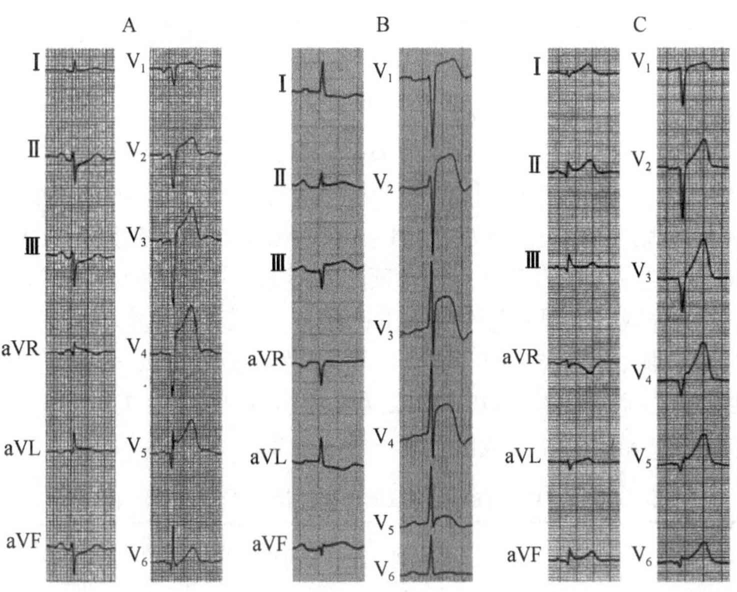

A，B 两组患者的胸导联 V_1～V_5 的 ST 段抬高，C 组胸导联 ST 段的抬高扩展至 V_6。三组间 aVR 导联及其他各导联 ST 段抬高的程度及形态有所不同：A 组示 aVR 导联 ST 段抬高≥0.5 mm，B 组示 aVR 导联 ST 段无偏移，C 组示 aVR 导联 ST 段压低≥0.5 mm，胸导联 ST 段的抬高扩展至 V_6，整个肢体导联 QRS 波电压均明显降低，MI 面积扩大，心功能降低。

图 1-30　前侧壁 STEMI 患者伴心功能不全者 12 导联心电图的改变

（二）aVR 导联 ST 段改变与心肌酶学及心功能的关系

aVR 导联 ST 段压低组肌酸激酶（CK）水平显著高于 A，B 两组；左心室射血分数(LVEF)显著低于 A，B 两组；收缩及舒张末期容积指数(LVESVI，LVEDVI) 均显著高于 A，B 两组($P<0.01$)；B 组与 A 组相比，CK，LVESVI 及 LVEDVI 显著高于 A 组，LVEF 显著低于 A 组（$P<0.01$），见表 1-24。

表 1-24　前侧壁 STEMI 患者 aVR 导联 ST 段改变者与心肌酶学及心功能改变的关系

CK 及心功能指数	A 组 aVR-ST 段抬高	B 组 aVR-ST 段正常	C 组 aVR-ST 段压低
CK/（$mU \cdot mL^{-1}$）	3 661 ±1 428	4 440 ±1 889*	6 959 ±2 712*↑
LVEF/%	54 ±9	48 ±7*	37 ±9*↑
LVESVI/（$mL \cdot m^{-2}$）	31 ±12	41 ±13*	57 ±17*↑
LVEDVI/（$mL \cdot m^{-2}$）	69 ±17	80 ±19*	90 ±23*↑

注：CK 指肌酸激酶；LVEF 指左心室射血分数；LVESVI 指左心室收缩末期容积指数；LVEDVI指左心室舒张末期容积指数；* 指 $P<0.01$，与 A 组比较；*↑指 $P<0.01$，与 A，B 两组比较。

（三）aVR 导联 ST 段压低者住院期间充血性心力衰竭（CHF）的发生率及其对 CHF 的预测价值

住院期间 A，B，C 三组 CHF 的发生率分别为4%，2%和17%，C 组显著高于前两组（$P<0.05$）；因 CHF 需行主动脉内囊反搏术（IABP）以维持血流动力学稳定者在 A，B，C 三组分别为9%，9%和23%，C 组亦显著高于前两组($P<0.01$)；aVR 导联 ST 段压低对 CHF（LVEF≤35%）预测的敏感性为 90%、特异性为 80%、阳性预测值为51%、阴性预测值为 97%、预测的准确率为 82%，均明显高于其他导联，特别是阴性预测值达 97%，亦即如患者入院时无 aVR 导联 ST 段的压低，基本可排除 CHF 的存在。多因素相关分析示，aVR 导联 ST 段压低与 CHF 发生的危险优势比 $OR=11.2$（95% CI：0.99～12.7）亦明显高于其他危险因素，如年龄、心率、收缩压等，见表 1-25。

表 1-25　aVR 导联 ST 段压低对住院期间 CHF 的预测价值　　%

各导联 ST 段的改变	敏感性	特异性	阳性预测值	阴性预测值	预测准确率
V_5 和 V_6 导联 ST 段抬高≥3.5 mm	60	75	35	88	71
V_5 导联 ST 段抬高≥2.5 mm	60	69	32	88	68
V_6 导联 ST 段抬高≥1.0 mm	60	69	33	88	70
aVR 导联 ST 段压低≥0.5 mm	90	80	51	97	82

（四）aVR 导联 ST 段压低者冠状动脉造影（CAG）的改变

CAG 示 A，B，C 三组罪犯血管阻塞的程度、多支血管病变的支数等均差别不显著，但 C 组即 aVR 导联 ST 段压低组达到 TIMI 血流 3 级及建立良好的侧支循环者显著减少，TIMI 血流在 0～1 级者显著增多。

二、前侧壁 STEMI 伴心功能不全者 aVR 导联 ST 段压低的电生理机制

以往的研究多聚焦于 aVR 导联 ST 段的抬高，其主要反映了冠状动脉左主干和/或左前降支近端的狭窄及冠状动脉 3 支血管病变，而对 aVR 导联 ST 段压低的临床意义、aVR 导联 ST 段抬高对心功能的预测价值，以及对 ACS 患者危险分层的研究等相对较少。众所周知，aVR 导联 ST 段抬高的部分原因是由室间隔基底部的缺血性损伤所致，该部位的损伤电流指向右肩部，故表现为 aVR 导联 ST 段抬高[19,47,51,53]。但是与 aVR 导联 ST 段抬高相关的缺血性损伤不仅仅限于室间隔基底部，也可发生于心尖部或后侧壁（posterolateral wall），其损伤电流的方向与室间隔相反，指向心尖部或后侧壁的心外方向，损伤电流的负极面对右上方的 aVR 导联，故表现为 aVR 导联 ST 段压低；另一种情况是前侧壁 STEMI 累及室间隔基底部，可表现为 aVR 导联 ST 段抬高，但同时伴有心尖部或后侧壁梗死，其损伤电流的电势（force of the injury current）与室间隔基底部相当，二者的电势相互抵消，故 aVR 导联 ST 段可表现为正常，但实际上与室间隔基底部相比，梗死面积仍有扩大，故 Kosuge 等[77]研究的 B 组患者心肌酶学显著高于 A 组，心功能显著降低。如梗死面积进一步扩大，损伤电流的电势超过室间隔基底部，则 aVR 导联 ST 段表现为压低。Kosuge 等研究的 C 组患者表现为 aVR 导联 ST 段压低，心肌酶学显著高于 aVR 导联 ST 段抬高者，而心功能则显著低于 aVR 导联 ST 段抬高者，说明前侧壁 STEMI 在累及室间隔基底部的基础上同时伴有心尖部或后侧壁的心肌损伤，其 MI 面积扩大、心功能自然降低，特别是对 LVEF≤35% 者更具预测价值。从 Kosuge 等[77]提供的 ECG 上看，A，B 两组患者虽说也是前侧壁 AMI，但胸导联 AMI 的改变只出现于 V_1 ~ V_5，而 C 组则扩展到 V_6，MI 的面积大于前两组，故 LVEF 显著降低，LVESVI 和 LVEDVI 两个容积指数显著增高。Kotoku 等[52]也曾报道前壁 STEMI 患者 aVR 导联 ST 段压低≥0. 5 mm 者心功能显著降低，与 Kosuge 等[77]的研究结论基本相同。

三、aVR 导联 ST 段抬高对前壁 STEMI 患者左心功能的预测价值

上面讨论的是 aVR 导联 ST 段压低对前侧壁 STEMI 患者左心功能不全的预测价值，而 aVR 导联 ST 段抬高是否亦对 MI 后心功能不全具有预测价值，Yukie 等[96]针对上述 Kosuge 等[77]的报道做了另一项研究。该研究对前壁 STEMI 患者入院时 aVR 导联 ST 段抬高与冠状动脉左前降支（LAD）的阻塞部位、LAD 的长度及左心功能的关系等进行了研究，主要内容如下：

（一）患者的一般情况及 ECG 分析

纳入分析的为 237 例前壁 STEMI 患者［185 例男性，52 例女性，平均年龄（62 ± 10）岁］。患者的诊断均符合下列标准：① 缺血性胸痛时间≥20 min；② 年龄≥40 岁者 V_2 ~ V_3 导联 ST 段抬高≥2 mm，男性 <40 岁者抬高≥2.5 mm，女性则抬高≥1.5 mm，其他相邻的 2 个胸导联抬高≥1 mm；③ 入院 1 h 内或出院前均做左心室造影；④ 先前无 MI 病史；⑤ 无心脏传导阻滞、无室性心律失常；⑥ 无其他影响 ECG 诊断的心肺疾患；⑦ 心肌酶学增高超过正常值的 2 倍；⑧ aVR导联 ST 段抬高≥0.5 mm，或水平/斜下型压低≥0.5 mm 界定为有意义的改变，并根据其 ST 段的改变把患者分为 3 组，即 A 组 ST 段抬高≥0.5 mm、B 组无 ST 段偏移、C 组 ST 段压低≥0.5 mm。ECG 由两位 ECG 专家分析、单盲。

（二）影像学检查

患者在入院时或出院前均给予 CAG 检测、常规或急诊经皮冠状动脉介入术（PCI）及左心室造影（LVG）。CAG 示冠状动脉左主干（LM）及其他分支狭窄 >50% 者为有意义的狭窄，狭窄≥2 支主要血管者为多支血管病变，冠状动脉血流按 TIMI 分级界定，侧支循环等级按 Rentrop 分级界定，侧支循环级别在 2 ~ 3 级者为良好。长 LAD 的定义为右前斜 30°影像时 LAD 绕过心尖部并供应下壁血流≥25% 者，同样角度做 LVG，测定 LVEF。

（三）结果

1. 前壁 STEMI 患者 aVR 导联 ST 段异常的检出率。aVR 导联 ST 段抬高者为 35.86%（85/237），ST 段压低者为 19.41%（46/237），ST 段无异常改变者为 44.72（106/237）。三组患者的临床特点如年龄、高血压、糖尿病等均差别不显著，见表 1-26。

表 1-26　前壁 STEMI 患者 aVR 导联 ST 段改变者的一般情况（$X \pm SD$）

一般情况	A 组 aVR-ST 段抬高 ≥0.5 mm （n = 85）	B 组 aVR-ST 段无抬高 （n = 106）	C 组 aVR-ST 段压低 ≥0.5 mm （n = 46）	P 值
年龄/岁	64 ± 10	61 ± 11	61 ± 9	0.12
男性/%	76.5	80.2	76.1	0.78
入院时间/min	142.0 ± 77.5	140.6 ± 71.9	161.2 ± 80.4	0.27
高血压比例/%	57.6	46.2	41.3	0.14
糖尿病比例/%	20.0	26.4	32.6	0.27
吸烟比例/%	64.7	77.4	58.7	0.04

2. 前壁 STEMI 患者 aVR 导联 ST 段改变与冠状动脉病变的关系。CAG 示

aVR 导联 ST 段抬高组 LAD 近端阻塞率显著高于其他两组，A，B，C 三组分别为 75.3%，56.6% 和 45.7%，三组间差别极显著($P=0.002$)；与此相反，长 LAD 远端阻塞者 aVR 导联以 ST 段压低为主，三组的检出率分别为 27.1%，31.1% 和 56.5%，组间亦差别极显著($P=0.002$)；LAD 良好侧支循环建立者在 A 组显著高于其他两组，A，B，C 三组分别是 40.0%，25.4% 和 17.4%($P=0.01$)，亦即 aVR 导联 ST 段压低组侧支循环建立不良者的检出率最高；三组间的 3 级 TIMI 血流、多支血管病变、急诊 PCI、PCI 术后达 TIMI 3 级血流者，以及出院前达 TIMI 3 级血流者均差别不显著，见表 1-27。

表 1-27　前壁 STEMI 患者 aVR 导联 ST 段改变与冠状动脉造影的关系

CAG 改变	A 组 aVR-ST 段抬高 ≥0.5 mm ($n=85$)	B 组 aVR-ST 段无抬高 ($n=106$)	C 组 aVR-ST 段压低 ≥0.5 mm ($n=46$)	P 值
入院时 CAG				
多支血管病变	34.1%	27.4%	21.7%	0.30
TIMI 血流 3 级	5.9%	5.7%	6.5%	0.98
LAD 近端阻塞	75.3%	56.6%	45.7%	0.002
LAD 侧支循环良好	40.0%	25.4%	17.4%	0.01
长 LAD 远端阻塞	27.1%	31.1%	56.5%	0.002
急诊 PCI	92.9%	94.3%	95.7%	0.81
PCI 后达 TIMI 3 级血流	84.7%	79.2%	84.8%	0.44
TIMI 血流 3 级	90.6%	91.5%	91.3%	0.98

注：CAG 指冠状动脉造影；LAD 指冠状动脉左前降支；PCI 指经皮冠状动脉介入术。

从表 1-27 可以看出，前壁 STEMI 患者 aVR 导联 ST 段抬高者主要为 LAD 近端阻塞，占 75.3%；aVR 导联 ST 段压低主要为 LAD 远端阻塞，占 56.5%，但近端阻塞也可引起 aVR 导联 ST 段的压低，远端阻塞也可引起 ST 的抬高，只是比例相对较低而已。

3. 前壁 STEMI 患者 aVR 导联 ST 段改变与左心功能的改变。A，B，C 三组间 LVEF 分别为(56.4 ± 12.5)%，(56.9 ± 12.7)% 和(53.3 ± 12.2)%，组间差别不显著（$P=0.26$）；LVEF <45% 者在 A，B，C 三组间分别为 18.8%，17.9% 和 21.7%，差别亦不显著（$P=0.86$）；三组间 LV 的舒张末期容积分别为（136.8 ± 43.1）mL，（138.5 ± 43.0）mL 和（144.6 ± 49.1）mL，差别不显著（$P=0.68$），收缩末期容积分别为（59.9 ± 28.2）mL，（61.5 ± 31.0）mL 和（70.1 ± 34.7）mL，组间差别亦不显著（$P=0.34$）。CAG 示 50 例 LAD 近端阻塞者 LVEF 显著低于非近端阻塞者，两组的 LVEF 分别为（51.5 ± 14.2）% 和（57.2 ± 11.9）%（$P=$

0.004)，这两组患者 aVR 导联 ST 段抬高的幅度分别为（0.14 ±0.56）mm 和（0.17 ±0.67）mm，组间差别不显著（$P=0.76$），见图 1-31。

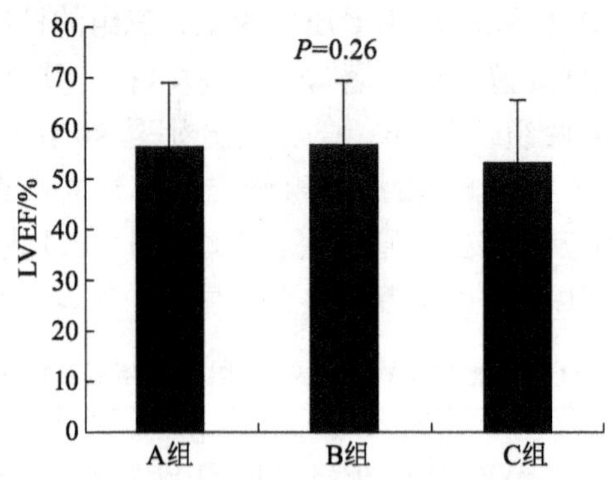

尽管图示 C 组 LVEF 的均值低于前两组，但组间差别不显著（$P=0.26$）。

图 1-31　前壁 STEMI 患者 aVR 导联 ST 段改变与左心功能的关系

Yukie 等[96]研究的主要发现为前壁 STEMI 患者伴有 aVR 导联 ST 段抬高或压低与 LAD 阻塞的部位及 LAD 的长度有关，而与心功能的关系不明显。LAD 近端阻塞者 aVR 导联 ST 段以抬高为主，占 75.3%；LAD 远端阻塞者 aVR 导联 ST 段以压低为主，占 56.5%，而远端阻塞者又与 LAD 过长有关，这些改变均与 LVEF 无显著相关性。Kosuge 等[77]报道前侧壁 STEMI 患者伴有 aVR 导联 ST 段压低者 LVEF 显著降低。他们二人的报道并不矛盾。Yukie 等[96]的研究对象为前壁 STEMI，而 Kosuge 等[77]的研究对象为前侧壁 STEMI 患者，MI 面积由前侧壁扩大到心尖部和/或后侧壁，MI 面积大于 Yukie 等[96]报道的患者，故心功能自然会降低。Yukie 等[96]报道的 aVR 导联 ST 段压低组 LVEF 均数也降低，只是没有达到统计学上的显著水平而已。Kotoku 等[52]也曾报道前壁 STEMI 患者 aVR 导联 ST 段压低伴有心肌酶学增高者左心功能显著降低。因此，前壁特别是前侧壁 STEMI 患者伴有 aVR 导联 ST 段压低应看作是心功能不全的一个信号，同时反映了 MI 累及心尖部和/或后侧壁心肌，MI 面积扩大，左心功能自然降低，特别是对 LVEF≤35% 者更具预测价值。而前壁 STEMI 无论 aVR 导联 ST 段抬高还是压低，均与 LAD 的阻塞部位有关，与左心功能不全的关系不显著。

四、aVR 导联 ST 段压低对下壁 AMI 的扩展及心功能不全的诊断意义

Kosuge 等[73]2016 年发表的最新研究中，观察 377 例下壁 AMI 患者伴 aVR 导联 ST 段压低与心肌梗死（MI）面积扩大及预后的关系。患者分为 3 组，A 组为 aVR 导联 ST 段无压低者、B 组为 aVR 导联 ST 段压低≤1.0 mm 者、C 组为 ST 段

压低 >1.0 mm 者。结果表明，入院时Ⅱ，Ⅲ，aVF 及 $V_5 \sim V_6$ 导联 ST 段抬高的总和在 A，B，C 三组中分别为(4 ±4) mm，(8 ±5) mm 和(16 ±7) mm，C 组显著高于前两组（$P < 0.01$）；三组间肌酸激酶（CK）的水平分别为（2 098 ± 1 444）IU/L，（2 866 ±1 831）IU/L 和（4 656 ±2 132）IU/L，C 组显著高于前两组（$P < 0.01$）；心功能 Killip 级别≥Ⅱ者分别为 3%，6% 和 12%，亦是 C 组显著高于前两组（$P = 0.05$）；CAG 示心肌再灌注损伤者分别为 6%，17% 和 64%（$P < 0.01$）；30 天不良事件，包括死亡、心肌再梗死及心力衰竭发生率的总和在三组间分别为 1%，8% 和 19%，C 组显著高于前两组（$P < 0.01$）。本研究的结论如下：下壁 AMI 患者入院时伴有 aVR 导联 ST 段压低者与 MI 面积扩大、心肌再灌注损伤、心力衰竭及其他不良事件的发生显著相关，aVR 导联 ST 段压低 >1.0 mm 者是患者 30 天不良事件发生的独立危险因素。此研究结果还可说明另外两个问题：① aVR 导联 ST 段压低是额面“ -aVR”导联 ST 段抬高的对应性改变；② 下壁或高侧壁 AMI 患者伴有 aVR 导联 ST 段压低的临床意义可以等同于对面“ -aVR”导联 ST 抬高的临床意义，亦即下壁 AMI 伴“ -aVR”导联 ST 段抬高示 MI 面积扩大，故患者心功能降低[42]。

小　结

1. 前侧壁 STEMI 伴有 aVR 导联 ST 段压低为左心功能不全的一个指标，示 MI 累及心尖部和/或后侧壁心肌，MI 面积扩大，左心功能自然降低，特别是对 LVEF ≤35% 者更具预测价值。

2. 前壁 STEMI 无论 aVR 导联 ST 段抬高还是压低，均与左心功能不全无显著相关性，而与 LAD 的阻塞部位有关。ST 段抬高以 LAD 近端阻塞为主，压低者则以 LAD 远端阻塞为主或 LAD 过长。

3. 下壁 AMI 伴有 aVR 导联 ST 段压低，与 MI 面积扩大、心肌再灌注损伤、心力衰竭及其他不良事件的发生显著相关，特别是 aVR 导联 ST 段压低 >1.0 mm，是患者 30 天不良事件发生的独立危险因素。

第十五节　心电图运动试验中 aVR 导联 ST 段抬高对冠心病的诊断意义

心电图运动试验（exercise stress testing，EST）是稳定型冠心病（CHD）诊断的常用方法，但由于其敏感性和特异性相对较低而使其诊断价值存有争议。许多研究试图改善这些缺陷、提高 EST 诊断 CHD 的准确率，其中 aVR 导联 ST 段的改变备受关注。运动试验中 aVR 导联 ST 段的抬高较常见，但由于其临床意义不确定而常被忽视。尽管 aVR 导联被称作心室腔内导联（cavity lead）而具有重要的临床意义，但有关运动试验中 aVR 导联 ST 段改变的研究则相对较少、资料有限。Yamaji 等[25]曾报道运动试验中如果出现 aVR 导联 ST 段抬高，并且其抬高的程度超过 V_1 导联，同时伴有心前及侧壁导联 ST 段压低，则冠状动脉左主干（LMCA）病变的意义更大，而且 ST 段抬高的程度与不良预后显著相关。Michaelides 等[9,97]报道 aVR 伴有 V_1 导联 ST 段抬高及 V_5 导联 ST 段压低者强烈提示为左前降支（LAD）近端狭窄。运动试验中如出现 aVR 导联 ST 段抬高及 V_5 导联 ST 段压低，预示 LAD 单支血管病变，其敏感性为 81%、特异性为 92%。Johanne 等[98]曾对 605 例运动试验者进行过研究，同时与 99mTc 心肌显像及冠状动脉造影（CAG）进行对照分析，目的为探讨 aVR 导联 ST 段抬高与心肌缺血及 CAG 的关系，评价 aVR 导联 ST 段抬高对 CHD 的诊断意义。Johanne 等完成运动试验者计 557 例，样本量较大，具有一定的代表性，主要结果及其临床意义如下：

一、运动试验中 aVR 导联 ST 段抬高的检出率

运动试验中 aVR 导联 ST 段抬高 >0.05 mV 者占 25%（138/557），其中抬高 0.05～0.10 mV 者为 50%（69/138），抬高 0.10～0.15 mV 者占 46.4%（64/138），抬高 0.15～0.20 mV 者只有 3.6%（5/138）。aVR 导联 ST 段抬高患者的年龄显著大于无抬高者［（63±10）岁 *vs.*（60±11）岁，$P<0.05$］，性别之间无显著差异。

二、运动试验中 aVR 导联 ST 段抬高伴有其他导联 ST 段的异常

运动试验中 aVR 导联 ST 段抬高同时伴有其他导联 ST 段的改变，包括抬高或压低 >0.1 mV 者，其占比显著高于无抬高组（$P<0.05$～0.001），这些部位包括高侧壁、前壁及下壁等导联，见表 1-28。

三、aVR 导联 ST 段抬高与 99mTc 心肌显像的关系

99mTc 心肌显像示充盈缺损者占 31%（170/557），其中 aVR 导联 ST 段抬高伴有其他导联 ST 段异常者充盈缺损计 41%（56/138），显著高于 ECG 正常或无 aVR 导联 ST 段抬高者的 27%（114/419，$P<0.005$）；aVR 导联 ST 段抬高者前壁心肌充盈缺损发生率显著高于 aVR 导联 ST 段无抬高者［20%（27/138）*vs.* 9%（39/419），$P=0.001$］。

四、aVR 导联 ST 段抬高与冠状动脉造影的关系

CAG 示 aVR 导联 ST 段抬高者 20%（27/138）为 LAD 病变，显著高于无

ST 段抬高者的 9%（39/419，$P = 0.001$），aVR 导联 ST 段抬高者冠状动脉双支病变，包括左前降支（LAD）、左回旋支（LCX）或右冠状动脉（RCA），且狭窄程度大于 70% 者占 22%，显著高于无抬高者的 5%（$P = 0.05$）；CAG 与 99mTc 心肌显像的符合率为 74%，即 99mTc 心肌显像示充盈缺损者中有 74% 的患者 CAG 示冠状动脉有显著（>70%）狭窄。

五、aVR 导联 ST 段抬高与心功能的关系

运动试验中 aVR 导联 ST 段抬高与心功能异常无显著相关性，无论是运动中还是静息时，心功能各参数均未显示 aVR 导联 ST 段抬高与无抬高者有显著差异，见表 1-28。

表 1-28　运动试验中 aVR 导联 ST 段抬高与其他导联 ST 段改变的关系

ECG 异常	aVR - STE >0.05 mV（$n = 138$）	无 aVR - STE（$n = 419$）	P 值
ST 段抬高 >0.1 mV			
Ⅰ，aVL	2（1%）	0（0）	0.014
$V_1 \sim V_4$	9（7%）	10（2%）	0.020
$V_5 \sim V_6$	1（0.7%）	1（0.2%）	0.408
Ⅱ，Ⅲ，aVF	3（2%）	6（1%）	0.549
ST 段压低 >0.1 mV			
Ⅰ，aVL	20（15%）	6（1%）	<0.000 1
$V_1 \sim V_4$	92（67%）	75（18%）	<0.000 1
$V_5 \sim V_6$	105（76%）	90（22%）	<0.000 1
Ⅱ，Ⅲ，aVF	26（19%）	7（2%）	<0.000 1
射血分数/%			
运动时	56 ± 13	56 ± 12	0.281
静息时	57 ± 12	57 ± 13	0.728
心室舒张容积/mL			
运动时	116 ± 49	113 ± 35	0.515
静息时	116 ± 43	116 ± 38	0.980

注：STE 指 ST 段抬高。

表 1-28 示其他导联 ST 段偏移，包括Ⅰ，aVL，$V_1 \sim V_4$ 导联 ST 段抬高，以及高侧壁、前壁和下壁导联 ST 段的压低，在 aVR 导联 ST 段抬高组均显著高于无抬高组，心功能各参数在两组间差别不显著。

Johanne 等[98]的大样本研究证实，ECG 运动试验中 aVR 导联 ST 段抬高较常见，阳性率为 25%，但是这种改变常伴有其他导联 ST 段的异常，因此运动试验中 aVR 导联 ST 段抬高的临床意义值得研究。众所周知，从心电向量及 ECG 导联设计的方位上来讲，aVR 导联位于左心室前侧壁导联的对侧，当 V_4 及 V_5 导联 ST 段压低时，aVR 及 V_1 导联表现为 ST 段的抬高，这反映了左心室心内膜下心肌缺血[42,99]。Michaelides 等[9,97]曾报道过最大运动量中 aVR 及 V_1 导联 ST 段抬高与前壁透壁性心肌缺血相关，Johanne 等[98]的研究结果支持这一观点。Gaitonde 等[92]基于向量图的研究曾提出：LCX 近端狭窄可引起后侧壁心肌缺血，aVR 及 V_1 导联均可出现 ST 段抬高，但 Nikus 等[99]的研究并不支持这种观点。Michaelides 等[9,97]报道运动试验中 aVR 导联 ST 段的抬高预测 LAD 近端狭窄的敏感性为 89%，但特异性只有 44%，预测 LAD 狭窄的价值高于 V_5 导联 ST 段的压低。如果 aVR 及 V_1 导联 ST 段同时抬高并伴有 V_5 导联 ST 段压低，则示双支冠状动脉病变，即 LAD 及 LCX 有明显狭窄。Michaelides 等[9,97]的研究把 196 例患者分为 3 组，A 组 83 例患者包括运动试验诱发的 aVR 及 V_1 导联 ST 段抬高、V_5 导联 ST 段压低，经 CAG 证实这些患者 LAD 单支血管狭窄者占 93%，LAC 及 LCX 双支血管狭窄者占 75%；B 组 97 例患者包括运动试验诱发的 aVR 导联 ST 段抬高、V_5 导联 ST 段压低，但无 V_1 导联的 ST 段抬高或压低，CAG 示 LAD 单支血管狭窄者占 43%，而 LAD 及 RCA 双支血管狭窄者占 85%；C 组 16 例患者只包括运动试验诱发的 V_1 导联 ST 段抬高，其他导联 ST 段无改变，CAG 示 LAD 单支血管狭窄者占 60%，LAC 及 LCX 双支血管狭窄者占 75%。这一结果显示，运动试验诱发的 aVR 和 V_1 导联 ST 段抬高、V_5 导联 ST 段压低，或者 V_1 导联 ST 段单独抬高者均为 LAD 单支，或 LAD 及 LCX 双支血管狭窄，只有 aVR 导联 ST 段抬高及 V_5 导联 ST 段压低，而 V_1 导联 ST 段无改变者，往往是 LAD 及 RCA 双支病变。Johanne[98]及 Barrabés[8]的研究也显示 aVR 导联 ST 段抬高者冠状动脉双支病变、LAD 及 LCX 或 RCA 狭窄发生率显著升高。Aygul 和 Tuna 等[51,100]所做的回顾性研究结果示运动试验诱发的 aVR 导联 ST 段抬高对 CHD 诊断的敏感性为 92.9%，但特异性只有 48.6%。Uthamalingam 等[101]报道运动试验诱发的 aVR 导联 ST 段抬高≥1 mm 者，对 LM-CA 或 LAD 入口处狭窄诊断的敏感性为 75%、特异性为 81%、准确率为 80%。Hatem 等[102]对一组稳定型 CHD 患者的运动试验结果进行分析，这些患者 CAG 示 LAD 狭窄程度均≥70%，结果显示，CHD 组 aVR 导联 ST 段抬高≥1 mm 者占 50%，诊断 CHD 的敏感性为 50%、特异性为 94%、阳性预测值为 92%、阴性预测值为 58%，其他导联 ST 段压低的这 4 个值分别为 73%，74%，79% 和 67%。相比之下，运动试验诱发的 aVR 导联 ST 段抬高诊断 CHD 的敏感性和阴性预测值较低，但特异性和阳性预测值则明显提高。

运动试验中 aVR 导联 ST 段抬高是否与左心功能不全有关，文献报道结果不一。Michaelides 等[9,97]的研究示运动中出现的 aVR 导联 ST 段抬高与心室壁的运动异常、室壁瘤及心肌缺血有关，但 Johanne 及 Kosuge 的研究未证实 aVR 导联 ST 段抬高与左心功能不全有关[77,98]。因此运动试验中 aVR 导联 ST 段抬高与左心功能的关系需更多的研究验证。

以上研究均证实心电图运动试验中 aVR 导联 ST 段抬高具有一定的临床意义。有关运动试验诱发 aVR 导联 ST 段压低的研究则很少，本节亦不再赘述。

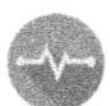
小　结

1. 心电图运动试验中 aVR 导联 ST 段以抬高为主，检出率为 25%，常同时伴有其他导联 ST 段异常。

2. 运动试验中 aVR 导联 ST 段抬高的病变血管以前降支为主，占 20% ~50%，可同时伴有冠状动脉双支血管病变，如右冠状动脉或左回旋支，检出率为 22% ~85%。

3. 运动试验中 aVR 导联 ST 段及 V_1 导联 ST 段均抬高、V_5 导联 ST 段压低者，冠状动脉双血管病变、前降支近端狭窄乃至左主干病变的阳性率升高。

4. 运动试验中 aVR 导联 ST 段抬高示左心室心内膜下心肌缺血，或前侧壁心肌透壁性缺血。

5. 运动试验中 aVR 导联 ST 段抬高与左心功能不全的关系不明显。

第十六节　aVR 导联 ST 段抬高对需行急诊冠状动脉搭桥术患者的预测作用

对于非 ST 段抬高型急性冠状动脉综合征（NSTE-ACS）或非 ST 段抬高型心肌梗死（NSTEMI）患者，应尽早给予双重抗血小板药物治疗（dual anti-platelet therapy），如氯吡格雷及阿司匹林，以降低患者的死亡率。但有些 NSTE-CAS 患者由于冠状动脉病变严重而需行急诊冠状动脉搭桥术（CABG），这些患者约占入院 NSTE-ACS 患者的 9% ~21%。如果这些患者已经使用了双重抗血小板药物，则会增加术中出血的危险，因此这些患者在术前数天内应停用氯吡格雷及阿司匹林等双重抗血小板药物，但如果患者不做 CABG 术则会延误患者的治疗。有些需行急诊 CABG 的患者只有等冠状动脉造影（CAG）检查以后才能确定。因此，如何简单快捷地对患者冠状动脉病变的严重程度做出判断，使那些需行 CABG 手术者不因事先服用了氯吡格雷等而延误了手术时间，同时，令不需要行 CABG 手术者不因停用双重抗血小板药物而延误治疗，是临床研究的重要课题之一。Kosuge 等[31]对此进行过研究，利用 aVR 导联 ST 段抬高来判断冠状动脉的病变情况、冠状动脉左主干和/或 3 支血管病变（LMCA/3-vd）的严重程度，预测这些患者是否需行急诊 CABG。该方法简便可靠，简述如下。

一、研究内容

本研究共纳入 572 例 NSTEMI 患者，平均年龄（67 ± 11）岁，患者入院 3 天内均给予 CAG 检查。LMCA 狭窄≥50%，以及其他分支血管狭窄≥75%定为有临床意义的狭窄。严重 LMCA 病变，或 LMCA/3-vd 病变的诊断标准如下：① LMCA 狭窄≥75%；② 左前降支（LAD）、右冠状动脉（RCA）及冠状动脉左回旋支（LCX）狭窄≥90%。LMCA 及 LMCA/3-vd 病变者计 112 例。主要不良事件的定义为住院期间的死亡、心肌梗死或再梗死（MI/re-MI）及急诊经皮冠状动脉成形术（PCI）等。MI 的诊断除心肌酶学的异常外，ECG 的诊断标准为≥两个导联的 Q 波。所有患者共随访 30 天。

二、aVR 导联 ST 段抬高与 LMCA/3-vd 及急诊 CABG 的关系

Kosuge 等[31]的研究结果显示，LMCA/3-vd 特别是严重 LMCA/3-vd 患者，心率偏快，心肌酶学及脑钠肽水平亦显著增高，而肾功能及血红蛋白浓度均显著降低。严重 LMCA/3-vd 患者需行急诊 CABG 者为 46%，而非严重 LMCA/3-vd者需行急诊 CABG 者只有 2%，二者差别极显著。LMCA/3-vd 患者，特别是严重 LMCA/3-vd 病变者，与非 LMCA/3-vd 者相比，ST 段压低的程度及压低的导联数均显著增加。LMCA/3-vd 患者 aVR 导联 ST 段抬高≥0.5 mm 者占 79.5%，其中严重病变者占 91%。LMCA/3-vd 患者，aVR 导联 ST 段抬高的程度也显著加深，特别是严重 LMCA/3-vd 患者，aVR 导联 ST 段抬高的程度几乎均≥1.0 mm，因此 aVR 导联 ST 段抬高≥1.0 mm 可作为严重 LMCA/3-vd的标志。具体内容见表 1-29、表 1-30 及图 1-32。

表 1-29 冠状动脉左主干和/或 3 支血管病变者的临床特点

临床特点	非 LMCA /3-vd（n =460）	LMCA /3-vd		P 值
		非严重病变（n =57）	严重病变（n =55）	
平均年龄/岁	66 ± 11	69 ± 10	68 ± 11	0.06
男性	322（70%）	39（68%）	36（66%）	0.78
入院时平均收缩压/mmHg	150 ± 25	150 ± 32	141 ± 26	0.07
入院时平均心率/（次·min^{-1}）	76 ± 17	81 ± 20	89 ± 23	<0.001
Killip 级别≥Ⅱ	26（6%）	9（16%）	17（31%）	<0.001

续表

临床特点	非 LMCA /3-vd（n =460）	LMCA /3-vd		P 值
		非严重病变（n =57）	严重病变（n =55）	
胸痛症状≥6 h	356（78%）	43（75%）	49（89%）	0.13
先前 MI 病史	86（19%）	18（32%）	12（22%）	0.07
先前 PCI 史	90（20%）	15（26%）	5（9%）	0.06
临床危险因素				
高血压	304（66%）	42（74%）	38（69%）	0.49
糖尿病	136（30%）	29（51%）	30（55%）	<0.001
吸烟	229（50%）	22（39%）	23（42%）	0.18
血脂紊乱	230（50%）	25（44%）	29（53%）	0.61
冠心病家族史	120（26%）	13（23%）	16（29%）	0.75
入院时 Hb/（$g \cdot dL^{-1}$）	14 ±2	13 ±2	13 ±2	0.033
C-反应蛋白/（$mg \cdot dL^{-1}$）	0.131（0.061 ~0.323）	0.180（0.079 ~0.453）	0.253（0.099 ~0.801）	0.005
TNT 阳性	135（29%）	28（49%）	33（60%）	<0.001
CK-MB/（$IU \cdot L^{-1}$）	14 ±16	18 ±24	27 ±36	<0.001
肾小球滤过率/（$mL \cdot min^{-1} \cdot 1.73\ m^{-2}$）	68 ±25	58 ±28	58 ±26	0.004
脑钠肽/（$pg \cdot mL^{-1}$）	67（26 ~179）	187（81 ~429）	230（67 ~571）	<0.001
30 天内终点事件发生率				
死亡	1（0.2%）	1（2%）	2（4%）	0.010
MI/re-MI	14（3%）	3（5%）	5（9%）	0.23
死亡/MI/re-MI	15（3%）	4（7%）	7（13%）	0.004
急诊 PCI	29（6%）	7（12%）	5（9%）	0.22
急诊搭桥术	7（2%）	1（2%）	25（46%）	<0.001
急诊血管成形术	36（8%）	8（14%）	30（55%）	<0.001
择期血管成形术				
PCI	272（59%）	36（63%）	14（25%）	<0.001
CABG	27（6%）	13（23%）	40（73%）	<0.001
血管成形术	291（63%）	49（86%）	54（98%）	<0.001

注：LMCA/3-vd 指冠状动脉左主干和/或 3 支血管病变；PCI 指经皮冠状动脉介入术；CABG 指冠状动脉搭桥术；CK-MB 指磷酸激酶同工酶；TnT 指肌钙蛋白 T。

表 1-30　冠状动脉左主干及和/或 3 支血管病变者心电图 ST 段的改变

心电图	非 LMCA /3-vd（n=460）	LMCA /3-vd		P 值
		非严重病变（n=57）	严重病变（n=55）	
ST 段压低≥0.5 mm	288（63%）	53（93%）	55（100%）	<0.001
ST 段最大压低程度/mm	0.8±1.0	1.7±1.1	2.6±1.7	<0.001
ST 段压低幅度总和/mm	2.6±3.6	6.7±5.1	10.5±7.3	<0.001
ST 段压低≥0.5 mm 的导联数	2.5±2.5	5.1±2.6	6.1±2.2	<0.001
aVR 导联 ST 段抬高≥0.5 mm	68（15%）	39（68%）	50（91%）	<0.001
aVR 导联 ST 段抬高幅度总和/mm	0.1±0.3	0.6±0.5	1.2±0.7	<0.001

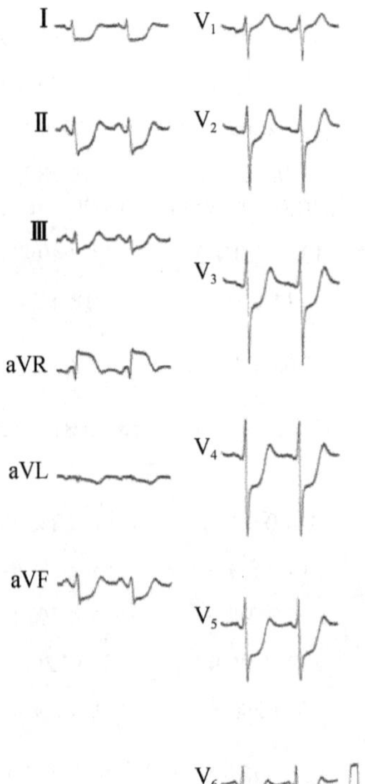

患者因持续胸痛而入院，ECG 示 aVR 导联 ST 段抬高 4.5 mm；Ⅰ，Ⅱ，Ⅲ，aVF，V_3～V_6 导联 ST 段均显著压低，TnT 阳性。因病情危重而实施急诊 CABG，CAG 示左主干狭窄 90%。

图 1-32　冠状动脉左主干严重狭窄者心电图 ST 段的改变

三、aVR 导联 ST 段抬高对 LMCA/3-vd 的预测价值

多变量相关分析示 aVR 导联 ST 段抬高是 LMCA/3-vd 的最强预测因子，预

测优势比（*OR*）高达 29.1（95% *CI*：9.54～49.8），显著高于其他任何单变量，以及其他导联 ST 段压低的总和。aVR 导联 ST 段抬高预测 LMCA/3-vd 的敏感性、特异性、阳性预测值、阴性预测值及预测准确率等多数在 90% 以上，且随着 ST 段抬高幅度的增大，各预测值也随之增高，见表 1-31 和表 1-32。

表 1-31 aVR 导联 ST 段抬高及其他单变量、多变量对 LMCA/3-vd 的预测价值

变量	优势比（*OR*）(95% *CI*)	*P* 值	
		单变量	多变量
收缩压		0.020	0.07
心率		<0.001	0.29
Killip 级别≥Ⅱ		<0.001	0.29
先前 PCI 史		0.045	0.80
糖尿病病史		0.001	0.08
高敏感 C-反应蛋白		<0.001	0.30
TNT 阳性	1.27（1.10～2.78）	<0.001	0.044
CK-MB		<0.001	0.33
肾小球滤过率		<0.001	0.32
ST 段最大压低幅度		<0.001	0.053
ST 段压低的总和		<0.001	0.055
ST 段压低≥0.5 mm 的导联数		<0.001	0.24
aVR 导联 ST 段抬高的程度	29.1（9.54～49.8）	<0.001	<0.001

注：标准中只列出 aVR 导联及 TnT 阳性的预测优势比（*OR*），未列出其他单变量的 *OR* 值，可能与其值太低有关。

表 1-32 aVR 导联 ST 段抬高的程度及肌钙蛋白 T 对 LMCA/3-vd 的预测价值 %

心电图及 TnI 改变	敏感性	特异性	阳性预测值	阴性预测值	预测准确率
aVR 导联 ST 段抬高的不同程度					
≥0.5 mm	91	79↑	32↑	99	80↑
≥1.0 mm	80	93	56	98	92
≥1.5 mm	27↑	98↑	58	93↑	91
TnT 阳性	60*	69↑	17↑	94↑	68↑

注：* 指各组间比较 $P<0.05$；↑指 $P<0.01$；TnT 指肌钙蛋白 T。

Kosuge 等[31]本次研究的主要发现是 NSTEMI 患者伴有 aVR 导联 ST 段抬高者 LMCA/3-vd 的发生率显著升高，需行急诊 CABG 者显著增加，LMCA/3-vd 行者 aVR 导联 ST 段抬高≥0.5 mm 者接近 80%，而严重 LMCA/3-vd 者近 50%需行急诊 CABG。aVR 导联 ST 段抬高≥1.0 mm 者高度提示有严重 LMCA/3-vd 病变，阳性预测值较低而阴性预测值则很高。换言之，如患者无 aVR 导联 ST 段抬高，则基本可排除严重 LMCA/3-vd 病变。因此对于 NSTEMI 患者是否伴有 LMCA/3-vd 病变、是否需行急诊 CABG，aVR 导联 ST 段抬高不失为早期简单而可靠的甄别指标。众所周知，对于 NSTE-ACS 患者进行危险分层，而后选择最佳治疗方案具有重要意义，这对于严重患者的识别及不良预后的判断亦具有重要价值。在 GUSTO-Ⅳ ACS 研究中（global utilization of strategies to open occluded arteries in acute coronary syndrome-Ⅳ）纳入了 7 800 例 NSTE-ACS 患者，其结果也显示 ST 段压低与心肌酶学及其他危险因素相比，对预后的判断具有明显的优势[91]。然而这些研究仅限于 12-ECG 的 11 个导联，而忽视了 aVR 导联，因此 Kosuge 等[31]的研究具有重要的临床意义。

Kosuge 等[31]的报道示 aVR 导联 ST 段抬高与Ⅰ，Ⅱ及 $V_4 \sim V_6$ 导联 ST 段压低相比，对于静息状态下心绞痛患者 LMCA/3-vd 的判断更具独特意义。Barrabés 等[8]研究证实 NSTEMI 患者伴有 aVR 导联 ST 段抬高者住院期间的死亡率显著升高。Kosuge 等[29,58]先前的研究也曾证实 aVR 导联 ST 段抬高≥0.5 mm 亦强烈提示 LMCA/3-vd，预后判断的价值也显著高于其他导联的 ST 段压低，但是这些研究并不能预测 LMCA/3-vd 的严重程度，也不能对需行急诊 CABG 而仍在服用双重抗血小板药物的患者进行早期预警。严重的 LMCA/3-vd需行急诊 CABG 而仍在服用氯吡格雷的患者，其术中出血的危险会增加，但为此而推迟手术时间则会延误患者的治疗并严重影响预后。这种急诊或称时间依赖的 CABG，其成功与否及术后的效果取决于以下几个因素：冠状动脉病变的严重程度、冠状动脉继续缺血的危险程度、患者的一般情况、术前使用抗血栓药物而增加术中出血的危险、手术的准备情况及手术排列等待的时间等。Kosuge 等[31]研究的主要目的是预测严重 LMCA/3-vd 而需行急诊 CABG 的患者，及时甄别这些患者以免服用双重抗血小板药物而增加术中出血的危险，或因此推迟手术时间而延误了病情。结果显示，对绝大多数 aVR 导联 ST 段抬高≥1.0 mm者，能准确预测严重 LMCA/3-vd，阳性预测值为 56%，仅达中位数，但阴性预测值却高达 98%。这也就是说，如果患者 aVR 导联 ST 段抬高≥1.0 mm，接近 50% 的患者需行急诊 CABG，但如果无 aVR 导联 ST 段抬高，或抬高没有达到 1.0 mm，则提示无严重的 LMCA/3-vd，很少需行急诊 CABG，准确率可达 92%。这就意味着，这些患者的上游治疗，如抗栓、抗凝治疗均可及时应用，并强烈推荐使用氯吡格雷。

由于 aVR 导联的正极指向心脏的右上方，是位于右肩方向俯瞰心室腔的唯一最佳位置，因此 aVR 导联也被称为“腔室导联”（cavity lead）。由于 aVR 导联位置或方位的特殊性，在 NSTE-ACS 发生时，其 ST 段抬高反映的是全心脏的心内膜下心肌缺血（global subendocardial ischemia）[42,103]。当发生 LMCA/3-vd 时，严重而广泛的心内膜下心肌缺血导致了 aVR 导联 ST 段的抬高，其他导联则表现为广泛的 ST 段压低。因此，aVR 导联 ST 段抬高的幅度反映了

LMCA/3-vd 的严重程度，即抬高越明显，病变越严重[53]。Kosuge 等[31]本次的研究证实了 aVR 导联 ST 段抬高的幅度，以及其他导联 ST 段压低的广度与 LMCA/3-vd 病变的严重程度成正比。Detrano 等[104]所做的纳入 12 030 例稳定型冠心病患者的荟萃分析示，在运动试验中 ST 段压低的程度和广度与 LMCA/3-vd 的病变程度呈强相关性。而其他导联 ST 段的压低无论存在与否，只要有 aVR 导联 ST 段的抬高，即可反映 NSTE - ACS 患者的 LMCA/3-vd 严重程度及不良预后。这些研究均证实 aVR 导联 ST 段抬高诊断 NSTE - ACS 患者 LMCA/3-vd 的价值高于其他导联 ST 段的压低[84,90,105]。Misumida 等[34]报道了 379 例 NSTEMI 患者，伴有 aVR 导联 ST 段抬高者占 26%，CAG 证实的 LMCA/3-vd 为 23%。LMCA/3-vd 患者伴有 aVR 导联 ST 段抬高者占 39%，这些患者住院期间需行冠状动脉介入术者占 73%，需行 CABG 者占 19%，均显著高于 aVR 导联 ST 段无抬高者。aVR 导联 ST 段抬高是 LMCA/3 - vd 的独立预测因子。Kosuge 等[33]后来的研究进一步证实 aVR 导联 ST 段抬高≥1.0 mm 者诊断 LMCA/3-vd 的敏感性为 80%、特异性为 93%，而抬高≥1.5 mm 者可能需行紧急 CABG，并强调需行 CABG 的患者应在手术前 1 周内停用氯比格雷及阿司匹林等抗血小板药物，以免造成围手术期出血。但 NSTEMI 患者往往入院即给予这些药物，如果某些患者需行急诊 CABG 则增加了出血的危险，因此患者入院时应给予正确的诊断及危险评估。aVR 导联 ST 段抬高≥1.0 mm 是 NSTEMI 患者可能需行急诊 CABG，而暂缓使用抗血小板药物的最好指标。

小　结

1. NSTE-ACS 患者入院时如有 aVR 导联 ST 段抬高，则提示 LMCA/3-vd 病变，特别是抬高≥1.0 mm 者示 LMCA/3 - vd 病变严重，50% 的患者可能需行急诊 CABG，其阴性预测值达 98%、准确率达 92%。这些患者暂时不应服用抗血栓药物，如阿司匹林及氯吡格雷，以免增加术中出血的风险。

2. NSTE-ACS 患者入院时如果无 aVR 导联 ST 段抬高，则基本可排除 LMCA/3-vd，或很少伴有严重 LMCA/3-vd。这些患者基本可排除行急诊 CABG 的可能，可给予其抗血栓药物治疗。

第十七节　aVR 导联 ST 段抬高与冠状动脉病变的图例

冠状动脉左主干（LMCA）病变所致急性冠状动脉综合征（ACS）患者的心电图（ECG）常表现为广泛的 ST 段压低及 aVR 导联 ST 段抬高，但 aVR 导联 ST 段抬高亦可见于冠状动脉左前降支（LAD）近端完全或次全阻塞，而 aVR 导联 ST 段压低可见于 LAD 远端狭窄。临床应注意这些病变的诊断及鉴别诊断。本节将介绍一些相关病例。

一、aVR 导联 ST 段抬高与 LAD 近端完全或次全阻塞

Kossaify 等[106]曾报道 1 例 59 岁的男性患者，胸痛 7 h 入院，入院时面色苍白、呼吸困难、大汗淋漓，心率 110 次/min、血压 90/60 mmHg。入院时 ECG 示间歇性右束支传导阻滞（RBBB）、aVR 导联 ST 段抬高 1.5 ~ 2 mm，V_1 导联 ST 段抬高 1.5 mm，Ⅱ，Ⅲ，aVF 导联 ST 段压低 1 ~ 2 mm，V_1 ~ V_4 导联可见q 波。实验室检查示肌钙蛋白 I（TnI）水平为 11.3 ng/mL，肌酸激酶（CK）为 17 693 U/L，肌酸激酶同工酶（CK-MB）为 1 462 U/L。心脏超声学检查示左心室射血分数（LVEF）为 37%，室间隔及心尖部不运动。患者立即给予急诊冠状动脉造影（CAG），结果显示，LAD 近端 90% 狭窄，外周血管显影欠佳，有多处斑块形成。在 LAD 近端植入 1 枚药物洗脱支架后外周仍有慢血流现象，患者曾发生心室颤动，给予 200 J 直流电除颤成功。两周后患者病情稳定出院。出院前 ECG 示 V_1 ~ V_3 导联呈 QS 型，V_4 ~ V_6 导联 R 波递增不良，见图 1-33 ~ 图 1-35。

LMCA 完全闭塞通常引起心脏猝死（SCD）或者在起病后到达医院之前死亡。如果是 LMCA 次全闭塞引起的 ACS，ECG 可表现为广泛前壁和下壁导联的 ST 段压低，同时伴有 aVR 导联 ST 段的抬高，通常 ≥1 mm。换句话说，ECG 表现为 aVR 导联 ST 抬高及其他导联广泛的 ST 段压低往往提示 LMCA 严重病变，并预示着严重的不良预后[47,53,85]。Ionescu 等[107]报道 LMCA 闭塞者 ECG 亦可没有特殊改变，但仅有 aVR 导联 ST 段抬高也应想到 LMCA 病变。Taglieri 等[32]报道非 ST 段抬高型心肌梗死（NSTEMI）患者如伴有 aVR 导联 ST 段抬高及对应性 ST 段压低者应想到 LMCA 病变。但 Kühl 等[50]报道 aVR 导联 ST 段抬高也可见于 LAD 近端闭塞，并且是区别 LAD 近端与远端狭窄的 ECG 特征性改变。在前壁急性心肌梗死（AMI）伴有 aVR 导联 ST 段抬高的同时亦可伴有 V_1 导联 ST 段的抬高，这与冠状动脉的解剖改变或分支的分布有关。众所周知，V_1 导联是反映室间隔右侧面的心电激动，这一区域的血供由 LAD 的间隔支单独提供，或同时接受来自右冠状动脉（RCA）的 conal 分支，即所谓二重供血，因此当 aVR 导联伴有 V_1 导联 ST 段抬高时预示 LAD 近端狭窄并累及第一对角支，同时也说明来自 RCA-conal 分支的血供不足或缺如[108,109]。Kossaify 等[106]报道的此例患者 aVR 和 V_1 导联的 ST 段都抬高，反映室间隔基底部存在透壁性 AMI，由 LAD 近端闭塞并累及第一对角支引起。本例患者曾出现间歇性 RBBB，可能为室间隔右侧面区域的缺血累及右束支，

出现间断性供血不足所致。本例患者梗死或缺血面积广泛，故 aVR 导联 ST 段抬高≥V_1 导联，类似于 LMCA 病变，应注意二者的鉴别诊断[54]。Kleemann[110] 曾报道 NSTEMI 伴有 RBBB 的情况约为 7.1%，略高于 STEMI 的 4.4%，但后者的长期预后更加不良。在 aVR 导联 ST 段抬高的情况下，无论有无 V_1 导联 ST 段抬高，只要同时伴有其他导联 ST 段的压低，均提示 LMCA 或 LAD 近端的严重病变，说明临床病情严重，特别是对伴有血流动力学不稳定者，应给予足够的重视。

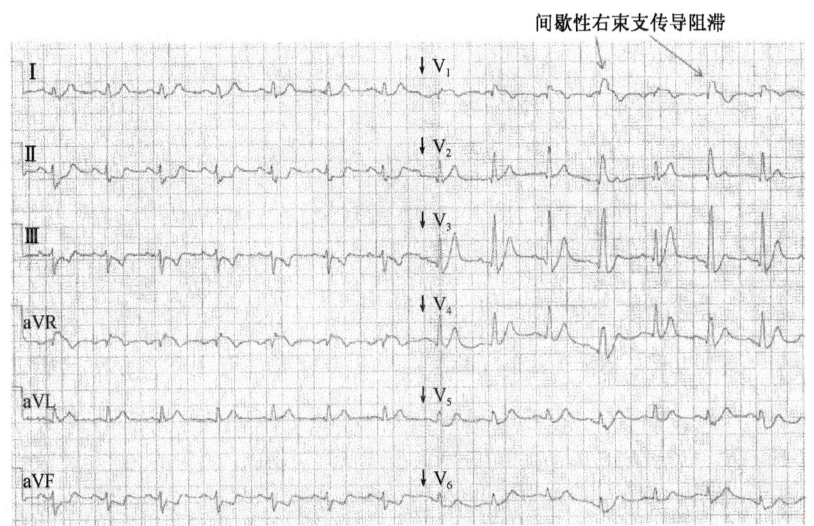

59 岁的男性患者，因胸痛 7 h 而入院，ECG 示窦性心动过速，心率 110 次/min，Ⅱ，Ⅲ，aVF 导联 ST 段压低 1～2 mm，aVR 导联 ST 段抬高 1.5～2 mm，间歇性右束支传导阻滞、V_1 导联 ST 段抬高 1.5 mm，V_1～V_4 导联可见 q 波。

图 1-33　冠状动脉左前降支近端闭塞患者伴 aVR 导联 ST 段抬高的心电图改变

资料来源：Kossaify A. ST segment elevation in aVR: clinical significance in acute coronary syndrome. Clin Med Insights Case Rep，2013，6：41－45.

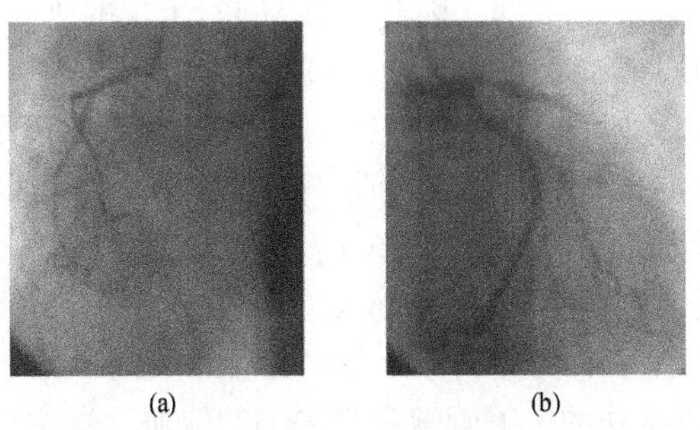

为图 1-33 的同一患者，示冠状动脉左前降支近端次全闭塞（90%），冠状窦分支未发育。

图 1-34　冠状动脉左前降支近端闭塞伴 aVR 导联 ST 段抬高患者的冠状动脉造影改变

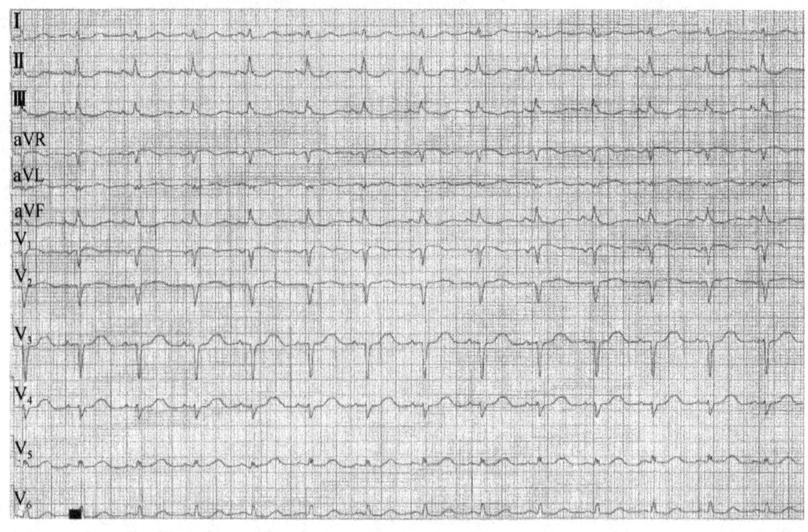

示图 1-33 的同一患者，窦性心动过速、aVR 导联 ST 段仍有轻度抬高，V_1 ~ V_3 导联呈 QS 型，V_4 ~ V_6 导联 R 波递增不良，V_5 导联为碎裂 QRS 波。

图 1-35　冠状动脉左前降支近端闭塞伴 aVR 导联 ST 段抬高患者出院前心电图改变

本案例说明，ACS 患者伴有 aVR 导联 ST 段抬高，常反映 LMCA 及 LAD 近端的严重病变，如伴有 V_1 导联的 ST 段抬高和 RBBB，说明病变累及室间隔基底部及其右侧面，同时也说明来自 RCA 的侧支循环不足，梗死或缺血面积广泛，类似于 LMCA 病变。其实 LAD 近端狭窄亦为 LMCA 病变的等危症，临床应给予足够的重视及积极的处理。有关 LMCA 与 LAD 近端病变的鉴别诊断详见本章第九节。

二、aVR 导联 ST 段改变与 LAD 病变部位的关系

aVR 导联 ST 段抬高可见于 LAD 的近端狭窄，而压低可见于 LAD 远端狭窄或 LAD 过长，包绕了心尖部。因此 aVR 导联 ST 段的改变不仅仅是 LMCA 的病变，其所涉及的病理改变较为复杂。Tamura 等[22]在 2014 年曾撰文道，12-ECG 是 ACS 诊断和危险分层的决定性工具，其中 aVR 导联 ST 段改变的重要意义备受关注，这主要是因为 aVR 导联 ST 段的改变与 CAG 冠状动脉病理改变密切相关，包括以下几个方面：① LAD 及其第一对角支病变引起的室间隔基底部的透壁性心肌缺血；② 来自 RCA 的 conal 分支病变所致右心室流出道透壁性心肌缺血；③ 侧壁和前壁缺血或非缺血性 ST 段压低的对应性改变，aVR 导联 ST 段压低主要反映的是下侧壁和心尖部的缺血，这主要由 LAD 过长及末端狭窄引起[54]，见图 1-36。

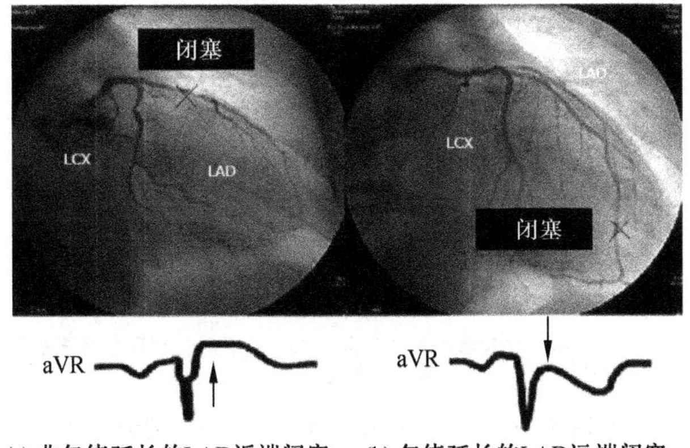

(a) 非包绕延长的LAD近端闭塞　(b) 包绕延长的LAD远端闭塞

图 a CAG 示非包绕延长的 LAD 近端闭塞（×处），aVR 导联反映为 ST 段抬高。图 b CAG 示包绕延长的 LAD 远端闭塞（×处），aVR 导联 ST 段表现为压低。

图 1-36　aVR 导联 ST 段改变与冠状动脉左前降支（LAD）病理解剖的关系

三、冠状动脉左主干（LMCA）病变者 aVR 导联 ST 段的抬高

Silva 等[111]曾报道 1 例 51 岁男性 ACS 患者，临床表现为间断胸痛伴多汗一周，有大麻吸食史，入院时血流动力学稳定。ECG 示窦性心动过速、下壁导联 ST 段压低、aVR 导联 ST 段抬高 1 mm，急诊 CAG 示 LMCA 血栓形成，由右优势型的 RCA 侧支循环供血至 LAD。对 LMCA 成功实施了 PCI 术，并植入 1 枚裸支架，见图 1-37 ~ 图 1-39。

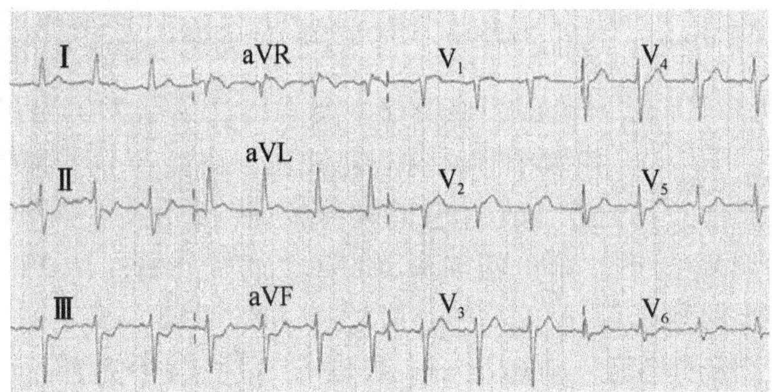

51 岁男性胸痛患者入院时 ECG 改变，窦性心动过速，下壁导联 ST 段压低、aVR 导联 ST 段抬高 1 mm，V_1 ~ V_2 导联 R 波递增不良，V_1 导联 ST 段弓背型上抬，但小于 1 mm，抬高的程度小于 aVR 导联。V_5 ~ V_6 导联 ST 段斜上型压低。冠状动脉造影示 LMCA 闭塞。

图 1-37　LMCA 闭塞及其 ECG 改变

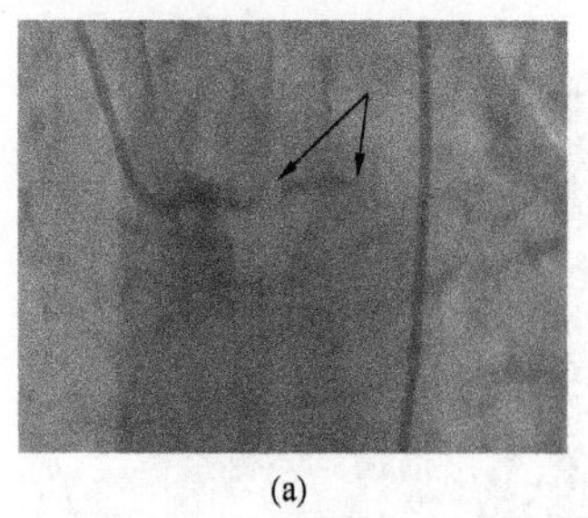

(a)

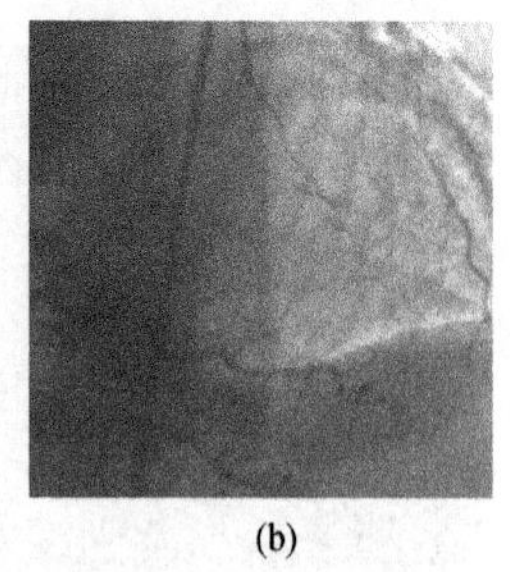

(b)

为图1-37的同一患者，图a示LMCA完全闭塞，主干以下血管未显影（黑色箭头处），图b示侧支循环已建立，由右冠状动脉发出的分支供应左侧冠状动脉系统。

图1-38　LMCA闭塞及侧支循环建立的造影图像

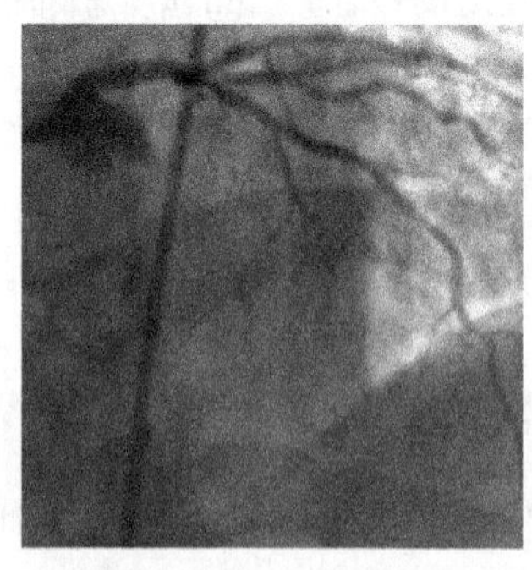

为图1-37的同一患者，经PCI治疗后造影显示左冠状动脉系统完全开通，血流良好。

图1-39　LMCA闭塞经PCI治疗后造影图像

四、冠状动脉左主干和/或3支血管病变（LMCA/3-vd）

Glancy等[112]报道患者在休息时出现缺血症状，ECG表现为aVR及V_1导联ST段抬高，其他导联ST段压低且大于等于8个导联者，预示70%为LMCA/3-vd病变。LMCA病变可引起心内膜下弥漫性心肌缺血，由此产生的损伤电流背离整个左心室室腔而指向右上方，故引起aVR导联ST段抬高。如aVR导联ST段抬高的程度大于V_1导联，则可基本确定LMCA病变。另外，aVR导联ST段抬高的程度与首次发生非ST段抬高型心肌梗死（NSTEMI）患者的死亡率亦密切相关。LMCA闭塞的患者，aVR及aVL导联ST段同时抬高者死亡率也显著升高。Patanè等[113]报道运动试验诱发的aVR及V_1导联ST段抬高预示LMCA狭窄。患者胸痛发作时如伴有aVR及V_1导联ST段抬高，V_3～V_5导联ST段压低者也预示LMCA病变，如胸痛时只有aVR导联ST段抬高则预示室间隔基底部的透壁性心肌缺血，为LAD近端狭窄，而胸痛发作时aVR导联ST段抬高伴有Ⅰ，Ⅱ及V_4～V_6导联ST段压低者则预示LMCA/3-vd病变，aVR导联ST段抬高伴有心肌酶TnT增高者也提示为LMCA/3-vd病变。Kosuge等[33]报道aVR

导联 ST 段抬高 >0.5 mm 者即考虑有 LMCA/3-vd，而抬高≥1.0 mm 者则提示为严重 LMCA/3-vd。Rostoff 等[19]报道 aVR 导联 ST 段抬高者与无抬高者相比，LMCA 病变的发生率高 2 倍(69.6% *vs.* 34.6%，$P=0.000\ 1$)。Misumida 等[34]报道了 379 例 NSTEMI 患者，伴有 aVR 导联 ST 段抬高者占 26%，CAG 证实的 LMCA/3-vd 为 23%。LMCA/3-vd 患者伴有 aVR 导联 ST 段抬高者占 39%，这些患者住院期间需行冠状动脉介入术者占 73%，需行 CABG 者占 19%，均显著高于 aVR 导联 ST 段无抬高者。Amgad 等[28]为 LMCA/3-vd 及其 CAG 改变提供了典型图例，见图 1-40～图 1-42。

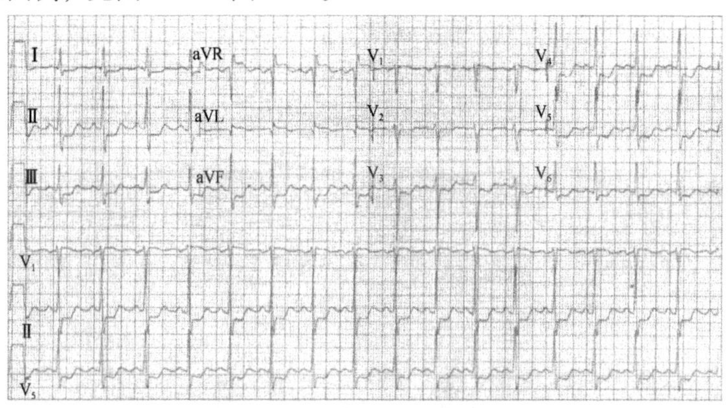

窦性心动过速，aVR，aVL 及 V_1 导联 ST 段抬高，其余多数导联 ST 段压低，冠状动脉造影示 LMCA 95%狭窄，LAD 中段 60%～70%狭窄，LCX 50%狭窄，由 RCA 发出的侧支循环供应左冠状动脉血流。

图 1-40　冠状动脉左主干和/或 3 支血管病变者心电图改变

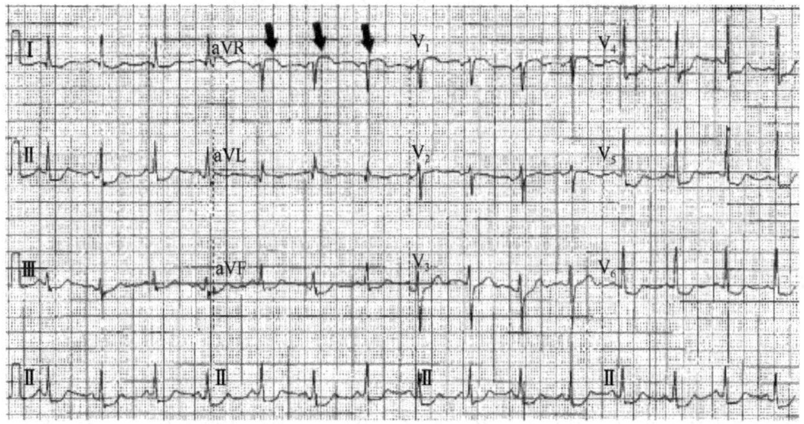

70 岁男性患者在暴食数小时后因剧烈胸痛而入院，ECG 示Ⅱ，Ⅲ，aVF，V_3～V_6 压低 1～2 mm，aVR 导联 ST 段抬高≥1 mm（箭头处），Ⅰ和 aVL 导联 T 波低平，V_1 导联 ST 段有弓背向上型形态改变，但抬高的量小于 aVR 导联。冠状动脉造影示 3 支血管病变。该患者临床按 NSTEMI 处理，病情稳定后实施了冠状动脉搭桥术。

图 1-41　aVR 导联 ST 段抬高与冠状动脉 3 支血管病变心电图

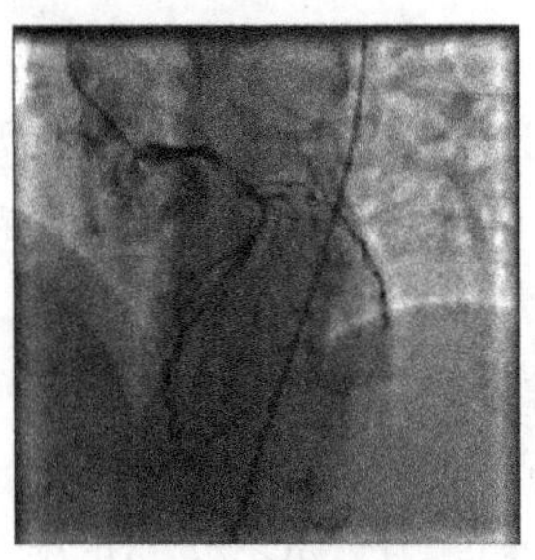

(a) CAG的左前斜位图像一

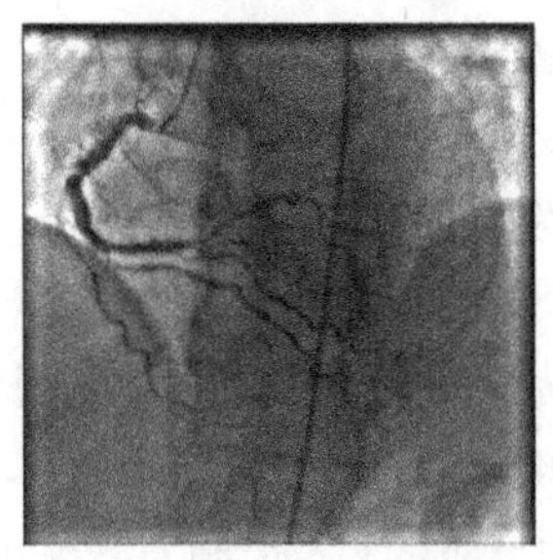

(b) CAG的左前斜位图像二

为图1-41的同一患者，图a示冠状动脉左前降支（LAD）及左回旋支（LCX）弥漫性狭窄，图b示右冠状动脉（RCA）严重的弥漫性病变。

图1-42 冠状动脉3支血管病变的造影图像

资料来源：Makaryus A N. Global electrocardiographic changes accompanying acute presentation of 3-vessel coronary disease. The American Journal of Emergency Medicine，2006，24（3）：355－356.

五、aVR 导联 ST 段抬高对下壁 AMI 患者罪犯血管的鉴别意义

Nair 等[60]曾研究一组 RCA 及冠状动脉左回旋支（LCX）闭塞后所致 AMI 患者的 ECG 改变，其Ⅰ，Ⅱ，Ⅲ，aVF 及 aVR 导联 ST 段均有改变，RCA 闭塞时Ⅱ，Ⅲ，aVF 导联 ST 段抬高以Ⅲ导联为主，ST-Ⅲ＞ST-Ⅱ，亦即Ⅲ导联 ST 段抬高的程度大于Ⅱ导联；aVR 导联 ST 段可抬高、可压低，但幅度均不超过1 mm，亦可无改变；V_4R 导联 ST 段抬高≥0.5 mm，V_1～V_2 导联 ST 段无抬高；LCX 闭塞时下壁导联亦可出现 ST 段的抬高，但以Ⅱ导联为主，ST-Ⅱ＞ST-Ⅲ，亦即Ⅱ导联 ST 段抬高的程度大于Ⅲ导联，同时有Ⅰ导联 ST 段的抬高，aVR 导联 ST 段压低≥1 mm，V_4R 及 V_1～V_2 导联 ST 段均压低。各导联鉴别诊断的敏感性及特异性不同，见表 1-33 及图 1-43、图 1-44。

表 1-33 aVR 及其他导联 ST 段改变对下壁 AMI 罪犯血管鉴别诊断的意义 %

ST 段改变	敏感性	特异性	阳性预测值	阴性预测值
右冠状动脉闭塞				
aVR ↑，—，↓ ＜1 mm	96	80	96	80
Ⅰ—，↓	100	60	93	100
↑Ⅲ ≥ ↑Ⅱ	96	40	89	67
↑ V_4R ≥ 0.5 mm	86	100	100	67
无 V_1↓，无 V_2↓	88	100	100	63
冠状动脉左回旋支闭塞				
↓aVR ≥1 mm	80	96	80	96
↑Ⅰ	60	100	100	93
↑Ⅱ ＞ ↑Ⅲ	40	96	67	89

续表

ST 段改变	敏感性	特异性	阳性预测值	阴性预测值
V_4R ↓，—，↑ < 0.5 mm	100	86	67	100
↓V_1，↓V_2	100	88	63	100

注：↑指抬高；↓指压低；—指等电位线。

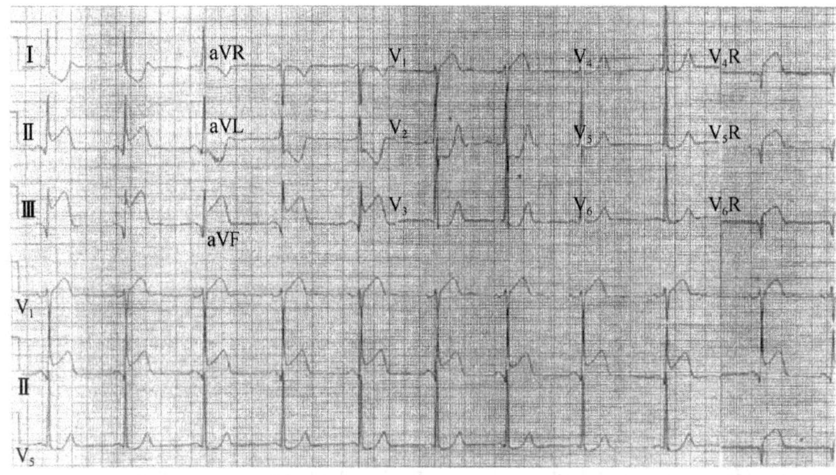

右侧自上而下，前3行为12导联ECG图形，下3行为V_1，Ⅱ及V_5导联ECG的连续记录。左侧上3行为右胸导联的V_4R～V_6R图形，下3行导联原文作者未标出，从图形上看可能为V_1，Ⅱ及V_4R导联。图示Ⅱ，Ⅲ，aVF导联ST段抬高，Ⅲ导联ST段抬高的程度>Ⅱ导联；ST-V_1抬高、ST-V_2压低；aVR导联ST段压低，但<1.0 mm；V_4R～V_6R导联ST段抬高>0.5 mm。冠状动脉造影示右冠状动脉近端闭塞。

图1-43　右冠状动脉闭塞引起的下壁及右心室梗死图形

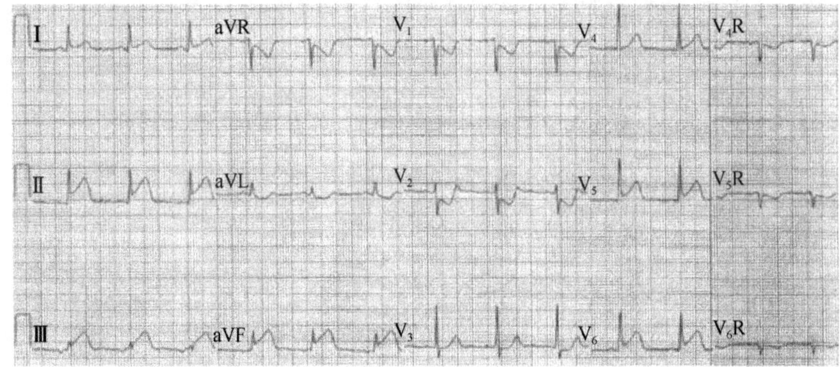

右侧为12导联ECG。图示下壁Ⅱ，Ⅲ，aVF导联ST段抬高，Ⅱ导联ST段抬高的程度大于Ⅲ导联。V_1～V_2导联ST段压低，示急性后壁心肌缺血损伤。Ⅰ导联ST段抬高，但aVL导联ST段压低，aVR导联ST段压低>1.0 mm。左侧为V_4R，V_5R，V_6R图形，示ST段压低，V_4R导联较明显。冠状动脉造影示左回旋支远端及其第一钝圆支闭塞。

图1-44　冠状动脉左回旋支闭塞引起的下壁急性心肌梗死图形

从表1-33 和图 1-43、图 1-44 中看出，RCA 和 LCX 闭塞均可引起下壁 AMI，但罪犯血管以 RCA 为主，LCX 次之，二者的平均比率为 3.9：1。Nair 等报道为5：1，Birnbaum 等报道为（2.2：1）~（7：1），少数也可见于长 LAD，即所谓的下壁包绕现象。过长的 LAD 越过心尖部供应下壁心肌，当其远端闭塞时亦可引起下壁 AMI。

RCA 和 LCX 闭塞引起下壁导联 ST 段改变的机制如下：与冠状动脉血管的解剖分布有关，首先是 RCA 的血管分布在心脏的额面轻度偏右，当 RCA 损伤时其损伤电流指向右前，故Ⅲ导联 ST 段抬高的程度大于Ⅱ导联；与此相反，如 LCX 的血管分布在额面上轻度偏左，其损伤电流指向左上，故Ⅱ导联 ST 段抬高的程度大于Ⅲ导联。与此相似，RCA 阻塞的损伤电流与 aVR 导联轴相垂直，故 aVR 导联 ST 段抬高。与此相反，LCX 的损伤电流所形成的平均向量与 aVR 导联的导联轴呈钝角，偏向左，故 aVR 导联 ST 段压低，而Ⅰ导联 ST 段抬高，下壁 AMI 患者 aVR 导联的导联 ST 段压低还与梗死面积扩大及预后不良密切相关[73]。另外，右心室几乎全部由 RCA 供血，当 RCA 近端阻塞时可引起 V_4R，甚至 V_2R 及 V_1 导联 ST 段抬高（详细内容见本章第八节）。

第十八节　aVR 导联 ST 段抬高对急性心肌梗死伴心源性休克患者预后判断的意义

急性心肌梗死（AMI）患者 aVR 导联 ST 段抬高可由冠状动脉左主干（LMCA）、冠状动脉左前降支（LAD）近端及多支冠状动脉血管阻塞所致，患者的死亡率明显升高，但是 AMI 伴有心源性休克（CS）者 aVR 导联 ST 段抬高与预后的关系尚不清楚。SHOCK 项目（SHould we emergently revascularize Occluded coronaries for Cardiogenic shocK）对此进行过研究，主要内容简介如下[114]：

该研究纳入分析的有 97 例 AMI 伴 CS 患者，根据心电图（ECG）的改变把患者分为 aVR 导联 ST 段抬高组及非抬高组，观察两组患者的临床、血流动力学改变、冠状动脉造影（CAG）改变、30 天及 1 年的死亡率等。aVR 导联 ST 段抬高的定义为 J 点之后 60 ms 抬高≥0.5 mm。ECG 的记录为 CS 发生的 12 h 之内及血管成形术之前。患者均排除了束支传导阻滞等 ECG 改变。LMCA 病变的定义为 CAG 示狭窄≥50%。

结果显示，97 例 CS 患者中 aVR 导联 ST 段抬高者为 30%，与非抬高组相比，两组的临床特点、MI 部位、接受溶栓治疗、收缩压、左心室收缩功能等均差别不显著；aVR 导联 ST 段抬高组 LMCA 病变者为 33%，非抬高组为 24%，组间差别亦不显著（$P = 0.5$），但 aVR 导联 ST 段抬高组 LMCA 的等危病变，如 LAD 近端狭窄显著高于非抬高组（22% *vs*. 0，$P < 0.006$）；临床高危险计分（higher jeopardy score）显著高于非抬高组（11.0 *vs*. 6.0，$P = 0.0001$）；30 天死亡率（76% *vs*. 47%，$P = 0.03$）及 1 年的死亡率（84% *vs*. 55%，$P = 0.02$）亦均显著高于非抬高组。

小　结

同样为 AMI 伴心源性休克，伴有 aVR 导联 ST 段抬高的患者的 MI 面积广泛，临床病情更加凶险，长期及短期的死亡率均显著升高，预后不良。故对 AMI 伴有心源性休克的患者，有无 aVR 导联 ST 段的抬高是判断患者预后的一个重要指标。

第二章
aVR 导联 T 波直立对心血管性死亡的预测意义

第一节　aVR 导联 T 波直立的人群研究

健康人群中心电图（ECG）T 波异常很常见，近年来，aVR 导联 T 波振幅的改变，特别是 T 波直立的意义及其与心血管性死亡率的关系备受关注。aVR 导联 T 波直立定义为 T 波振幅≥0 mm。不同人群中 aVR 导联 T 波直立的检出率也不尽相同，基于 aVR 导联 T 波直立的流行病学研究为数不多。本节主要介绍美国及芬兰的健康人群前瞻性研究，探讨正常人群中 aVR 导联 T 波直立的检出率及其与心血管性死亡率的关系[115]。

一、美国国家健康与营养Ⅲ的调查研究（National Health and Nutrition Examination Survey Ⅲ，NHANES Ⅲ）

该研究纳入分析的有 7 928 例健康参与者，每位参与者平均随访（13.5 ± 3.8）年。目的是研究 aVR 导联直立与心血管性死亡率的关系，即死亡危险比（HR）。结果显示，aVR 导联 T 波直立与心血管性死亡率密切相关（HR = 3.37，P < 0.01），aVR 导联 T 波振幅由深变浅，当 T 波振幅 < −0.2 mV 时对心血管性死亡率即有预测价值，然后随 T 波深度逐渐变浅，直至 T 波直立，对心血管性死亡率的预测价值逐渐增强。该研究的结论是 aVR 导联 T 波直立对全美人群的心血管性死亡率具有独立的预测意义[116]，见图 2-1。

二、美国旧金山退伍军人医疗中心的研究

该研究回顾性地分析了 24 270 例美国退伍军人的 ECG，分析 aVR 导联 T 波异常与 ECG 其他指标相比，对心肌复极异常的诊断意义，以及 aVR 导联 T 波振幅对心血管性死亡率的预测意义。结果显示，aVR 导联 T 振幅的改变对心血管性死亡率的预测价值等同于 aVR 导联 ST 段的改变，也胜过 ECG 所有导联对心肌除极及复极异常的预测价值，包括 Q 波、心肌劳损指标、左心室肥厚等。随着 aVR 导联 T 波振幅的逐渐变浅，心血管性死亡的 HR 也逐渐增加。当 T 波振幅变

为直立时，心血管性死亡的 *HR* 为 5.0。这些人群中 aVR 导联 T 波直立的检出率为 7.3%，T 波直立人群的心血管性年死亡率为 3.4%，与 aVR 导联 T 波倒置人群相比，心血管性死亡危险增加 5 倍。该研究的结论是 aVR 导联 T 波振幅的改变是评价心血管性死亡危险的有价值的指标；T 波直立简单易辨，对心血管性死亡率具有独立的预测价值[78]。

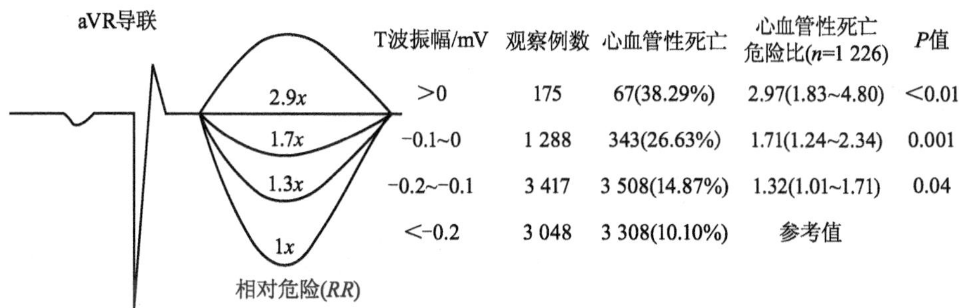

从图中可以看出，当 aVR 导联振幅为 -0.2 ~ -0.1 mV 时心血管死亡的 *HR* 为 1.32，P 值已有统计学意义（*P* =0.04），然后随 T 波深度的逐渐变浅，心血管性死亡例数、死亡率及死亡 *HR* 均逐渐升高，当 T 波变为直立时（ >0 mV），死亡率及死亡 *HR* 均达最高值，*P* <0.01。

图 2-1　aVR 导联 T 波振幅改变与心血管性死亡相对危险的关系

三、芬兰国民健康研究

Anttila 等[117]对芬兰的健康人群进行了前瞻性研究，目的为观察正常人群中 aVR 导联 T 波直立的检出率及其与心血管性死亡率的关系。参加健康体检者计 8 028 例，年龄均≥30 岁（其中男性 3 637 例、女性 4 391）纳入分析的 ECG 为 6 318份，aVR 导联 T 波直立的定义为 T 波振幅≥0 mm，T 波振幅 <0 mm 定义为倒置。整个人群的 T 波直立检出率为 2.2%（*n* =138，男、女各 69 例），T 波直立组的心血管病史、心血管病危险因素、年龄等均显著高于 T 波倒置组，年龄≥55 岁组 T 波直立的检出率为 5.2% ，而 <55 岁组者检出率为 0.4%（*P* <0.01）；对患者平均随访 98.5 个月，心血管性死亡率为 3.5%。经相关回归分析，对年龄、性别及其他心血管病危险因素进行调整后，aVR 导联 T 波直立与心血管性死亡的 *HR* 为 3.24%（95% *CI*：2.32 ~ 4.54，*P* < 0.001），总死亡率为 1.91%（95% *CI*：1.47 ~2.49，*P* <0.001），均显著高于 T 波倒置组。

调整了各种危险因素后，整体人群中 aVR 导联 T 波直立者心血管性死亡 *HR* 为 2.94（95% *CI*：2.07 ~4.18，*P* <0.001），预测值显著高于其他危险因素。在调整了各种危险因素后，aVR 导联 T 波直立预测无心血管疾病史，如心肌梗死、心力衰竭、高血压等参与者的心血管性死亡 *HR* 为 3.78（95% *CI*：2.45 ~5.83，*P* <0.001），预测 ECG 无病理性异常改变者，如 ST 段压低、Q 波等心血管性死亡的 *HR* 为 3.81（95% *CI*：2.46 ~5.89，*P* <0.001），见表 2-1 和图 2-2。

芬兰本次具有国民代表意义的人群研究显示，aVR 导联 T 波直立对于心血管性死亡危险具有独立的预测意义。

表 2-1 各种危险因素对整体人群心血管性死亡危险的预测值

危险因素	*HR*（95% *CI*）	*P* 值
aVR 导联 T 波直立的幅度	2.94（2.07～4.18）	<0.001
心电图 ST 段压低	0.40（0.10～1.62）	0.200
左、右心室肥厚	1.34（0.91～1.98）	0.135
心电图 Q 波	1.18（0.48～2.86）	0.721

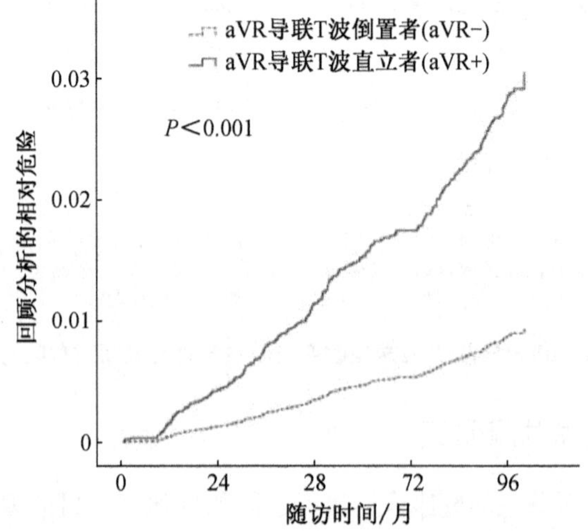

随着随访时间的延长，组间心血管性死亡的相对危险逐渐增大，组间差别极显著（$P<0.001$）。

图 2-2 aVR 导联 T 波直立及倒置者心血管性死亡率的差别

四、其他有关 aVR 导联 T 波振幅改变的临床研究

日本的 Shinozaki 等[118]曾报道一个纳入 6 789 例 CHD 患者的大样本的临床研究，结果显示，aVR 导联 T 波振幅的改变与严重冠状动脉病变及心功能降低密切相关，并对心血管性死亡率具有预测价值。此外，Tanaka 等[119]报道 aVR 导联 T 波直立对动脉硬化患者心脏事件预测的敏感性为 39%、特异性为 92%。

aVR 导联 T 波直立的其他临床意义及相关研究见本章第二至四节。

小 结

健康人群中 aVR 导联 T 波直立的检出率为 2.2%～7.3%，这些人群的心血管性年死亡率为 3.4%，比 T 波倒置者死亡危险增加 5 倍。aVR 导联 T 波直立容易识别辨认，对心血管性死亡危险具有独立的预测价值。

第二节　aVR 导联 T 波直立对冠心病心肌梗死患者死亡危险的预测意义

与正常心肌相比，发生缺血性损伤或梗死后运动障碍的心室壁更易发生心肌复极异常，心肌复极的方向指向损伤或梗死区，故 aVR 导联 T 波直立。这种改变不仅代表心肌的损伤及运动异常，而且提示患者的预后不良[12]。Tanaka 等[119]报道 aVR 导联 T 波直立对动脉硬化患者心脏事件预测的敏感性虽为 39%，但特异性却达 92%。故 aVR 导联 T 波直立对冠心病患者不良预后的判断具有重要意义。

一、aVR 导联 T 波直立对急性心肌梗死患者预后的预测意义

aVR 导联 T 波直立对急性心肌梗死（AMI），包括 ST 段抬高型心肌梗死（STEMI）及非 ST 段抬高型心肌梗死（NSTEMI）患者预后预测意义的研究相对较少，相关研究包括以下两项：

（一）aVR 导联 T 波直立对 STEMI 患者预后的预测意义

STEMI 患者伴有 aVR 导联 T 波直立者临床预后不良，但实施经皮冠状动脉介入术（PCI）后死亡率是否会降低，Ayhan 等[120]对此进行过研究。其共收入了 169 例前壁 STEMI 患者，平均年龄（55 ± 12.9）岁，均先后接受了 PCI 治疗。其中伴有 aVR 导联 T 波直立者占 31.4%，T 波仍倒置者为 68.6%。结果显示，aVR 导联 T 波直立组患者的年龄、平均住院时间，以及多支冠状动脉血管病变者均显著高于 T 波倒置组，院内死亡率在 T 波直立组也显著高于倒置组（7.5% *vs.* 1.7%，P = 0.05），在调整了各临床危险因子后，aVR 导联 T 波直立仍然是实施 PCI 后 STEMI 患者死亡危险的独立预测因子（OR = 4.41，95% CI：1.2 ~ 22.1，P = 0.05），亦即虽然实施了 PCI 治疗，伴有 aVR 导联直立的前壁 STEMI 患者死亡率仍显著升高。

（二）aVR 导联 T 波直立对 NSTEMI 患者预后的预测意义

Kobayashi 等[121]报道过一组纳入 340 例 NSTEMI 患者的研究，观察 aVR 导联 T 波直立与冠状动脉 3 支血管或多支血管病变及主要心血管事件的关系。根据 aVR 导联 T 波振幅的改变把患者分为两组，即 T 波直立组（T 波振幅 > 0 mV）和 T 波倒置组（T 波振幅≤0 mV），两组患者均根据临床情况分别实施了冠状动脉造影（CAG）、冠状动脉介入术（PCI）及冠状动脉搭桥术（CABG）。观察并分析主要心血管事件，包括院内死亡、心肌再梗死（re－MI）、靶血管再次成型术，以及致命性室性心律失常等的发生率在两组间的差别。

结果显示，aVR 导联 T 波直立的检出率为 19.7%，其余 80.3% 为 T 波倒

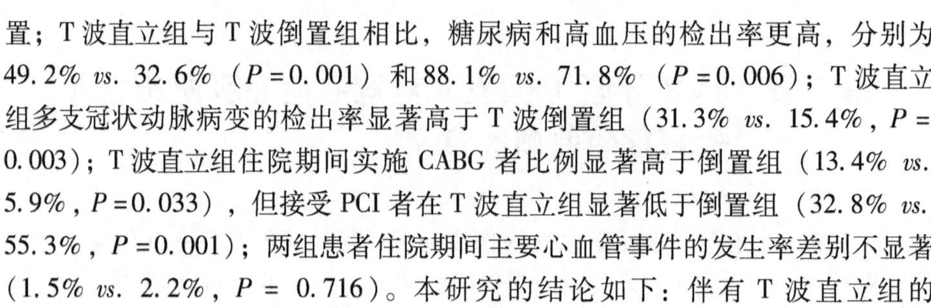

置；T 波直立组与 T 波倒置组相比，糖尿病和高血压的检出率更高，分别为 49.2% *vs.* 32.6%（$P=0.001$）和 88.1% *vs.* 71.8%（$P=0.006$）；T 波直立组多支冠状动脉病变的检出率显著高于 T 波倒置组（31.3% *vs.* 15.4%，$P=0.003$）；T 波直立组住院期间实施 CABG 者比例显著高于倒置组（13.4% *vs.* 5.9%，$P=0.033$），但接受 PCI 者在 T 波直立组显著低于倒置组（32.8% *vs.* 55.3%，$P=0.001$）；两组患者住院期间主要心血管事件的发生率差别不显著（1.5% *vs.* 2.2%，$P=0.716$）。本研究的结论如下：伴有 T 波直立组的 NSTEM 患者冠状动脉多支血管病变的发生率显著升高，接受或不能实施 PCI 的患者的病变发生率显著降低，因此 CABG 的实施率显著升高。

二、aVR 导联 T 波直立对陈旧性心肌梗死患者不良预后的判断意义

Torigoe 等[12]曾对一组冠心病陈旧性心肌梗死（OMI）患者的 ECG 进行分析，观察 aVR 导联 T 波直立与患者的心脏性死亡及住院期间心力衰竭发生率的关系。结果显示，aVR 导联 T 波直立的检出率为 16.2%，这些患者糖尿病、终末期肾病、冠状动脉多支血管病变、心功能降低及袢利尿剂的使用者比例均显著高于 T 波倒置组。在平均随访的 6.5 年间，终点事件，包括心脏猝死、致命性心肌梗死及心室颤动的发生率均显著高于 T 波倒置组。Kaplan-Meier 曲线示 aVR 导联 T 波直立者无事件生存率显著低于 T 波倒置组，见图 2-3。

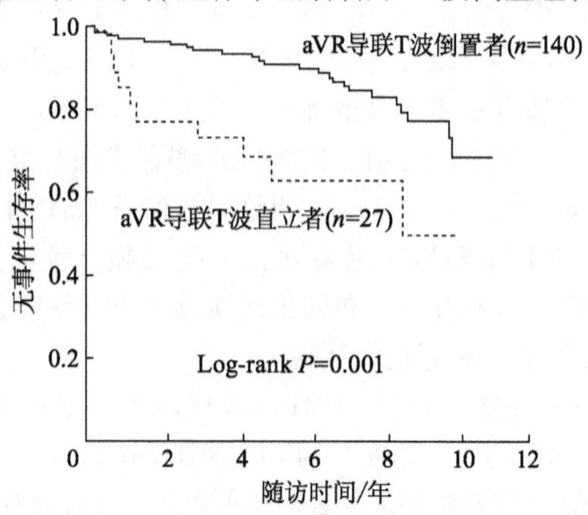

aVR 导联 T 波直立者的无事件生存率显著低于 aVR 导联 T 波倒置者（$P=0.001$）。

图 2-3　前壁陈旧性心肌梗死患者 aVR 导联 T 波直立及倒置者的 Kaplan-Meier 生存曲线

Shinozaki 等[118]对一组 OMI 患者进行过研究，随访时间均超过 6 个月。观察 aVR 导联 T 波直立与血流动力学改变、冠状动脉造影（CAG）、左心室造影及超声心动图改变的关系，只选择 CAG 示左前降支（LAD）病变的患者，其

他冠状动脉病变者均排除在外。患者分为两组，即 OMI 伴 aVR 导联 T 波直立组及倒置组，主要结果如下：

（一）aVR 导联 T 波直立者伴其他导联异常 Q 波的检出率

其他导联，主要是 Ⅰ，V_5 及 V_6 导联异常 Q 波的检出率分别为 35%，40% 和 30%，均显著高于 T 波倒置组的 10.8%，4.9% 和 3.9%（P = 0.005 ~ 0.001），Ⅱ导联异常 Q 波的检出率也有升高的趋势，但未达到显著水平。

（二）血流动力学改变

心导管检查示 aVR 导联 T 波直立及倒置组血流动力学的改变分别为肺动脉收缩压［（28.5 ± 6.5）mmHg *vs.*（23.6 ± 6.6）mmHg，P = 0.003］、肺动脉舒张压［（11.0 ± 3.8）mmHg *vs.*（8.9 ± 3.3）mmHg，P = 0.02）］、肺毛细血管楔压［（9.9 ± 4.7）mmHg *vs.*（7.0 ± 3.6）mmHg，P = 0.002）］，aVR 导联 T 波直立组均显著高于倒置组。

（三）心功能改变

左心室造影或超声心动图检查示 aVR 导联 T 波直立组及倒置组的心功能改变分别为：左心室射血分数［（36.4 ± 11.6）% *vs.*（48.4 ± 12.7）%，P < 0.001］、收缩末期容积［（132.3 ± 73.7）mL *vs.*（73.2 ± 30.8）mL，P = 0.002］、左心室舒张末期容积［（199.9 ± 88.7）mL *vs.*（139.3 ± 38.1）mL，P = 0.007）］、左心室舒张末压［（16.5 ± 6.5）mmHg *vs.*（12.4 ± 5.9）mmHg，P = 0.007］、心功能指数［（2.2 ± 0.5）L/（min · m^{-2}）*vs.*（2.6 ± 0.6）L/（min · m^{-2}），P = 0.009］，组间差别极显著。

（四）LAD 长度的改变

CAG 示 aVR 导联 T 波直立组 LAD 过长，即 LAD 包绕心尖部，检出率为 60%，显著高于 aVR 导联 T 波倒置组的 30.4%（P = 0.01）。

Shinozaki 等[118]研究的主要结果显示，前壁 OMI 伴有 aVR 导联 T 波直立者血流动力学改变更严重、心功能更差，更多患者伴有 LAD 过长。过长的 LAD 一旦闭塞，就会引起心肌缺血或梗死的面积扩大，心功能降低更明显，患者的临床预后也就更差。另一结果显示，aVR 导联 T 波直立者 Ⅰ，V_5 及 V_6 导联异常 Q 波的检出率显著升高，说明 aVR 导联 T 波倒置与这些异常 Q 波的导联可能存在某些特殊的联系。这些患者往往都伴有 LAD 过长，过长的 LAD 包绕心尖部，一旦 LAD 发生病变则引起下壁和心尖部的缺血甚至梗死，因此这些患者心尖部乃至下壁导联异常 Q 波的检出率升高。T 波的形态受心室复极的时相，特别是受心室动作电位的时相 3 所影响，心肌细胞损伤后与正常心肌细胞相比复极延迟，T 向量的方向发生变化而指向损伤的心肌，aVR 导联是唯一模拟心内膜的导联，当心尖部、下壁及低位的侧壁（lower lateral regions）心肌发生缺血性损伤时，aVR 导联的T 波向量指向这些部位，负极在前、正极在后，故 aVR 导联的 T 波变为直立。因此，无论是 AMI 还是 OMI，一旦出现

aVR 导联 T 波直立，则说明心肌病变广泛、预后不良，见图 2-4。

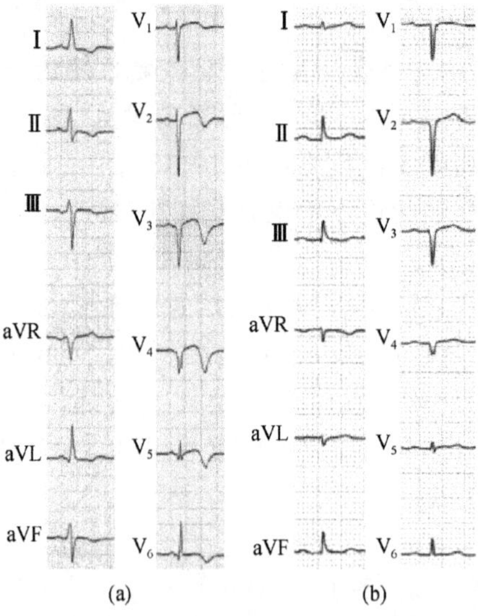

图 a 示 V_1 ~ V_2 导联 R 波递增不良，V_3 ~ V_4 导联呈 QS 型，前壁心肌梗死之诊断肯定。同时伴有Ⅰ，Ⅱ，Ⅲ，aVF，V_5 及 V_6 导联的 T 波倒置，aVR 导联 T 波直立。说明在前壁心肌梗死的同时伴有下壁及侧壁心肌缺血。图 b 示 V_1 ~ V_4 导联呈 QS 型，前壁心肌梗死之诊断亦肯定。aVR 导联 T 波倒置，其他导联 ST－T 改变亦不明显，说明 aVR 导联 T 波倒置，亦即正常改变者其他部位心肌缺血性改变不明显。

图 2-4　前壁陈旧性心肌梗死患者伴 aVR 导联 T 波倒置者的心电图改变

三、aVR 导联 T 波直立对充血性心力衰竭患者预后判断的意义

充血性心力衰竭（CHF）是各种心脏疾患的终末期改变，预后不良、死亡率高。众所周知，心电图 QRS 时限增宽是 CHF 患者预后不良的一个指标，但 QRS 时限正常伴有 aVR 导联 T 波直立的 CHF 患者的预后如何尚不清楚，对此，Okuda等[122]进行过研究。他们观察分析了 331 例 CHF 患者［平均年龄（68 ± 15）岁］，心电图 QRS 时限均小于 120 ms，根据 aVR 导联 T 波幅度的改变把患者分为 3 组：T 波倒置组（振幅 < -0.1 mV，n = 209，63%）、T 波平坦组（振幅 = -0.1 ~ 0.1 mV，n = 64，19%）、T 波直立组（振幅 > 0.1 mV，n = 58，18%）。对患者平均随访 33 个月，期间全因性死亡 113 例（34%），在调整了各种影响因子后，aVR 导联 T 波平坦的死亡危险比（*HR*）为 1.86（95% *CI*：1.42 ~ 2.46）、T 波直立的 *HR* 为 6.76（95% *CI*：3.92 ~ 11.8）。该研究认为 aVR 导联 T 波振幅与 CHF 患者的死亡率密切相关，亦即随着 T 波振幅逐渐变浅直至直立，患者的死亡率逐渐升高，故心电图 aVR 导联 T 波的振幅可作为 CHF 患者预后判断及危险分层的一个临床指标，即便患者心电图 QRS 时限在正常范围内也依然适用[115]。

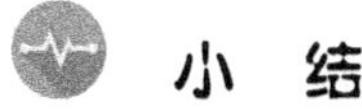

1. aVR 导联直立对前壁 STEMI 患者死亡危险具有独立的预测意义。

2. aVR 导联 T 波直立组的 NSTEM 患者冠状动脉多支血管病变的发生率显著升高，需行 CABG 者比例显著增大。

3. 陈旧性心肌梗死患者伴有 aVR 导联 T 波直立者示心肌梗死面积扩大、心功能降低、预后不良。各种病因所致的心功能不全伴有 aVR 导联 T 波直立者死亡率亦升高。

第三节 aVR 导联 T 波直立对心脏猝死及心搏骤停的预测意义

在过去的 30 年间人们对冠心病（CHD）的研究有了巨大的进展，但因 CHD 而发生的心脏猝死（sudden cardiac death，SCD）或心搏骤停（sudden cardiac arrest，SCA）仍然是重要的心脏事件，中国和美国每年新发的 SCA 患者人数均超过 50 万。对 CHD 患者进行危险分层是预测 SCA 的一个重要措施。左心室射血分数（LVEF）的降低仍然是 SCA 一级预防的主要危险指标，但是这一指标的敏感性及特异性均不高。12 导联 ECG 是获取高危 SCA 信息的常用工具，是提供和评价潜在 SCA 危险的实用而廉价的临床指标。Shinozaki 等[118]曾报道一个纳入 6 789 例 CHD 患者的大样本临床研究，结果显示，aVR 导联 T 波振幅的改变与严重冠状动脉血管病变及心功能降低密切相关，并对心血管性死亡率具有预测价值。心室壁张力增加是心肌耗氧量增加的一个重要因素，心肌缺血缺氧、心室壁增厚及心肌梗死（MI）等均可引起心肌的复极异常，进而引起某些严重的心律失常，但应用 ECG 多个导联 T 波的异常来预测严重心律失常，尤其是 SCA 的发生敏感性及特异性均不高，aVR 导联 T 波直立是否对 SCD 或 SCA 的发生危险具有预测意义，本节将就这些问题对国外近年来的研究进展做介绍。

一、aVR 导联 T 波直立对心脏猝死的预测意义

对 CHD 患者进行危险分层是预测 SCD 的一个重要措施。aVR 导联 T 波振幅的改变，特别是 T 波直立可为心室壁张力增加、心肌缺血乃至梗死，以及由此所致的心肌复极异常提供某些诊断信息，对 CHD 患者进行危险分层及预测 SCA 具有重要意义。

一些室性心律失常的发生与心肌的复极异常有关，而 aVR 导联 T 波直立

不仅代表心肌的复极异常，而且与心血管性死亡率升高及 SCD 有关。Derek 等[123]对 691 例有 SCD 病史的 CHD 患者进行过研究，结果显示，SCD 患者有糖尿病史（40% *vs.* 32%，$P<0.01$）及 LVEF≤35%（27% *vs.* 11%，$P<0.01$）均显著高于对照组；aVR 导联 T 波直立（19% *vs.* 13%，$P<0.01$）及 T 波平坦者（14% *vs.* 7%，$P<0.01$）也显著高于对照组。多因素相关分析示 aVR 导联 T 波直立及 T 波平坦对 CHD 患者 SCD 具有独立的预测价值（$OR=2.8\%$，95% *CI*：1.2～6.1，$P<0.01$）。

二、aVR 导联 T 波直立对心搏骤停的预测意义

CHD 心肌梗死或心力衰竭是 SCA 的主要病因。aVR 导联 T 波直立对此亦具有重要预测价值。

Al-Zaiti 等[124]曾对 138 例冠心病缺血性心肌病伴心力衰竭的患者进行过研究，这些患者均有反复室性心律失常而植入自动除颤器，LVEF 均≤35%。患者均给予 ECG，24 h 动态 ECG、心脏超声心动图、B 型脑钠肽（BNP）检测，以及正电子发射技术（PET）的心肌去神经化定量分析（PET-quantified denervated myocardium,% LV）等。患者平均随访 4.2 年，终点事件为 SCA 及心脏性死亡。SCA 的定义为心律失常性死亡或心脏自动除颤器对频率>240 次/min 室性心动过速的放电（除颤）。主要研究内容包括 aVR 导联 T 波直立（振幅>0 mm）与 SCA 的关系及其预测价值，aVR 导联 T 波直立与侧壁导联，即 V_5～V_6 导联 T 波倒置的关系，aVR 导联 T 波直立与心肌病变的广泛性、心肌瘢痕化累及心尖部、心肌梗死后心肌去神经化所致的复极异常等改变的关系，以及与 QRS/T 夹角的关系等。主要研究内容如下：

（一）缺血性心肌病患者 aVR 导联 T 波直立的检出率及相关临床指标的改变

138 例缺血性心肌病患者 aVR 导联 T 波直立的检出率为 30%。T 波直立的检出率在性别、年龄、心功能分级、LVEF 及其他并发症之间的差别不显著，但 T 波振幅与 LVEF 呈显著负相关（$r=0.20$），T 波振幅与左心室舒张末期容积指数（LVEDVI，$r=0.21$）、BNP 水平（$r=0.28$）、QRE/T 夹角（$r=0.44$）、侧壁导联 T 波倒置（$r=0.27$）、PET 心肌去神经化定量分析（% LV，$r=0.23$）等呈显著正相关；T 波直立者与对照组相比，经 CAG 证实冠状动脉左回旋支（LCX）病变者更多见［(24±15)% *vs.* (14±10)%，$P<0.01$］，而左前降支（LAD）病变［(23±14)% *vs.* (24±15)%，$P=0.68$］及右冠状动脉（RCA）病变［(13±17)% *vs.* (16±12)%，$P=0.20$］血管的分布差别不显著，见表 2-2 和图 2-5～图 2-6。

表 2-2　aVR 导联 T 波直立者某些临床指标改变及其显著性检验

临床指标	全组患者（n = 138）	T 波倒置组（n +96）	T 波直立组（n = 42）	P 值
BNP/（ng·L^{-1}）	417 ±489	296 ±290	689 ±698	< 0.01
LVEF/%	28 ±9	28 ±9	28 ±9	0.92
LVEDVI/（mL·m^{-2}）	88 ±30	85 ±30	93 ±29	0.03
梗死相关血管				
LAD	24 ±15	24 ±15	23 ±14	0.68
LCX	17 ±13	14 ±10	24 ±15	< 0.01
RCA	16 ±11	16 ±12	13 ±7	0.20
心肌去神经化（% LV）	0.26 ±0.13	0.24 ±0.13	0.29 ±0.13	0.05
QRS-T 夹角	122 ±38	113 ±40	145 ±21	< 0.01
V_5 ~ V_6 导联 T 波倒置	40（33%）	20（21%）	20（48%）	< 0.01
aVR 导联 T 波振幅/mm	−0.2 ±1.2	−0.9 ±0.7	1.1 ±0.7	< 0.01
QRS 振幅/mm	−5.1 ±3.1	−4.7 ±2.6	−5.7 ±3.7	0.14
心脏性死亡	41（30%）	21（12%）	20（48%）	0.01
心搏骤停	23（17%）	11（11%）	12（29%）	0.01

注：BNP 指 B 型脑钠肽；LAD 指冠状动脉左前降支；LCX 指冠状动脉左回旋支；RCA 指右冠状动脉；LVEF 指左心室射血分数；LVEDVI 指左心室舒张末期容积指数；MI 指心肌梗死。

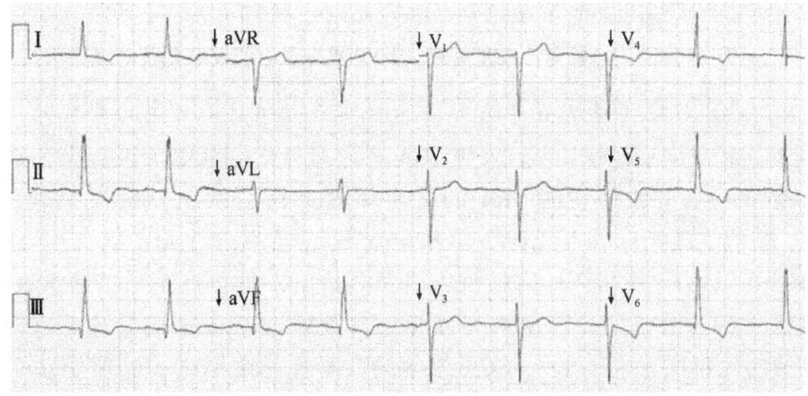

图为 68 岁男性患者，心搏骤停 14 个月后的心电图。图示窦性心动过缓、aVR 导联 T 波直立、前侧壁及下壁导联 T 波倒置。本图除 aVR 导联 T 波直立外，未见其他能预测心搏骤停危险的心电图改变。

图 2-5　aVR 导联 T 波直立的心电图改变

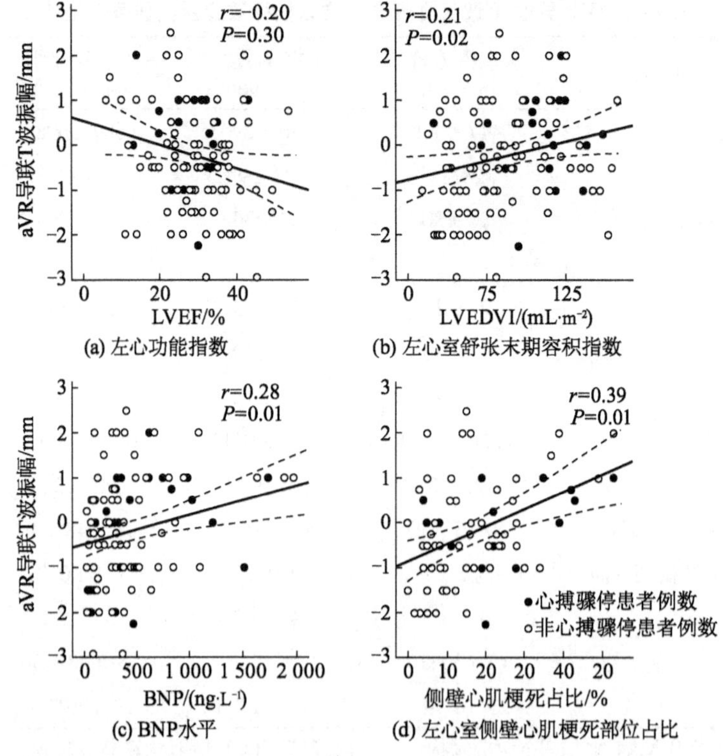

从图中可以看出，aVR 导联 T 波振幅与 LVEF 呈显著负相关，即 T 波直立的振幅越大，LVEF 越低；aVR 导联 T 波振幅与 LVEDVI 及 BNP 水平、侧壁心肌梗死面积均呈显著正相关，即 T 波直立的振幅越大，这些指数的增加越明显。

图 2-6 aVR 导联 T 波振幅与心功能指数、BNP 水平及心肌梗死部位的线性回归分析

（二）aVR 导联 T 波直立者与 SCA 发生率及心脏性死亡率的关系

所有患者平均随访 4.2 年，发生 SCA 者为 17%，这其中 T 波直立者 SCA 的发生率为 29%，T 波倒置者 SCA 的发生率为 11%，两组差别极显著（$P<0.01$）。其他临床指标如 LVEDVI 和 BNP 对 SCA 及心脏性死亡也有预测意义。单因素分析示 QTc 间期延长只对 SCA 有预测价值，对心脏性死亡无预测意义；单因素及多因素分析均显示 aVR 导联 T 波直立对 SCA 及心脏性死亡有预测意义，T 波直立每递增加 1 mm，SCA 发生的危险亦相应增加；侧壁导联 T 波倒置及 QRS/T 夹角对 SCA 无预测意义；经多因素相关回顾分析，aVR 导联 T 波直立对 SCA 具有独立的预测价值（$HR=2.0$，95% CI：1.0～4.9），对 SCA 预测的敏感性为 57%、特异性为 75%；aVR 导联 T 波直立组心脏性死亡率为 50%，T 波倒置组心脏性死亡率为 12%，两组差别显著（$P<0.01$）；在 SCA 组中尚有 13% 的患者发生了急性心力衰竭。因此 aVR 导联 T 波直立对 SCA 及心脏性死亡具有独立的预测意义，见图 2-7。

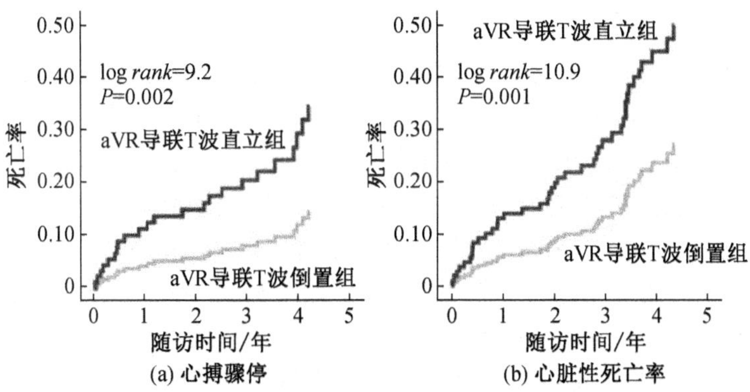

图 a 中随着随访年限的延长，aVR 导联 T 波直立组 SCA 的发生率逐年升高，aVR 导联 T 波倒置组 SCA 的发生率显著低于 T 波直立组（$P<0.002$）。图 b 示 aVR 导联 T 波直立组的心脏性死亡率显著高于倒置组（$P<0.001$）。

图 2-7　aVR 导联 T 波直立者心搏骤停及心脏性死亡的 Kaplan-Meier 曲线

Al-Zaiti 等[124]研究的主要发现是缺血性心肌病患者 aVR 导联 T 波直立与 SCA、心脏性死亡及其他不良预后有关。这些不良预后的病理生理性改变包括心力衰竭、左心室舒张末期容积负荷增高及心室壁张力增加等，这些改变又引起 LVEDVI 及 BNP 增高，以及大面积 MI 后心肌去神经化所致的心脏自主神经的功能紊乱等。

以往的研究示心室肌的复极离散与致命性心律失常有关，但是心室复极异常与 SCA 的确切关系仍不是很清楚，特别是患者生理及心理因素的变化与复极异常的关系尚不确定。尽管 Al-Zaiti 等[124]的研究示 aVR 导联 T 波直立对 SCA 预测的敏感性和特异性均不太高（分别为 57% 和 75%），但心脏性死亡患者几乎占 aVR 导联 T 波直立者的 50%，T 波直立者 SCA 的发生率为 29%，同时发现 aVR 导联 T 波直立与左心功能不全、心室舒张末期容积增加、心室壁应力增加及 MI 后心肌的去神经化有关。这些改变为解释 aVR 导联 T 波直立的病理生理机制提供了新视点，也为 SCA 的危险分层提供了新指标。Shinozaki 等[118]报道 aVR 导联 T 波直立与严重的心功能不全有关，同时与 LAD 病变所致的前壁 MI 及 LAD 过长包绕心尖部有关。Al-Zaiti 等[124]研究还显示 aVR 导联 T 波直立者冠状动脉多支血管病变、LCX 严重病变及病变扩展者显著增多，侧壁导联 T 波倒置对 SCA 的发生危险无预测价值。这些结果显示，aVR 导联 T 波直立对缺血性心肌病临床风险的预测更具准确性及特异性，预测价值高于其他导联的 T 波异常及 QRS/T 夹角异常。aVR 导联 T 波直立同时为心室壁应力增加、心肌及心尖部缺血，以及由 MI 梗死所致心尖部心肌变薄而引发的心肌复极异常的诊断提供了可靠信息。

三、aVR 导联 T 波直立的电生理机制

与正常心肌相比，发生缺血性损伤的心肌细胞复极延迟，心肌复极的方向指向心肌损伤区，负极在前、正极在后。由于 aVR 导联的特殊方位，当心尖部、下壁及侧壁的低位心肌发生缺血性损伤或 MI 时，心肌复极的 T 向量指向这些区域，复极向量的负极在前、正极在后，正好面对 aVR 导联，故出现该导联的 T 波直立。换句话说，如果患者先前有这些部位的 MI 并伴有 aVR 导联 T 波直立，则说明这些部位有严重的室壁运动障碍，心肌的运动异常亦可引起局部的复极异常。如果 LAD，RCA 及 LCX 发生急性闭塞，引起相应部位的急性心肌梗死（AMI），也可使 aVR 导联本应倒置的 T 波转为直立。如果 LAD 过长，而且是 LAD 近端急性闭塞，则可引起大面积 AMI 及左心室功能降低。如果 LAD 过长且为远端闭塞，即便不引起大面积 AMI，亦可引起 aVR 导联 T 波的直立。这主要与 LAD 远端闭塞引起心尖部的心肌损伤及室壁运动异常有关[12,115]。

小 结

冠心病缺血性心肌病患者 aVR 导联 T 波直立的检出率为 30%；T 波直立者心搏骤停的发生率为 29%，显著高于 T 波倒置者。aVR 导联 T 波直立与左心功能不全、心室壁应力增加、心肌梗死后心肌去神经化所致的复极异常及室壁运动异常等有关。aVR 导联 T 波直立容易识别辨认，对心脏猝死及心搏骤停具有独立的预测价值。

第四节 aVR 导联 T 波直立对其他心血管疾病患者不良预后的预测意义

对于其他心血管病患者，包括潜在性心肌病、心尖球形综合征、慢性肾病实施透析的患者等，aVR 导联 T 波直立对其不良预后亦具有重要的预测意义。然而，相关研究较少，现介绍几项研究报道。

一、aVR 导联 T 波直立对潜在性心肌病的预测意义

aVR 导联 T 波直立是否与潜在性心肌病（underlying myocardial disease）有关，Verma等[125]曾对此进行过研究。该研究对 2 340 例住院及门诊患者的心电图（ECG）进行分析，aVR 导联 T 波直立的检出率为 11%，其余的 89% 为 T 波倒置

者。对这两组患者各随机抽取 100 例进一步分析。两组患者均做超声心动图（UCG）检查以确定有无心肌病。心肌病的定义为左心功能不全（LVEF 低于 50%）、右心功能不全、左心室肥厚等（未对心肌病进行具体的分型）。两组间的性别年龄差别不显著。结果显示，aVR 导联 T 波直立组 UCG 异常检出率为 91%，包括左、右心室扩大及肥厚等；aVR 导联 T 波倒置组 UCG 异常检出率为 44%，组间差别显著（$P<0.01$）；aVR 导联 T 波直立对潜在性心肌病预测的敏感性为 68%、特异性为 86%、阳性预测值为 91%、阴性预测值为 56%。本研究示 aVR 导联 T 波直立是潜在性心肌病的简单预测指标，并具有较高的预测价值。

二、aVR 导联 T 波振幅改变对右心室或双心室致心律失常性心肌病的预测意义

aVR 导联 QRS 形态与心肌的病理解剖改变高度相关，其 Q 波宽度≥3 mm 常提示心肌有脂肪纤维瘢痕（fibrofatty scar），而 aVR 导联 R 波的振幅及 T 波倒置的幅度 <2 mm，则提示心肌萎缩。这些改变说明正常心肌细胞在减少，故 aVR 导联 R 波的振幅及 T 波倒置的幅度均降低，是致心律失常性心肌病的一种电生理改变。Peters 等[126]曾做过一个右心室或双侧心室致心律失常性心肌病（ARVCD/BVCD）的队列研究，其中 ARVCD 患者 404 例、BVCD 患者 286 例［平均年龄（46.3±11.6）岁］，健康对照者 895 例（年龄在 18～82 岁）。观察心肌病患者及健康对照者 T 波倒置深度的改变，结果显示，ARVCD/BVCD 组 aVR 导联 T 波倒置幅度< 2 mm 者占 94%（380/404），而健康对照组< 2 mm 者为 16.8%（216/1 280），两组差别极显著（$P<0.01$）；aVR 导联T 波倒置幅度< 2 mm 预测 RVCD/BVCD 的敏感性为 94%，特异性只有 14%，阳性预测值为 22%，但阴性预测值为 90%。因此，如果患者 aVR 导联 T 波倒置的幅度≥2 mm，可基本可排除 RVCD/BVCD。

三、aVR 导联 T 波直立对急性前壁心肌梗死及心尖球形综合征鉴别诊断的意义

心尖球形综合征（ABS）或应激性心肌病的 ECG 改变类似于急性前壁心肌梗死（AMI），二者有时难以鉴别。aVR 导联 T 波直立是一个简单实用的 ECG 指标，可为二者的鉴别诊断提供帮助。Schneider 等[127]对此进行了研究，纳入分析的为 2 086 例 AMI 患者，其中包括 33 例 ABS 患者，检出率占 AMI 的 1.6%。对 ABS 及 AMI 两组患者的 ECG 进行对照分析。结果显示，ABS 组与 AMI 组相比，ST 段抬高的导联数［4（3～6）*vs.* 5（5～7），$P=0.005$］、ST 段抬高的程度［0.7（0.5～0.9）mV *vs.* 0.9（0.7～1.5）mV，$P=0.002$］均显著低于 AMI 组，但 ABS 组 aVR 导联 T 波直立的检出率（49% *vs.* 7%，$P<0.001$）却显著高于 AMI 组；各导联 T 波倒置的导联数［8（8～9）*vs.* 6（5～8），$P<0.001$］及倒

置的幅度［2.9（2.2～4.6）mV *vs.* 1.4（0.9～2.3）mV，$P<0.001$］在 ABS 组显著高于 AMI 组；Ⅰ，aVL 及 V_2～V_5 导联 T 波倒置无论是定性还是定量改变在 ABS 及 AMI 两组中均差别不显著，但下壁导联 T 波倒置的检出率在 ABS 组均显著高于 AMI 组，分别为Ⅱ导联（74% *vs.* 22%，$P<0.001$）、Ⅲ导联（34% *vs.* 4%，$P=0.004$）、aVF 导联（51% *vs.* 11%，$P=0.001$），入院时异常 Q 波的检出率在 ABS 组显著低于 AMI 组（21% *vs.* 79%，$P<0.001$），出院时 ABS 组异常 Q 波均全部消失（0 *vs.* 61%，$P<0.001$）。研究结论：aVR 导联 T 波直立、下壁导联 T 波倒置、出院时异常 Q 波的消失是 ABS 患者的主要 ECG 改变，也是对 ABS 与 AMI 患者进行鉴别诊断的主要心电学依据。

四、aVR 导联 T 波直立对慢性肾病患者实施肾透析不良预后的预测意义

Matsukane 等[128]前瞻性地观察研究了 208 例慢性肾病（CKD）而实施肾透析的患者，其中 79 例伴有慢性心血管疾病（CVD）、129 例无 CVD 史。观察两组患者 aVR 导联 T 波直立与全因死亡的关系，平均随访（2.1±1.0）年。研究结果示 aVR 导联 T 波直立组全因死亡率显著高于 T 波倒置组，结论为 CKD 患者伴有 aVR 导联 T 波直立者是患者死亡的独立预测因子。

Jaroszyński 等[11,115]分析了一组肾透析患者的 ECG 改变，aVR 导联 T 波直立者与倒置者相比，患者的年龄、左心室扩大及左心功能不全、肌钙蛋白 T 水平、ST-T 异常检出率、QRS 时限增宽及 QTc 间期延长发生率等均显著升高。对患者平均随访（25.43±3.56）个月，Kaplan-Meier 分析示 aVR 导联 T 波直立者心血管性死亡率及心脏猝死率均显著升高。

第三章
aVR 导联 ST 段抬高对急性肺动脉栓塞鉴别诊断及预后判断的意义

第一节 aVR 导联 ST 段抬高对急性肺动脉栓塞患者危险分层及预后判断的意义

急性肺动脉栓塞（acute pulmonary embolism，APE）是一种发病率高、死亡率高的静脉系统栓塞性疾病。正确地诊断及治疗 APE 不仅可挽救患者的生命，而且直接影响到患者的长期及短期预后，因此对患者进行危险分层、甄别高危患者，以便实施正确的治疗非常重要。然而，常规的临床诊断标准仍存在很多不足，高危患者的鉴别诊断更具挑战性。研究显示，仍然生存的 APE 患者其诊断准确率不足 50%。实现对 APE 高危患者的简单快速的鉴别诊断仍然是人们所向往的。肺血管的影像学检查，如 CT 等虽然具有重要的诊断价值，但总不是那么简便易行的。心电图（ECG）在 APE 的诊断和研究中被广泛应用，常常是胸痛及呼吸困难患者的首选检查项目，但特异性和敏感性均较低。几乎 70% 的 APE 患者 ECG 呈非特异性改变，特别是患者的 ECG 改变与临床严重情况的关系仍无统一意见。Janata 及 Yoshinaga 等[10,129]把 ECG 与肺动脉压力结合进行研究，证实与其他非特异性 ECG 改变相比，SⅠQ3T3 类型、心前区导联 T 波倒置及顺钟向转位等更为常见。Ferrari 等[130]研究了 80 例 APE 患者的 ECG 改变，认为心前区导联 T 波倒置类似于心内膜下心肌缺血性改变，不仅是 APE 患者的主要 ECG 改变，而且与患者的临床严重程度明显相关。Kosuge 等[131]的研究也证实 T 波倒置的导联数与 APE 患者的严重程度相关，给予这些患者以积极的治疗可收到更好的临床效果。Daniel 等曾利用 ECG 的一些计分标准来诊断和预测肺动脉的灌注缺损、肺动脉高压的程度、右心功能不全（RVD）及患者的预后等[132-134]。APE 引起的右心室劳损、超负荷的特征性改变如肺性 P 波、右束支传导阻滞（RBBB）、电轴右偏等也常作为 ECG 诊断 APE 的参考标准，但仍不具特异性。aVR 导联 ST 段的抬高不仅可以反映左心室的病变，如冠状动脉病变引起的急性心肌梗死（AMI），也可以反映右心室病变或右心室超负荷，但对 APE 的危险分层、临床情况的判断、指导治疗及预后的判断等，其意义如何尚无研究报道。奥地利的 Janata 等[10]对此进行了研究。这是一个多中心的队列研究，共分析随访了 396 例 APE 患者，均施行统一的诊断标准。入院时在各研究中心首先记录 12 导联 ECG，对 aVR 导联 ST 段抬高及其他 ECG 改变进行分析，将 ECG 改变与患者的临床症状、危险分层、治疗措施、住院死亡率及预后等进行对照分析，主要内容简单介绍如下：

一、APE 患者的诊断及危险分层

1. APE 的诊断：所有患者均经肺 CT 或肺动脉造影，由各中心的影像学专家确诊 APE。患者在入院时均有相关的症状，如静息时或活动后的呼吸困难、胸痛、咯血、晕厥等；查体均有不同程度的心肺损害体征，如低血压（收缩压≤90 mmHg）、心率增快（≥100 次/min）及呼吸急促等（频率 >16 次/min）。

2. ECG 改变：① ST－T 改变，aVR 及 V_1 导联 ST 段抬高 >0.1 mV、其他导联 ST 段压低 >0.1 mV，心前区导联 T 波倒置≥2 个导联；② P 波改变，Ⅱ导联 P 波 > 0.25 mV；③ QRS 形态，SⅠQ3T3 及 S1S2S3 类型、顺钟向转位、完全或不完全性右束支传导阻滞（RBBB）。ECG 分析为单盲，即分析者不知患者的临床情况。

3. 超声心动图（UCG）的改变：RVD 标准，右心室扩大、右心室舒张末期直径（RVEDD）与收缩末期直径（LVESD）之比 >0.9、室间隔平直或矛盾运动和/或右心室游离壁反向运动。

4. 心肌肌钙蛋白 T（TnT）阳性：TnT >0.03 ng/mL。

5. APE 患者的危险分层：按欧洲心脏病学会（ESC）2008 年关于 APE 诊断治疗的指南进行评估，高危患者定义为 APE 伴低血压或休克；中危患者定义为 APE 伴 RV 缺血或 RVD；低危患者定义为 APE 患者无上述任何危险指标。本研究的主要目的是评价 aVR 导联 ST 段抬高对 APE 患者危险分层的意义。

二、APE 患者 ECG 及其他检查的异常改变

396 例 APE 患者中 ECG 异常者为 77.2%，包括窦性心动过速、肺性 P 波、SⅠQ3T3 及 S1S2S3 类型、完全或不完全 RBBB、顺钟向转位、ST－T 改变等，其中 aVR 导联 ST 段抬高者占 34.3%。这些患者的临床情况均较严重，其临床特点及相关检查如下：

（一）APE 伴 aVR 导联 ST 段抬高者的临床特点

aVR 导联 ST 段抬高组多伴有高血压病史，无 ST 段抬高组多有栓塞病史，两组相比差别显著；女性伴有 aVR 导联 ST 段抬高的 APE 患者比例显著高于男性；各组间年龄差别不显著；aVR 导联 ST 段抬高组心肺损害的情况明显增多，如收缩压降低、心率增快、晕厥、呼吸急促及需心肺复苏者比例均显著高于无

ST 段抬高组；aVR 导联 ST 段抬高组 CT 检测示肺动脉中心栓塞者占 50.8%，显著高于无 ST 段抬高组的 29.2%；需静脉溶栓治疗者、住院死亡率等在 aVR 导联 ST 段抬高组均显著高于无抬高组；活动后的呼吸困难及胸膜炎样胸痛者在无 ST 段抬高组显著高于 ST 段抬高组，各组间差别显著（$P<0.05\sim0.001$），见表 3-1 ~ 表 3-3 及图 3-1 ~ 图 3-3。

表 3-1　急性肺动脉栓塞伴有 aVR 导联 ST 段抬高者的临床特点

临床特点	所有患者（$n=396$）	aVR 导联 ST 段抬高（$n=136$）	无 aVR 导联 ST 段抬高（$n=260$）	P 值
男，女	48.5%，51.5%	39.7%，60.3%	53.1%，46.9%	0.044
平均年龄（岁，$\bar{X}\pm SD$）	59.8（±18.54）	58.6（±17.8）	60.4（±18.7）	0.801
癌症病史	18.5%	20.6%	17.4%	0.434
栓塞病史	31.6%	24.3%	35.5%	0.022
高血压病史	31.1%	39.2%	25.4%	0.013
冠心病史	15.2%	10.8%	18.3%	0.080

注：表中 $\bar{X}\pm SD$ 为均数 ± 标准差。

表 3-2　急性肺动脉栓塞伴有 aVR 导联 ST 段抬高者的症状与体征

症状与体征	所有患者（$n=396$）	aVR 导联 ST 段抬高（$n=136$）	无 aVR 导联 ST 段抬高（$n=260$）	P 值
活动后呼吸困难	54.5%	41.9%	61.2%	<0.001
休息时呼吸困难	34.6%	44.9%	29.2%	0.002
胸膜炎样胸痛	45.2%	38.2%	48.8%	0.044
呼吸急促	18.2%	30.9%	11.5%	<0.001
咯血	5.8%	2.9%	7.3%	0.078
晕厥	9.8%	16.2%	6.5%	0.002
心率增快 >100 次/min	27.5%	36.8%	22.7%	0.003
收缩压≤90 mmHg	10.2%	17.0%	6.5%	0.001
心搏骤停	2.8%	4.4%	1.9%	0.152

表 3-3　急性肺动脉栓塞伴有 aVR 导联 ST 段抬高者影像学及实验室检查

检查项目	所有患者（$n=396$）	aVR 导联 ST 段抬高（$n=136$）	无 aVR 导联 ST 段抬高（$n=260$）	P 值
超声心电图示 RVD	60.2%	74.5%	46.6%	<0.001
TnT（中位数）	0.01	0.035	0.01	<0.001
CT 示肺动脉中心栓塞	36.5%	50.8%	29.2%	<0.001
CT 示肺动脉外周栓塞	63.5%	49.2%	70.8%	<0.001
溶栓治疗	14.9%	29.1%	7.5%	<0.001
住院死亡率	7.1%	10.3%	5.4%	0.070

注：RVD 指右心室功能不全；TnT 指肌钙蛋白 T。

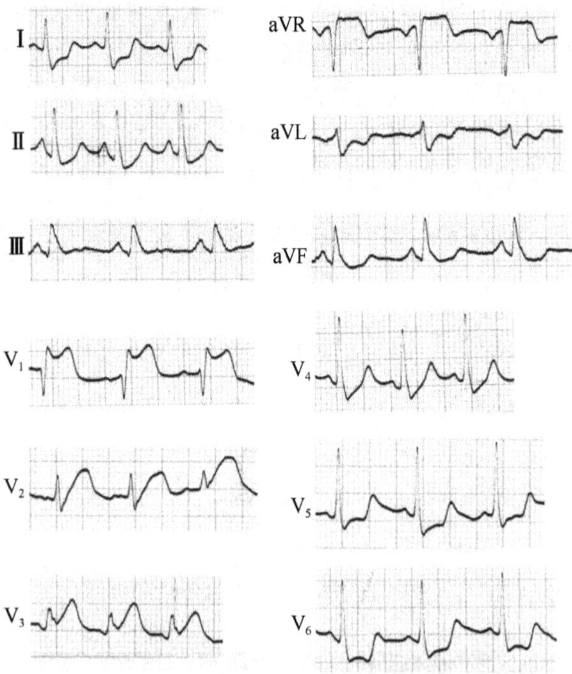

42 岁男性 APE 确诊患者。ECG 示窦性心动过速、肺性 P 波、aVR 及 V_1 导联 ST 段抬高 >1 mm，Ⅰ，aVL，V_5，V_6 导联 ST 段压低 >1 mm，Ⅰ导联有 s 波，但Ⅲ导联 q 波和 T 波改变不明显。

图 3-1　急性肺动脉栓塞患者 aVR 导联 ST 段抬高及其他导联 ECG 改变

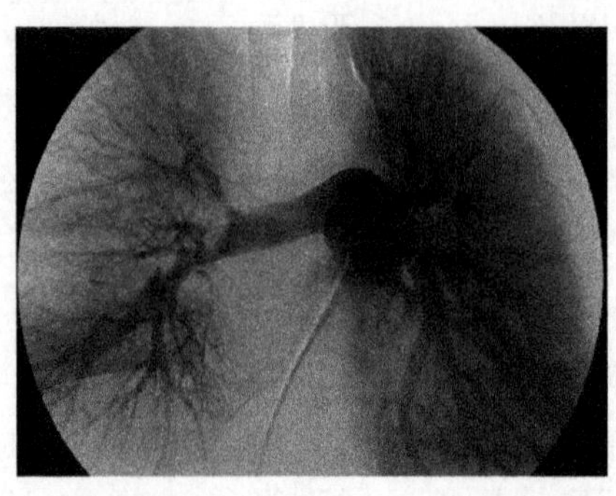

为图 3-1 的同一患者，CT 图像示右肺主动脉被一巨大血栓栓塞。

图 3-2　急性肺动脉栓塞患者的肺 CT 改变

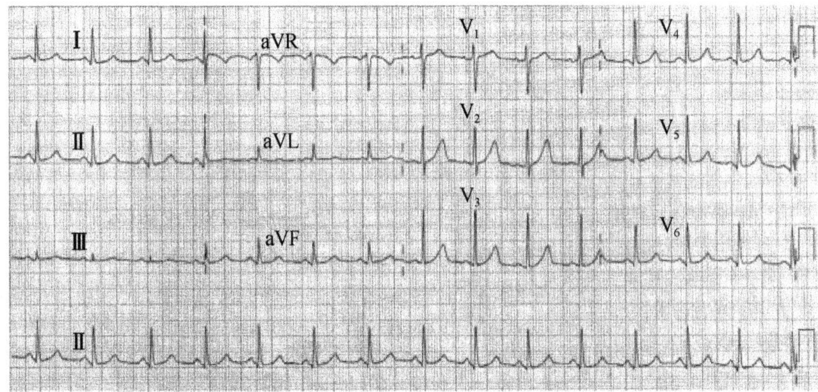

为图 3-1 的同一患者，肺 CT 及 ECG 确定 APE 诊断后立即给予替奈普酶溶栓，1 h 后各导联 ST-T 改变均改善，只遗留有窦性心动过速及肺性 P 波，但肺性 P 波的形态，即电压改变与溶栓前比较均有好转。

图 3-3　急性肺动脉栓塞患者溶栓治疗 1 h 后 ECG 改变

（二）aVR 导联 ST 段抬高对 APE 患者的危险评估及预后判断的价值

APE 本身就是一种死亡率很高的疾患，根据患者伴随的不同的临床情况，还可进一步进行危险分层及预后判断。参照以下指标，将 APE 患者分为高、中、低危。

1. APE 的高危患者。APE 的高危状态为 aVR 导联 ST 段抬高伴收缩压降低。只有 aVR 导联 ST 段抬高者死亡率为 10.3%，同时伴有低血压者则死亡率升高至 33.3%，故血压降低是院内死亡的强预测因子。但 aVR 导联 ST 段抬高的患者因心搏骤停需心肺复苏者明显增多，故 aVR 导联 ST 段抬高及血压降低均为 APE 的高危因素。高危患者的住院死亡率几乎均在 30% 以上，见表 3-4。

表 3-4　急性肺动脉栓塞患者不同心电图改变与院内死亡率的关系

	院内死亡率（%，$n=101$）											
	aVR-ST↑		SⅠQ3T3		ST 段压低		V_1-ST↑		CRBBB		T 波倒置	
	是	否	是	否	是	否	是	否	是	否	是	否
中危	8.9	0	6.9	4.2	12.5	3.5	4.5	5.3	11.8	3.6	4.5	5.3
	$P=0.040$		$P=0.567$		$P=0.129$		$P=0.869$		$P=0.156$		$P=0.869$	
高危	30.4	37.5	35.3	31.8	35.7	32.0	41.2	27.3	50.0	25.9	31.6	35.0
	$P=0.645$		$P=0.819$		$P=0.813$		$P=0.361$		$P=0.141$		$P=0.821$	

注：aVR-ST↑指 aVR 导联 ST 段抬高；V_1-ST↑指 V_1 导联 ST 段抬高；CRBBB 指完全性右束支传导阻滞，余见正文。

2. APE 的中危患者。aVR 导联 ST 段抬高伴有 TnT 阳性和/或 RVD 者列为中度危险，其临床情况包括以下内容：

（1）aVR 导联 ST 段抬高伴有 TnT 阳性。APE 患者 TnT 阳性者占 65%，这些患者中 65.5% 伴有 aVR 导联 ST 段抬高，而 TnT 阴性伴有 aVR 导联 ST 段抬高者为 32%，二者差别极显著（$P<0.001$）。换句话说，本研究的全部 APE 患者 aVR 导联 ST 段抬高者 50.0% 为 TnT 阳性，而无 aVR 导联 ST 段抬高者 TnT 阳性率为 19.9%，二者差别极显著（$P<0.001$）。另外，TnT 定量分析示≥中度水平者在 aVR 导联 ST 段抬高者也显著高于无 aVR 导联 ST 段抬高的患者。因此，aVR 导联 ST 段抬高伴 TnT 阳性者为 APE 的中度危险因素之一。

（2）aVR 导联 ST 段抬高伴有 RVD。本研究的 APE 患者均在入院时立即给予 UCG 检测，60.2% 的患者显示有 RVD，这些 RVD 患者 60.3% 伴有 aVR 导联 ST 段抬高。aVR 导联 ST 段抬高的 APE 患者伴有 RVD 者显著高于无 aVR 导联 ST 段抬高的患者（74.5% *vs.* 46.6%，$P<0.001$）。伴有 RVD 的患者死亡率显著高于无 RVD 者（13.2% *vs.* 1.3%，$P=0.003$），增高 10 倍之多。故 aVR 导联 ST 段抬高伴有 RVD 者亦为 APE 患者的中度危险因素之一。

（3）aVR 导联 ST 段抬高同时伴有 RVD 和 TnT 阳性。这三种改变同时存在者为 71.8%，显著高于无 aVR 导联 ST 段抬高者（45.5%，$P=0.005$）；血压正常，但 TnT 阳性和/或 RVD 伴有 aVR 导联 ST 段抬高者为 55.4%，这些患者在入院时就死亡者均伴有 aVR 导联 ST 段抬高。因此，aVR 导联 ST 段抬高伴有两项危险因素者死亡危险进一步增大。

（4）中危和高危 APE 患者住院期间的死亡率及其与 aVR 导联 ST 段抬高的关系。aVR 导联 ST 段抬高伴中度危险的 APE 患者死亡率显著高于无 ST 段抬高者，但高危的 APE 患者，无论有无 aVR 导联 ST 段抬高，死亡率均显著升高至 30.4%～37.5%，两组之间的差别不再显著。中危和高危患者的其他 ECG 改变，如 SIQ3T3、ST 段压低、CRBBB 及 V_1 导联 ST 段抬高等患者的死亡率虽然也增高，但与无这些改变的患者比差别不显著。从这些 ECG 改变中可以看出，aVR 导联 ST 段抬高是中危 APE 患者死亡率升高的独立预测因子，见表 3-4。

3. APE 患者住院期间死亡危险的多因素回归分析，纳入分析的因素有年龄（<75 岁及≥75 岁）、性别、治疗措施（溶栓/保守）、症状的严重程度（静息状态的呼吸困难及心动过速）、TnT 阳性/阴性、RVD 及 aVR 导联 ST 段抬高等，与死亡率最相关的危险因素仍为 aVR 导联 ST 段抬高，特别是中危 APE 患者更明显，见表 3-4 及图 3-4。

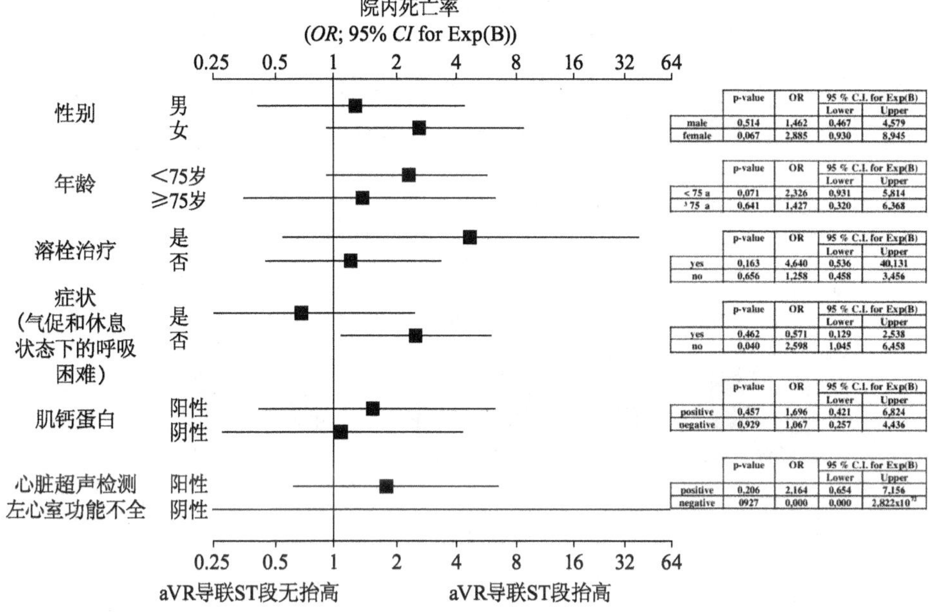

从图中可以看出，aVR 导联 ST 段抬高者院内死亡危险的平均 *OR* 值在 1 ~ 5，而 aVR 导联 ST 段无抬高者的 *OR* 值均小于 1，组间差别显著（$P<0.05$）。各单因素中，女性 APE 患者、需溶栓治疗者、TnT 阳性及 RVD 者死亡率及 *OR* 值也显著增高（$P<0.05$）。

图 3-4　多因素逐步回归分析 aVR 导联 ST 段抬高对急性肺动脉栓塞患者院内死亡的预测价值

（三）aVR 导联 ST 段抬高对治疗措施的影响

本研究中有 58 例（14.6%）APE 患者接受了溶栓治疗，其中 67.2% 的患者有 aVR 导联 ST 段抬高。也就是说，全部 aVR 导联 ST 段抬高的 APE 患者中 29.1% 需要溶栓治疗，而无 ST 段抬高的患者只有 7.5% 给予溶栓治疗，即便是接受了溶栓治疗，aVR 导联 ST 段抬高者的死亡率也显著高于无 ST 段抬高者（20.5% *vs.* 5.3%，$P<0.001$），组间差别极显著。与此相反，aVR 导联 ST 段无抬高，但伴有 RVD 而接受溶栓治疗者，无一例死亡，见表 3-3 和图 3-4。

（四）急性肺动脉栓塞患者其他异常 ECG 改变对患者预后的影响

本研究的 PAE 患者 ECG 异常改变的检出率以 aVR 导联 ST 段抬高者最多，为 34.3%，其次为 T 波倒置（27.6%）、顺钟向转位（26.8%）及 V_1 导联 ST 段抬高（25.6%）等。这些异常 ECG 改变有或者无分别与院内死亡率的关系如下：CRBBB（25.0% *vs.* 4.9%，$P<0.001$）；SIQ3T3（12.5% *vs.* 5.7%，$P=0.035$）；V_1 导联 ST 段抬高（12.9% *vs.* 5.1%，$P=0.009$）。多元回顾分析示 CRBBB 和 V_1 导联 ST 段抬高是 APE 患者死亡率升高的独立预测因子，其 *OR* 值为 5.7（95% *CI*：2.4 ~ 13.5，$P<0.001$）和 2.3（95% *CI*：1.0 ~ 5.2，$P=$

0.004)。相比之下，aVR 导联 ST 段抬高者死亡率低于以上这些 ECG 改变，但对患者进行危险分层后，aVR 导联 ST 段抬高是中危 APE 患者死亡率升高的唯一预测因子，其预测价值高于 CRBBB、V_1 导联 ST 段抬高、SⅠQ3T3 及其他导联 ST 段的压低和 T 波倒置者，见表 3-4 及图 3-5。

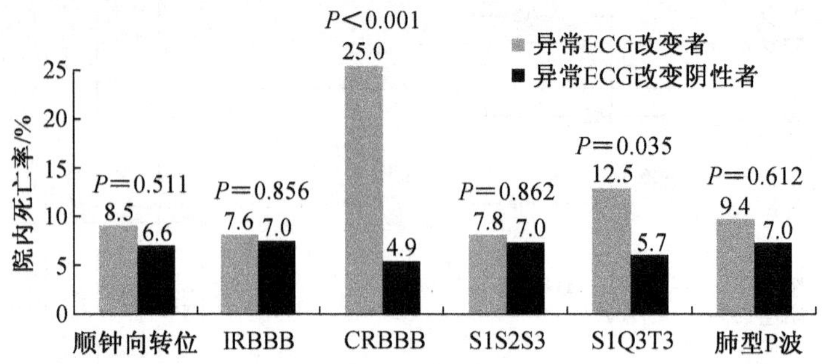

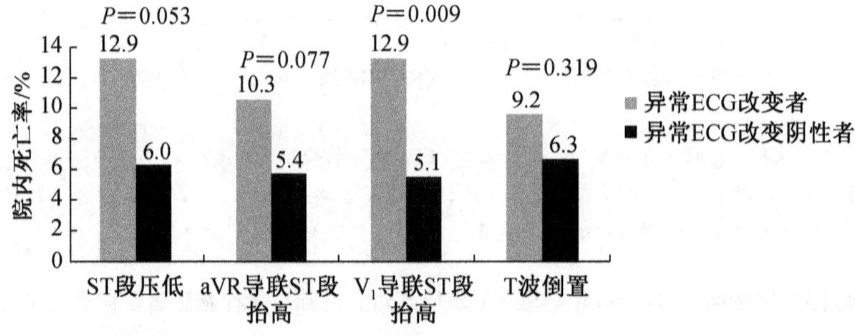

上图中只有完全性右束支传导阻滞（CRBBB）和 SⅠQ3T3 改变者死亡率显著升高，差别显著（$P<0.035\sim0.001$），其他改变均差别不显著。下图中只有 ST 段压低及 V_1 导联 ST 段抬高者死亡率均显著升高（$P<0.05\sim0.009$），其他异常改变者差别不显著（$P>0.05$）。

图 3-5　急性肺动脉栓塞患者各种 ECG 异常改变与死亡率的关系

三、APE 患者的其他相关研究

以往的研究示 ECG 对 APE 诊断的敏感性和特异性不高，依据 ECG 的改变对 APE 患者进行治疗及管理的可靠性亦不高。除非患者出现急性右心室扩大及劳损改变，否则 ECG 用于 APE 的诊断及筛选价值有限。2008 年欧洲心脏病协会（ESC）新的指南聚焦于 APE 的危险分层、诊断及治疗措施的制订，为此 ECG 作为患者的危险分层及预后的判断依据就具有重要意义[135]。

Janata 的本次队列研究的对象为 396 例 APE 患者，样本量较大，具有一定的代表性。主要目的是研究 aVR 导联 ST 段抬高对患者危险分层和预后判断的价值，aVR 导联 ST 段抬高同时伴有其他指标阳性者，如 TnT 阳性、RVD 等与住院期间死亡率的关系，结果显示，有这些改变的患者死亡率明显升高，即 aVR 导联 ST 段抬高伴有中度危险者死亡率显著高于无 ST 段抬高者，而无 aVR 导联 ST 段抬高的中危患者无一例死亡。这与 APE 的注册研究（RIETE）的结果相似[136]。

众所周知，以往对 aVR 导联 ST 段的研究主要聚焦于急性冠状动脉综合征（ACS）患者冠状动脉左主干和/或多支血管病变（LMCA/3-vd）的研究，未曾涉及 aVR 导联 ST 段抬高对 APE 患者的诊断及危险分层的问题，而且也只涉及电轴的偏移、SⅠQ3T3、RBBB、肺型 P 波、非特异性 ST 段改变、T 波倒置、急性右心室扩大及劳损等。近年来也有报道 V_1 导联呈 QS 型示 APE 患者的右心室超负荷、预后不良等[137,138]，但均未涉及 APE 患者 aVR 导联 ST 段抬高的研究。

APE 患者的危险分层主要依据血流动力学改变，如低血压、休克或心搏骤停、右心室缺血性损伤的指标，如 TnT 增高，右心室功能不全、UCG 或 CT 显示的 RVD 等。血流动力学的不稳定和心源性休克是 APE 患者病情恶化和预后不良的可靠指标。Janata 的本次队列研究示 aVR 导联 ST 段的抬高也是患者病情不稳定或恶化的指标，但是当患者处于高危状态、血流动力学不稳定、收缩压≤90 mmHg时，aVR 导联 ST 段抬高者的死亡率并没用进一步升高，与无 aVR 导联 ST 段抬高者比，死亡率差别不显著。这主要是部分需心肺复苏的患者也纳入了低血压组的分析，尽管这些患者中有些 aVR 导联 ST 段没有抬高，但死亡率却明显升高，因此显示高危 APE 患者 aVR 导联 ST 段无论抬高与否，死亡率差别不显著。虽然如此，对 APE 患者危险或严重程度的判断，在 UCG 或 CT 检测不便时，aVR 导联 ST 段抬高可作为患者病情判断及治疗决策的新指标。

Janata 等先前的研究示 TnT 阳性是 APE 患者院内死亡和临床情况严重的独立预测指标[139,140]。Becattini 等研究示血压正常的 APE 患者 TnT 的阴性预测价值也是肯定的，即 TnT 阴性及血压正常的 APE 患者，死亡危险较低[141,142]。Janata 等的研究指出，UCG 或 CT 显示的 RVD 也是提示 APE 患者病情严重的改变，尽管其血压正常，初始 3 天的死亡率是无 RVD 患者的 2 倍，如果同时存在右心室的缺血性改变，则死亡率还将进一步升高[10,143]。aVR 导联 ST 段抬高者 50.0% 为 TnT 阳性，TnT 绝对水平也明显升高；aVR 导联 ST 段抬高与 RVD 的检出率也呈显著正相关。TnT 阳性及 RVD 同时存在或单独存在，患者的死亡率均显著升高，示 aVR 导联 ST 段抬高伴 TnT 阳性或 RVD 者预后恶化。Vanni 等[144]最近报道了 386 例血压正常的 APE 患者，当右心室劳损与 RBBB、SⅠQ3T3 和/或 V_1 ~ V_4 导联 T 波倒置并存时，患者的临床情况则进一步恶化；当右心室劳损和 RVD 并存时，不良预后则增高 8 倍。Janata 等[10]的研究也显示 RBBB、SⅠQ3T3 及 V_1 导联 ST 段抬高并存时，患者的死亡率显著升高，而

aVR 导联 ST 段抬高是中危 APE 患者死亡率增高的唯一 ECG 改变，而对高危及低危患者无预测意义。

小 结

APE 患者的现代管理要素是对患者进行危险分层，以便制订相应的治疗对策。患者入院初始 aVR 导联 ST 段抬高可视为一个危险信号，并可成为一个新的 ECG 危险分层指标。aVR 导联 ST 段抬高与以往确定的危险因素，如 TnT 阳性、RVD 等显著相关。特别是其他危险指标，如 RVD 的诊断不明朗时，aVR 导联 ST 段抬高是 APE 患者预后不良、病情严重的强预测因子。ECG 改变总结如下：

1. APE 患者 aVR 导联 ST 段抬高 >0. 1 mV 是中度危险患者的独立预测因子。
2. aVR 导联 ST 段抬高者心肺损害明显增加。
3. aVR 导联 ST 段抬高者肺动脉中心栓塞者显著增多。
4. aVR 导联 ST 段抬高伴血压降低为 APE 患者的高危因素，死亡率在 30% 以上，只有 aVR 导联 ST 段抬高者为中度危险，死亡率为 10% 左右。
5. aVR 导联 ST 段抬高伴 RVD 和/或 TnT 阳性者，临床危险进一步增高。
6. APE 患者如有 RBBB，S1Q3T3 及 V_1 导联 ST 段抬高并存时，死亡率也显著升高。

第二节 急性肺动脉栓塞合并急性冠状动脉综合征的心电图诊断

急性肺动脉栓塞（APE）是临床较常见的心血管急症，院内死亡率高，近些年来由于临床的重视、及时的诊断治疗，死亡率有所降低，但仍有 7% ~ 11% 伴有休克者死亡率为 25%，如伴有心肺功能衰竭者则死亡率上升为 65%[145,146]。肺血管床的急性阻塞可引起不可逆的右心室功能衰竭，是患者死亡率升高的主要危险因素之一。如果 APE 再合并急性冠状动脉综合征（ACS），尽管相对少见，但临床情况严重，死亡率将进一步升高。当 APE 患者伴有右心室缺血时易并发 ACS，ACS 又使右心室发生不可逆的功能衰竭，亦使患者的死亡率升高，因此早期正确地诊断治疗十分重要，如及时给予溶栓及支架植入术可大大降低患者的死亡率。本节就 APE 合并 ACS 的机制及其心电图（ECG）诊断，以及近年来国外的研究进展介绍如下：

一、APE 合并 ACS 的病理机制

APE 合并 ACS 者临床相对少见，诊断也较困难，因为二者的临床症状相似。另外，是 APE 合并 ACS，还是 ACS 继发于 APE，亦即二者孰因孰果，临

床有时也难以迅速鉴别。根据近些年来的文献报道，APE 合并 ACS 的原因、机制有以下三个方面：

（一）ACS 继发于肺动脉高压

APE 时的肺动脉高压引起右心室的后负荷增加，后者又引起右心室劳损、透壁性心肌缺血乃至右心室的急性心肌梗死（AMI）。这种情况下应排除患者的冠状动脉明显的病理性改变，但临床难以做到。Coma-Canella 等[147]曾报道过 6 例 APE 合并 ACS 死亡后的病理解剖患者，只有一例患者冠状动脉无明显的病理改变，其余 5 例无论是右侧还是左侧冠状动脉均有明显的机械性阻塞。

（二）APE 患者伴有未曾诊断的卵圆孔未闭（PFO）

如果患者存在此种先天性心脏畸形，来自静脉系统的血栓可通过未闭的卵圆孔进入左心房，然后再顺血流进入冠状动脉系统，造成冠状动脉的栓塞。Budavari 等曾报道 3 例 APE 合并 ACS 的病例[148－150]。这些患者临床均先诊断为 APE，但伴有 APE 不能解释的 ST－T 改变，在行冠状动脉造影（CAG）及超声心动图（UCG）检测时发现患者有未曾诊断的 PFO，患者的 AMI 系来自右心房的栓子造成冠状动脉系统的栓塞所致。

（三）原有严重的冠状动脉病变（由 APE 诱发 ACS）

这些患者原本就存在严重的冠状动脉病变，当发生 APE 时大量儿茶酚胺释放，造成冠状动脉痉挛，并激活凝血系统，使原已存在的冠状动脉斑块破裂，血栓形成而发生 ACS。如果患者伴有原发的右冠状动脉（RCA）病变，在发生右心室梗死时可引起右心室的收缩功能降低，使 APE 病情进一步恶化。Ahmet等[151]报道一例 APE 合并 ACS 的患者持续胸痛、血压降低并发生心房颤动，实施经皮冠状动脉介入术（PCI）后心律失常很快消失，低血压状态也很快纠正。Kapłon 等[152]曾报道一例 81 岁的女性 APE 患者，APE 诊断后仍有持续的胸痛，血清肌钙蛋白 I（TnI）水平升高，经 CAG 证实为冠状动脉左前降支（LAD）有严重的病变，实施 PCI 后病情稳定。因此，对于 APE 后持续胸痛者，应想到合并 ACS，正确诊断、及时诊断治疗非常重要。

二、APE 合并 ACS 的 ECG 诊断

APE 时 ECG 改变的敏感性和特异性均不高，常见的有窦性心动过速、非特异性 ST－T 改变，右心室压力超负荷改变，包括右胸导联 T 波倒置、SⅠQ3T3、S1S2S3、短暂的右束支传导阻滞（RBBB）、阵发性房颤（PAF）等房性心律失常、肺性 P 波、电轴右偏等，这些改变的阳性检出率为 12.5% ~ 27.6%，阳性率不高[145]。如 APE 合并了 ACS，后者以左心病变为主，左、右心室病变同时出现，反而有可能提高 APE 的诊断率。回顾国外近年来的研究报道，APE 合并 ACS 的 ECG 诊断及鉴别诊断可归纳为以下 4 条：

(一) 左、右心室病变各自诊断 (1+1=2)

因为本节讨论的是 APE 合并 ACS，所以 ECG 应首先出现 APE 的改变，在此基础上出现左胸导联的 ST 段抬高或压低，或者是 APE 不能解释的 ST 段改变，即提示 APE 合并 ACS。如 ECG 首先出现窦性心动过速、SⅠQ3T3、S1S2S3、RBBB、房性心律失常等，同时伴有左胸相邻的 2 个导联以上的 ST 段抬高或压低≥0.5~1 mm，即考虑 APE 合并 ACS。在此重点强调的是，左胸导联的 ST 段改变不能单纯理解为右胸导联的对应性改变，哪个部位的 ST 段异常，就应考虑是该部位的病理性改变，而不是单纯的对应性改变，这一点已基本成为业内的共识。如图 3-6 所示，右胸导联为不完全 RBBB、ST 段压低、T 波倒置，而左胸导联也出现了 ST 段压低、T 波倒置，如按对应性改变理解，左胸导联应出现 ST 段抬高，而不是压低。因此，左、右心室病变应各自诊断，即 1+1=2，也就是 APE 合并 ACS，见图 3-6~图 3-9。

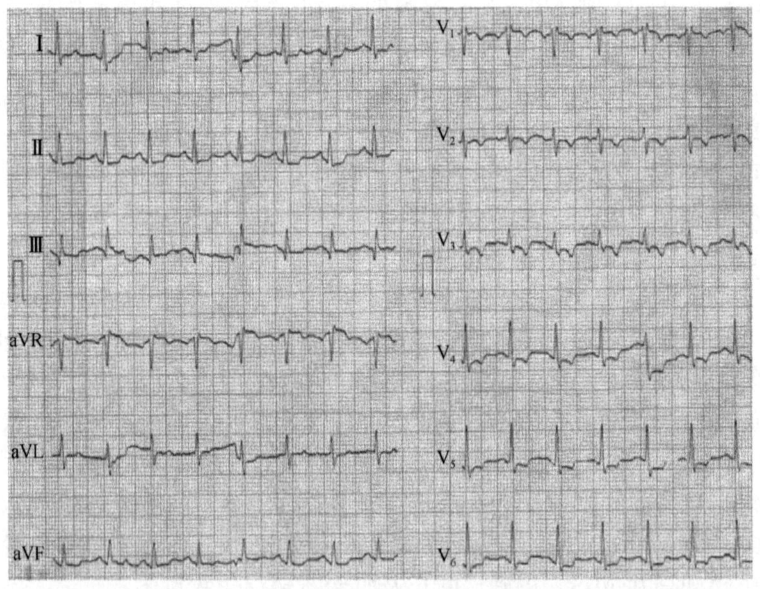

66 岁女性患者，其 ECG 示窦性心动过速，Ⅰ导联 s 波尚未达到 SⅠ的程度，Ⅲ导联 Q 波、不完全 RBBB，aVR 导联 ST 段抬高 0.5 mm，V_1~V_6 导联 T 倒置，V_3~V_6 导联 ST 段压低 0.5~1 mm。此图为窦性心动过速、Ⅰ导联 s 波有所加深，Ⅲ导联出现 Q 波，aVR 导联 ST 段抬高 0.5 mm，右胸导联 ST 段压低、T 波倒置，应考虑为 APE，但 V_3~V_6 导联 ST 段也压低、T 波倒置，即左胸导联出现了 APE 不能解释的 ST-T 改变，因为左、右胸导联 ST 段均压低，而且左胸导联 ST 段的压低更为明显，不能理解为右胸导联的对应性改变，应考虑 APE 合并 ACS。

图 3-6　急性肺动脉栓塞合并急性冠状动脉综合征心电图改变

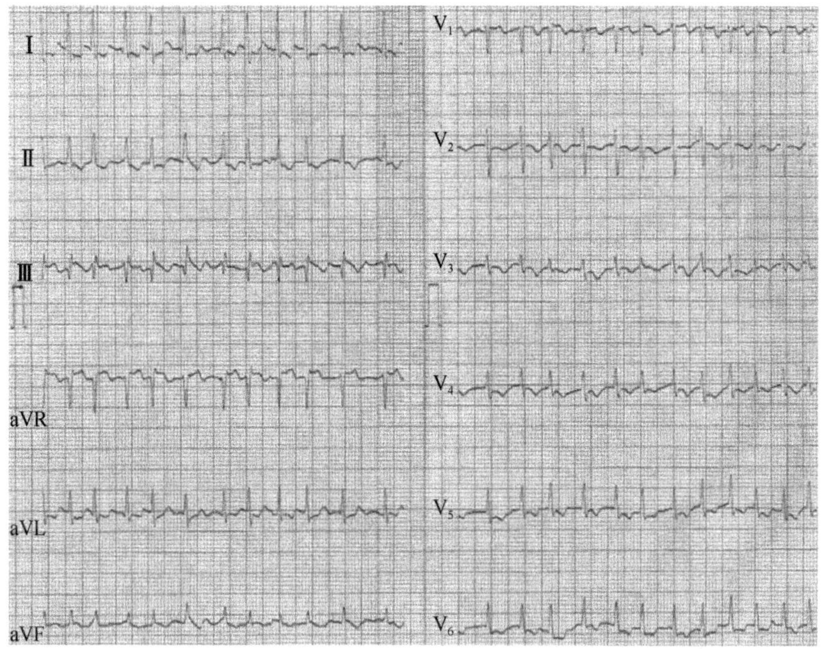

图 3-6 的同一患者，入院第二天出现房颤伴心室率过速、Ⅲ导联 Q 波加深。患者在第一天入院的基础上出现持续性胸痛，房颤的出现应为右心室劳损进一步加重所致。aVR 导联 ST 段进一步抬高至 1.5 mm，应考虑有左心病变，即 APE 合并了 ACS。

图 3-7　急性肺动脉栓塞合并急性冠状动脉综合征伴有房颤的心电图改变

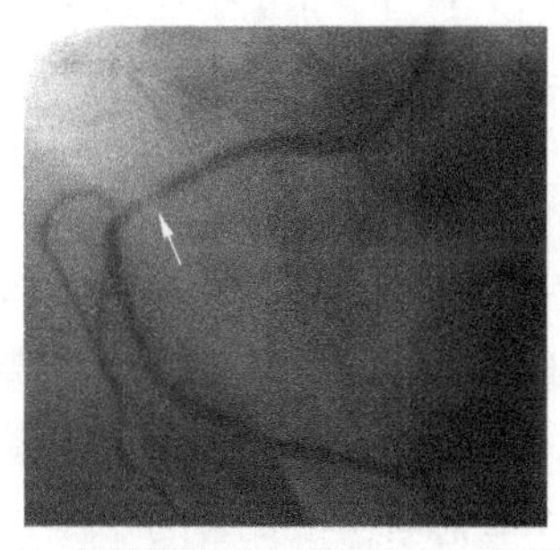

(a) 右冠状动脉中段95%~99%狭窄

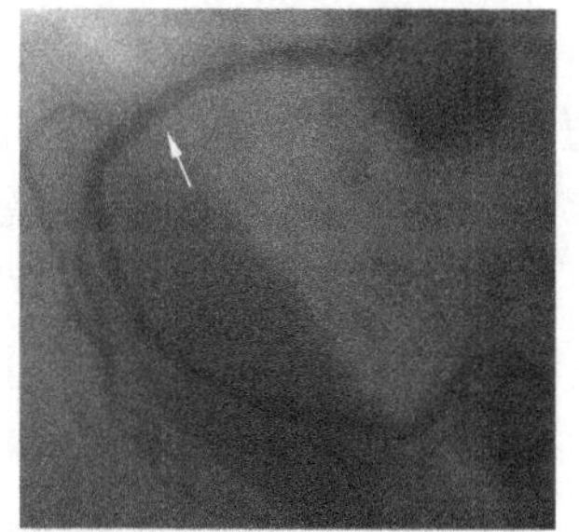

(b) 急诊冠状动脉介入术植入一枚支架后右冠状动脉恢复正常

图 3-6 的同一患者，冠状动脉造影还显示左前降支中段狭窄达 60% ~70%（图略）。

图 3-8　急性肺动脉栓塞合并急性冠状动脉综合征患者的冠状动脉造影图形

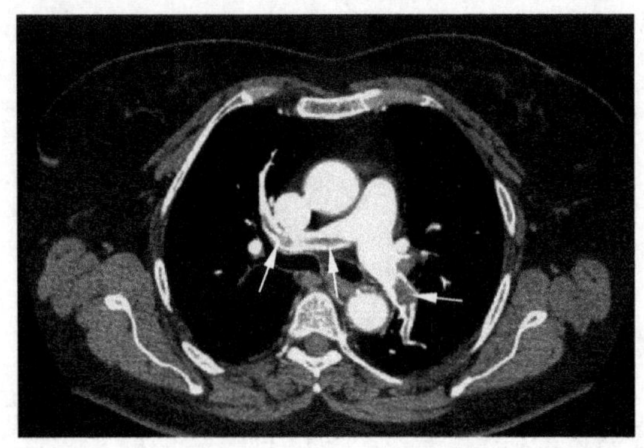

图 3-6 的同一患者，急性肺动脉栓塞合并急性冠状动脉综合征的肺 CT 扫描图像，自左、右肺主动脉到各分支均存在弥漫性血栓（箭头处）。

图 3-9　急性肺动脉栓塞患者的肺 CT 图像

（二）T 波改变对 APE 合并 ACS 的诊断价值

T 波倒置在 APE 和 ACS 患者的 ECG 中均很常见，对 APE 与 ACS 的诊断及鉴别诊断具有重要意义。Kosuge 等[153]曾两次报道其研究资料，第一次发表在 2007 年，该研究包括 40 例 APE 及 87 例 ACS 两组患者，分析两组患者胸导联 T 波倒置对诊断及鉴别诊断 APE 及 ACS 的意义。结果显示，ACS 患者胸导联 T 波倒置者 89% 为 LAD 病变，均经 CAG 证实。而 APE 患者的 T 波倒置主要发生在Ⅱ，Ⅲ，aVF，V_1，V_2 导联，而很少出现于Ⅰ，aVL，V_3 ~ V_6 导联；与此相反，ACS 患者的 T 波倒置也很少出现于Ⅲ和 V_1 导联，出现率只有 1%。上述改变对 APE 诊断的敏感性为 88%、特异性为 99%、阳性预测值为 97%、阴性预测值为 95%。Kosuge 同时还报道肺型 P 波、S1S2S3、SⅠT3Q3、低电压及电轴偏移等对 APE 诊断的特异性高，但敏感性很低[153]。

Kosuge 等[154]在 2014 年又发表了第二次研究资料，包括 107 例 APE 及 248 例 ACS 两组患者，发现 APE 患者 T 波倒置的胸导联个数显著低于 ACS 患者［(4.8 ± 1.8) *vs.* (5.5 ± 1.7)，P < 0.001］，T 波倒置的幅度也显著低于 ACS 患者［(3.4 ± 2.0) mm *vs.* (4.7 ± 3.3) mm，P < 0.001］。APE 患者 T 波倒置的导联主要发生在Ⅲ和 V_1 ~ V_2 导联，T 波倒置的最大峰值也在 V_1 ~ V_2 导联，这些改变可作为 APE 与 ACS 的鉴别诊断要点，其敏感性达 98%、特异性为 92%、准确率为 94%。

以上为 T 波倒置对 APE 与 ACS 鉴别诊断的意义，其敏感性及特异性均达到 88% ~ 99%。如果这种 T 波改变在左、右胸导联同时出现，既有Ⅱ，Ⅲ，aVF，V_1 ~ V_2 导联，也有Ⅰ，aVL，V_3 ~ V_6 导联的 T 波倒置，便可考虑 APE 合并了 ACS。

（三）右胸导联 ST 段抬高对 APE 合并 ACS 的诊断意义

APE 的血流动力学改变是首先引起肺动脉高压，肺动脉压力的骤增使右心室后负荷急增，引起右心室劳损，进一步发展可引起右心室心肌的透壁性缺血乃至右心室梗死，此时应加做右胸导联 ECG，如 $V_3R \sim V_5R$ 导联。如出现 ST 段抬高≥1 mm，则考虑右心室梗死，右心室梗死也是 ACS，见图 3-10。

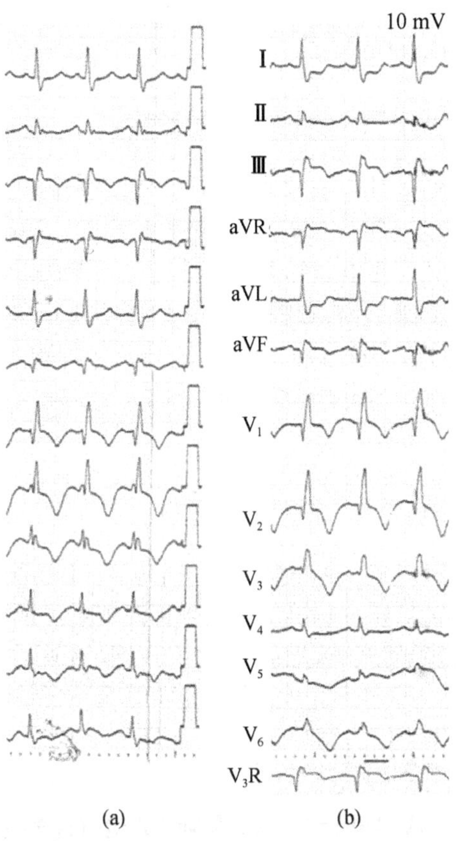

65 岁女性患者入院初确诊为 APE。图 a 为入院时 ECG 改变：窦性心动过速、RBBB、SⅠQ3T3、下壁及右胸导联 T 波倒置，倒置最深的 T 波在 V_2 导联，ST 段无明显改变，血压 90/60 mmHg，此图应为典型的 APE 图形。图 b 为同一患者第二天的 ECG 改变。仍为窦性心动过速、RBBB、SⅠQ3T3 改变，但Ⅰ，aVL，$V_4 \sim V_6$ 导联 ST 段压低，aVR，aVF 及 V_3R 导联 ST 抬高，考虑合并了急性侧壁及右心室梗死。患者第二天出现的 aVR 导联 ST 段抬高，符合 APE 患者预后不良之改变，也符合 ACS 患者多支血管病变及冠状动脉病变严重之象征。患者在实施 ACS 治疗前死亡。

图 3-10 急性肺动脉栓塞合并侧壁及右心室梗死心电图改变

（四）aVR 导联 ST 段抬高对 APE 合并 ACS 的诊断意义

由于 APE 可引起右心室心肌的透壁性心肌缺血及右心室流出道的缺血，ECG 可出现 aVR 导联的 ST 段抬高。ACS 患者如为冠状动脉左主干和/或 3 支血管病变（LMCA/3-vd），以及 LAD 近端狭窄者亦均可出现 aVR 导联的 ST 段抬高。无论是 APE 还是 ACS 患者，出现 aVR 导联 ST 段抬高者均说明临床病情严重、预后不良，因此 aVR 导联 ST 段抬高对于 APE 或 ACS，或者 APE 合并

ACS 患者来讲，对临床危险分层的意义大于诊断的意义。在图 3-9 中，患者第二天出现 aVR 导联 ST 段抬高，同时也显现侧壁及右心室梗死的图形，说明 APE 病情危重，合并了 ACS 并且为严重的多支血管病变、冠状动脉病变，结果是患者在给予 ACS 治疗前死亡，故 aVR 导联 ST 段抬高预示着临床风险增加及不良预后增多（详见本章第一节）。

三、APE 合并 ACS 时心肌酶学的改变

APE 患者心肌酶学，如肌酸激酶（CK）、肌酸激酶同工酶（CK-MB），以及血清肌钙蛋白 I 或 T（TnI、TnT）水平可能升高。如心肌酶学仅有轻度增高，则可能是与肺动脉高压引起的右心室劳损，乃至透壁性心肌损伤有关。如心肌酶学增高明显，则应考虑合并了 AMI。应注意心肌酶学的时间窗改变。CK/CK-MB 及 TnI 等是心肌损伤后最早检测到的心肌酶学指标。TnI 水平的增高不仅为 APE 合并 ACS 的诊断提供帮助，而且是患者死亡率升高及预后不良的重要预测指标[155]。

四、APE 合并 ACS 患者的临床改变

此时患者临床情况严重，如胸痛持续或缓解后再次加重、血压降低、心率增快、呼吸急促、心肺功能衰竭等临床表现逐渐加重。回顾患者的病史，伴有高血压、糖尿病、血脂异常、吸烟等冠心病的危险因素，可为患者的诊断提供帮助。

五、APE 合并 ACS 的影像学改变

如患者情况允许，应尽早给予 CAG 及肺 CT 检查以确定诊断。到目前为止，肺 CT 检查仍是 APE 确定诊断的唯一手段。尽管 ECG 方便快捷，且其各指标诊断 APE 的敏感性和特异性有明显的提高，但最后确诊 APE 仍然要靠肺 CT 检查。APE 的各种治疗措施也有待肺 CT 确诊后方可实施，因此如患者情况允许，应尽早给予肺 CT 检查。是否给予急诊 CAG 检查，与肺 CT 相比，可以稍推后一些，因为只要 APE 确定诊断，即可给予溶栓治疗，亦即可同时治疗 ACS；但如患者情况危重，仍可给予急诊 CAG 及 PCI，见图 3-8 和图 3-9。

六、APE 合并 ACS 的具体病例

Ahmet 等[151]曾报道一例 66 岁的女性患者，因胸痛及呼吸困难 4 h 入院。患者在一周前因连续坐车 4 h 后感左下肢肿胀、疼痛。入院时血压 100/80 mmHg，脉搏 104 次/min，呼吸 30 次/ min，血氧饱和度 90%；ECG 为窦性心动过速、不完全 RBBB，aVR 导联 ST 段抬高 0.5 mm，V_1 ~ V_6 导联 ST 段压低 0.5 ~

1 mm,T 波倒置，UCG 示 RV 扩大，心室基底部、中隔及心尖部运动减弱（McConnell's sign），三尖瓣中度反流，肺动脉高压（45 mmHg），生化检查示 D-二聚体(2 500 ng/mL)、TnI（1.2 U/L）升高，但 CK 及 CK-MB 在正常范围内。入院第二天患者感胸部烧灼样疼痛，血压进一步降低（90/80 mmHg），并出现房颤伴心室率过速，aVR 导联 ST 段进一步抬高达 1.5 mm。立即给予 CAG 检查，结果显示，LAD 中段 60% ~70% 狭窄、右冠状动脉（RCA）近中段 95% ~99% 狭窄，两支血管各植入一枚支架。患者胸痛改善、血压稳定，入院第三天给予肺 CT 检查，结果显示，两肺主动脉自近端至远端段弥漫性血栓。在上述治疗的同时给予华法林、阿司匹林、氯吡格雷、阿托法他汀、美托洛尔、雷米普利等药物治疗，患者于入院第 8 天好转出院，如图 3-6 ~ 图 3-9 所示。

本例患者入院时 ECG 出现 SIQ3T3、不完全 RBBB、右胸导联的 T 波倒置，第二天出现房颤等均为 APE 引起的右心室压力超负荷所致。APE 患者出现胸导联的 T 波倒置不能仅仅视为非特异性改变，而是右心室压力超负荷。如左胸导联也出现 T 波倒置，则应视为合并了 ACS，本例 APE 患者 CAG 检查示 LAD 中段 60% ~70% 狭窄，明确诊断为前壁心肌缺血，即 APE 合并了 ACS，临床医生应有此警觉。另一重要的 ECG 改变是 aVR 导联 ST 段抬高。患者入院初始 aVR 导联 ST 段抬高 0.5 mm，第二天抬高达 1.5 mm，强烈提示为 APE 病情严重，同时也强烈提示为 ACS 的 LMCA/3-vd 病变。CAG 结果显示，两支血管病变，充分证实 aVR 导联 ST 段抬高的重要价值，亦即 aVR 导联 ST 段抬高伴有窦性心动过速、RBBB、SIQ3T3 时应首先考虑为 APE，如伴有左胸导联 ST 段压低、T 波倒置，应想到 APE 合并有 ACS。

小 结

APE 本身就是一种死亡率很高的心血管急危重症，如合并 ACS 则无异于雪上加霜，临床医生应时刻提高警惕。当 APE 患者出现持续性胸痛、严重的右心室功能不全、顽固的房性心律失常时，临床医生应想到 APE 合并 ACS，并及时诊断、正确治疗。此时最为简便易行的诊断工具是 ECG，其诊断标准总结如下[156]：

1. 左、右心室各自诊断（1 +1 =2）。如出现窦性心动过速、SIQ3T3、S1S2S3、RBBB、持续性胸痛、房性心律失常等，同时伴有 APE 不能解释的 ST-T 改变，或左胸相邻的 2 个导联以上 ST 段抬高或压低≥0.5 ~1 mm。

2. 左、右胸导联均有 T 波倒置，APE 以Ⅲ及 V_1 ~ V_2 导联为主，倒置最深者在 V_2 导联；同时出现左胸导联，如Ⅰ，aVL，V_3 ~ V_6 导联的 T 波倒置。

3. 右胸导联 ST 段抬高≥1 mm。

4. aVR 导联 ST 段抬高≥0.5 mm。

第三节 aVR 导联 ST 段抬高伴其他导联 ST-T 改变对急性肺动脉栓塞的诊断意义

aVR 导联 ST 段抬高可反映冠状动脉左主干和/或多支血管病变/冠状动脉左前降支近端（LMCA/3 - vd/LAD）的病变，并对急性冠状动脉综合征（ACS）患者的预后判断具有重要意义。aVR 导联 ST 段抬高对急性肺动脉栓塞（APE）的诊断亦有重要意义，特别是 aVR 导联 ST 段抬高伴有其他导联 ST-T 改变时不仅对 APE 诊断更有价值，而且还具有其他重要的临床意义。本节结合 Zhan 等[157]的研究，就 APE 患者心电图（ECG）aVR 导联 ST 段抬高伴其他导联，特别是 V_1 及 V_4 ~ V_6 导联 ST-T 改变对 APE 的诊断、危险分层、治疗指导及其他重要的临床意义简述如下：

一、aVR 导联 ST 段抬高伴其他导联 ST-T 改变者对 APE 的诊断意义

APE 患者除传统的 ECG 改变，如窦性心动过速、SⅠQ3T3、右束支传导阻滞（RBBB）等，也可出现 aVR 导联 ST 段抬高伴其他导联（如 V_4 ~ V_6 导联）的 ST 段压低，上述 ECG 改变对 APE 的诊断均有所帮助。首先通过以下几例典型病例说明之。

例 1　65 岁女性患者，一周以来进行性呼吸困难，活动后加重，既往无心肺疾病史。入院时 ECG 示窦性心动过速、RBBB、SⅠQ3T3、下壁及心前区导联 T 波倒置，ST 段无明显改变，血压 90/60 mmHg，怀疑患者为 APE 而给予肺 CT 检查，结果显示，左、右两侧肺动脉大面积栓塞，入院时 ECG 示 aVR 及 V_3R 导联 ST 段抬高，Ⅰ，aVL 及 V_4 ~ V_6 导联 ST 段压低。患者在实施治疗措施前死亡。本例患者出现右胸导联 ST 段抬高、左胸导联 ST 段压低，不排除合并右心室急性心肌梗死（RV-AMI）及左心室心肌缺血，病变广泛，故患者在实施治疗前死亡，见图 3-11。

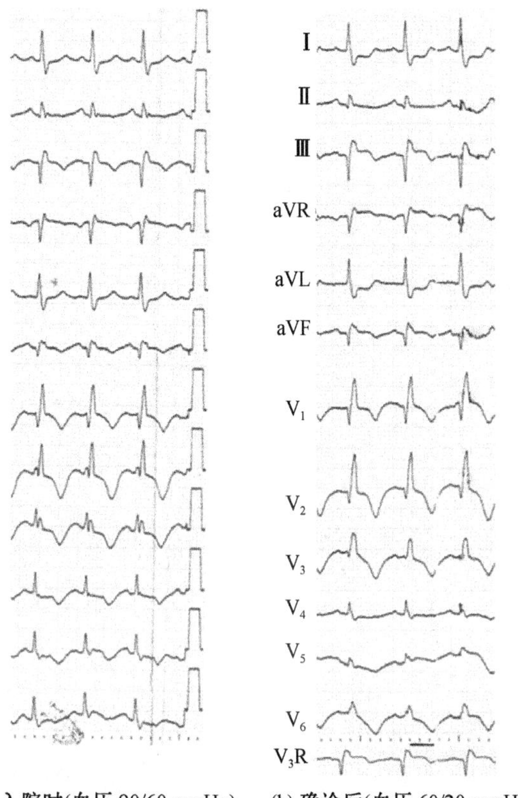

(a) 入院时(血压 90/60 mmHg)　　(b) 确诊后(血压 60/20 mmHg)

图 a 为入院时 ECG 改变。ECG 示窦性心动过速、RBBB、SⅠQ3T3、下壁及心前区导联 T 波倒置，尤其是 $V_1 \sim V_3$ 导联 T 波倒置明显，ST 段无明显改变，血压 90/60 mmHg。图 b 为确诊后的 ECG 改变，血压降为 60/20 mmHg。ECG 示仍为窦性心动过速、RBBB、SⅠQ3T3 改变，但Ⅰ，aVL，$V_4 \sim V_6$ 导联 ST 段压低，aVR，aVF 及 V_3R 导联 ST 抬高。此患者 ECG 除 APE 传统的改变以外，右胸导联 T 波倒置明显，特别是 V_2 导联倒置最深。Kosuge 等[154]报道根据这种改变诊断 APE 的敏感性为 98%、特异性为 92%、准确率为 94%。

图 3-11　急性肺动脉栓塞患者入院初及确诊后的心电图改变一

例 2　58 岁女性患者，因右侧腓肠肌疼痛及右下肢浮肿而入院。患者无心肺疾病史，无呼吸困难及胸痛史。心脏超声心动图（UCG）检查心脏无结构及功能异常、肺动脉压力正常。超声多普勒检查示右下肢深静脉多发血栓。入院时 ECG 无异常改变，血压正常。入院第二天患者突然发生呼吸困难、头痛，继之晕厥，血压为 60/30 mmHg。ECG 检查为新发不完全 RBBB，aVR、V_1 及 V_3R 导联 ST 段抬高，Ⅰ，$V_4 \sim V_6$ 导联 ST 段压低。心脏 B 超检测示右心房及右心室扩大、三尖瓣反流、室间隔向左运动增强。临床诊断为 APE，给予溶栓治疗，患者恢复良好，出院时肺 CT 检测示右侧肺动脉的一个小分支栓塞，见图 3-12。

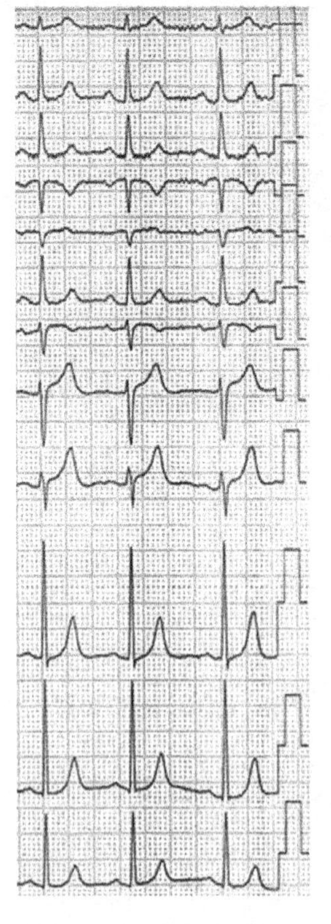

(a) 入院时(血压 130/70 mmHg)　　(b) 确诊后(血压 60/30 mmHg)

图 a 为入院时 ECG 改变，窦性心律，无明显异常改变。图 b 为确诊 APE 后的 ECG 改变，窦性心动过速、不完全 RBBB 及Ⅰ，V_4 ~ V_6 导联 ST 段压低，aVR，V_1 及 V_3R 导联 ST 抬高。肺 CT 检测示右侧肺动脉的一个小分支栓塞。

图 3-12　急性肺动脉栓塞患者入院初及确诊后的心电图改变二

例 3　54 岁男性性患者，腹腔镜手术后一周感心悸胸闷、呼吸困难再入院。患者既往无心肺疾患。一周前 ECG 仅为电轴左偏，其他无异常改变。本次入院时 ECG 示窦性心动过速、SⅠQ3T3、V_1 导联 S 波有切迹，无明显的 ST-T 改变，血压 90/55 mmHg；2 h 后患者发生晕厥，多汗、面色苍白、血压 75/40 mmHg，ECG 出现新的不完全 RBBB，aVR，Ⅲ，V_1 及 V_3R 导联 ST 段抬高，Ⅰ，aVL，V_4 ~ V_6 导联 ST 段压低。UCG 检查示室间隔向左运动增强、右心房及右心室扩大、三尖瓣反流、肺动脉高压（49 mmHg），临床诊断 APE 而给予溶栓治疗，患者恢复良好，出院前肺 CT 检测示肺小动脉栓塞，冠状动脉造影（CAG）未见明显狭窄，见图 3-13。

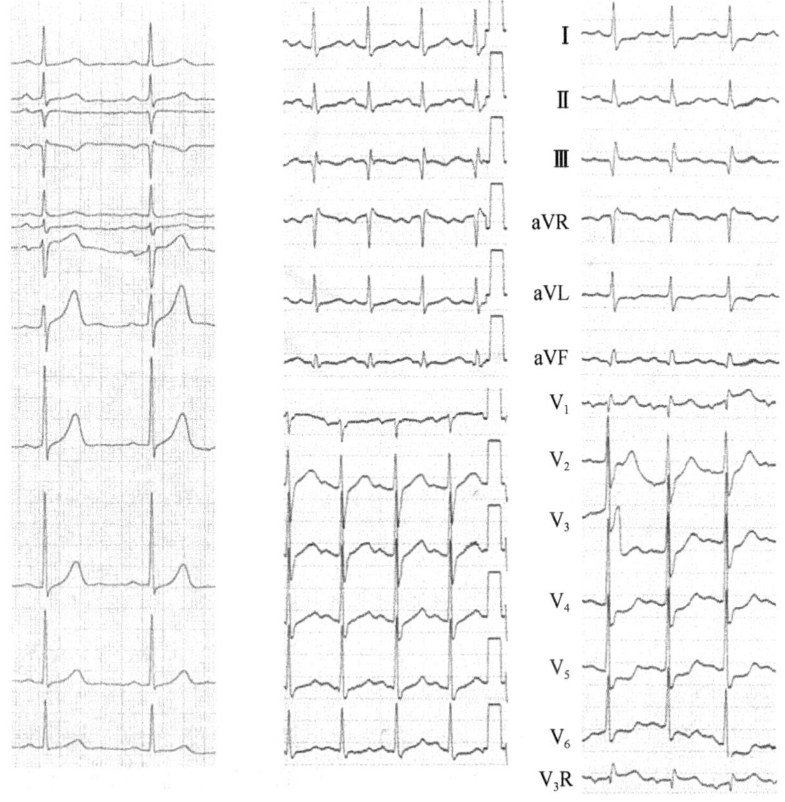

(a) **无症状**(血压 120/60 mmHg) (b) **入院时**(血压 90/55 mmHg) (c) **确诊后**(血压 75/40 mmHg)

图 a 为一周前因腹腔镜检查时的 ECG 改变，仅有电轴左偏，其他无明显异常，血压 120/60 mmHg。图 b 为入院时 ECG，表现为窦性心动过速、SⅠQ3T3、V_1 导联 S 波有切迹，无明显的 ST-T 改变，血压 90/55 mmHg。图 c 为确诊 APE 后的 ECG 改变，表现为窦性心动过速、不完全 RBBB，aVR，V_1 及 V_3R 导联 ST 抬高，Ⅰ，aVL，V_4 ~ V_6 导联 ST 段压低，血压进一步降低为 75/40 mmHg。肺 CT 检测示肺小动脉栓塞。

图 3-13　急性肺动脉栓塞患者入院初及确诊后的心电图改变三

例 4　Anita 等[158]报道了一例 42 岁女性患者，因胸痛、呼吸困难 4 h 入院，既往无心肺血管疾患。入院时血压 100/60 mmHg，心率 123 次/min，ECG 示 aVR 导联 ST 段弓背向上型抬高，其他多个导联 ST 段压低；X 线胸片检查无异常，肌钙蛋白 I（TnI）在正常范围的上限，UCG 示右心室扩大伴功能降低，室间隔向左运动增强，肺动脉压中度增高；肺 CT 检查示双侧肺动脉栓塞，见图 3-14。

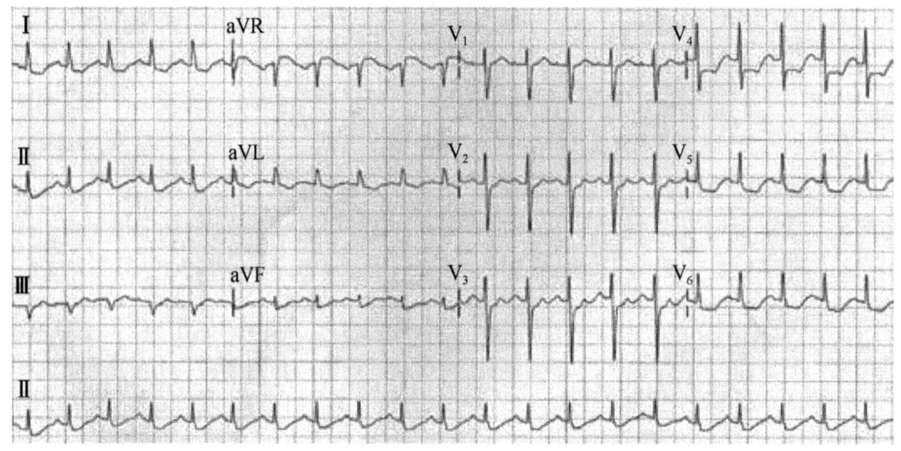

ECG 示窦性心动过速，电轴左偏，aVR 导联 ST 段弓背向上型抬高，$V_3 \sim V_6$ 导联 ST 段压低，以 $V_4 \sim V_6$ 导联最为明显。

图 3-14　急性肺动脉栓塞患者心电图改变

以上几例 APE 患者除传统的 ECG 改变外，还出现了 aVR，V_1 及 V_3R 导联 ST 段抬高，以及Ⅰ，aVL，$V_4 \sim V_6$ 导联 ST 段压低，提示为 RV-AMI 及 LV 心肌缺血。这些不能单纯理解为左、右胸导联的对应性改变，其临床意义除加强 APE 的诊断外，不能排除 APE 合并 ACS。APE 的血流动力学改变首先是引起肺动脉高压，使右心室的后负荷骤然升高，引起右心室劳损，进一步发展可引起右心室心肌的透壁性缺血，乃至右心室梗死，因此 ECG 可出现 aVR 及其他右胸导联 ST 段抬高，这些改变可进一步帮助 APE 的诊断，并提示合并了 RV-AMI，特别是伴有右胸导联 T 波倒置，以 V_2 导联倒置最深者，诊断 APE 的敏感性为 98%、特异性为 92%、准确率为 94%（详见本章第二节）。

二、aVR 导联 ST 段抬高伴其他导联 ST-T 改变是 APE 患者预后不良的指标

通过以上几例 APE 患者的临床及 ECG 改变，均可观察到有一些相同的改变，即伴有血流动力学不稳定的 APE 患者均有 aVR 导联 ST 段抬高，Ⅰ，$V_4 \sim V_6$ 导联 ST 段压低，V_1 及 V_3R 导联 ST 段抬高等，虽然有些改变出现得相对较晚（往往在临床 APE 确定诊断后才出现），但均伴有血流动力学不稳定，使患者的临床危险程度增加。Kukla 等[159]对 Zhan 等[157]的报道发表了相同的看法，并报道了一组 APE 患者 TnI 水平升高与 ECG 改变的关系，结果显示，$V_4 \sim V_6$ 导联 ST 段压低与无压低的患者相比，TnI 升高者分别为 40% 及 14%，两组差别显著（$P = 0.001$）；Ⅲ导联 ST 段抬高与无抬高者相比，TnI 升高者分别为 22%

及 7%（$P=0.006$）；V_1，V_2 导联 ST 段抬高与无抬高者相比，TnI 升高者分别为 43% 及 10%（$P=0.001$）；V_1 导联呈 QR 型改变的患者 TnI 升高者占 16%，无 QR 型改变者 TnI 升高只有 5%（$P=0.007$）；所有 APE 患者 aVR 导联 ST 段抬高者占 45.3%。aVR 导联 ST 段抬高与无抬高者相比，改变如下：TnI 升高的比例为 64.8% *vs.* 27.9%（$P<0.001$）；血压低于 90 mmHg 者为 27% *vs.* 10%（$P<0.001$）；接受与非接受溶栓治疗者为 14.3% *vs.* 5.6%（$P=0.009$）；儿茶酚胺升高者为 29.3% *vs.* 7.5%（$P<0.001$）；住院期间的死亡率为 16.5% *vs.* 6.9%（$P=0.009$）；住院期间的并发症发生率为 38.3% *vs.* 12.5%（$P<0.001$）。aVR 导联 ST 段抬高的患者更多伴有其他 ECG 异常改变，包括下壁导联 T 波倒置、Ⅲ及 V_1 导联 ST 段抬高、V_4 ~ V_6 导联 ST 段压低、RBBB 及 SⅠQ3T3 等，这些改变均使患者的危险程度、并发症及不良预后风险增加，住院期间的死亡率升高。因此，APE 患者 aVR 导联 ST 段抬高伴其他导联 ST−T 改变是患者预后不良的一个 ECG 指标。

三、APE 患者 aVR 及其他导联 ST−T 改变示双侧心室病变

aVR 导联 ST 段抬高在左、右心室病变时均可出现，但伴有其他导联 ST−T 改变时则意义各有不同。ACS 患者 aVR 导联 ST 段抬高的程度大于 V_1 导联时多为 LMCA 病变，前壁 ACS 患者 aVR 导联 ST 段抬高的程度小于 V_1 导联时多由 LAD 近端阻塞所致[21,53,54]。LMCA/3−vd 病变时，在 aVR 导联 ST 段抬高时则伴有多个导联的 ST 段压低及 T 波倒置，其中最明显者为 V_4 ~ V_6 导联。Yan 等认为这种情况多由左心室内舒张末压急剧增高引起广泛的心内膜下心肌缺血所致[5,85]。Kukla 等[160]先前曾报道 APE 患者如伴有 aVR 导联 ST 段抬高，则住院期间的死亡率升高，低血压及其他并发症的发生率升高。Kukla 等后来报道如 aVR 导联 ST 段抬高伴有Ⅲ和 V_1 导联 ST 段抬高、V_4 ~ V_6 导联 ST 段压低、RBBB、SⅠQ3T3 及 V_1 导联 QR 型时，则提示并发了 RV−AMI[157,159]。当 APE 患者出现血流动力学不稳定时，至少会出现 3 个致命的危险因素：① 右心室输出量减少及左心室前负荷降低，从而导致全心灌注压降低；② 交感神经过度兴奋而引起左、右心室心肌细胞的耗氧量增加；③ 上述两个因素可引起全心大面积缺血，左心室以心内膜下心肌缺血为主，APE 及急性肺动脉高压则引起右心室劳损及透壁性心肌缺血，乃至 RV−AMI，ECG 可表现为 aVR，Ⅲ，V_1 及 V_3R 导联的 ST 段抬高，而Ⅰ，V_4 ~ V_6 导联则表现为 ST 段压低，这是左、右心室心肌缺血的表现，不能单纯理解为左、右胸导联的对应性改变。Gorgels 等[5]认为 APE 患者 aVR 导联 ST 段抬高为右心室流出道的心肌缺血所致。Anita 及 Paul 等[158,161]报道 APE 患者 aVR 导联 ST 段抬高可能与右心室压力骤然增高、额外增加的劳损可诱发全心的或局部的心肌缺血有关；由于严重

的低氧血症诱发大量的儿茶酚胺分泌，使心脏表面的冠状动脉或微小血管痉挛而导致心肌缺血。本节的例 4 为 42 岁女性 APE 患者，存在慢性冠心病的情况较少，可能是在 APE 的基础上由冠状动脉痉挛而导致了心肌缺血。从上述病理生理改变不难理解，当这些 ECG 改变同时存在时，应怀疑 APE 合并了 ACS，虽然个别患者经 CAG 检测冠状动脉无明显狭窄，Anita 及 Paul[158,161] 的报道则解释了其 ECG 改变的机理及其相应的病理生理改变。因此，APE 患者出现的 aVR 导联 ST 段抬高伴有其他导联 ST-T 改变，对不良预后的判断具有重要的意义。

四、APE 患者 aVR 及右胸导联 ST 段抬高可作为静脉溶栓的指标

APE 患者如 ECG 显示 aVR 及右胸导联 ST 段抬高可考虑给予静脉溶栓治疗，因为这些患者可能合并有 RV-AMI 或右心室流出道的透壁性心肌损伤。Kukla 等[160] 报道的一组 APE 患者伴有 aVR 导联 ST 段抬高而需要静脉溶栓者显著多于无抬高组。Zhan 等[157] 报道的例 3 中的 APE 患者，突发呼吸困难、晕厥，血压为 60/30 mmHg。ECG 检查为新发不完全 RBBB，aVR，V_1 及 V_3R 导联 ST 段抬高，Ⅰ，$V_4 \sim V_6$ 导联 ST 段压低。立即给予溶栓治疗，患者恢复良好。尽管报道的这些病例相对较少，但 APE 伴有 aVR 及右胸导联 ST 段抬高的患者临床情况危重，应给予积极的治疗，包括静脉溶栓疗法。因此，APE 患者如出现 aVR 及右胸导联 ST 段抬高，可将其作为静脉溶栓的一个临床指标。

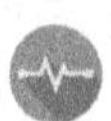 **小　结**

1. aVR 导联 ST 段抬高，Ⅰ，$V_4 \sim V_6$ 导联 ST 段压低，以及 RBBB 可作为 APE 快速诊断的 ECG 指标。

2. APE 患者 aVR 及 V_1 导联 ST 段抬高，Ⅰ，$V_4 \sim V_6$ 导联 ST 段压低者示右心室透壁性心肌缺血及左心室心内膜下心肌缺血。

3. APE 患者 aVR，V_1 及 V_3R 导联 ST 段抬高，Ⅰ，$V_4 \sim V_6$ 导联 ST 段压低者提示合并了急性右心室心肌梗死。

4. APE 患者 aVR，V_1 及 V_3R 导联 ST 段抬高，Ⅰ，$V_4 \sim V_6$ 导联 ST 段压低者可作为静脉溶栓的指标。

第四节　超声心动图对急性肺动脉栓塞的诊断意义

如本章前几节所述，急性肺动脉栓塞（APE）是心肺血管系统的急危重

症，临床病情凶险、死亡率高。Yeh 等[162]报道美国每年 APE 的发病率人数约 50 万，死亡率为 10% 左右，APE 的症状与体征无特异性，并且经常与其他心肺血管急症，特别是急性冠状动脉综合征（ACS）的症状重叠。虽然心电图（ECG）对 APE 和 ACS 的诊断最为常用，但仅凭 ECG 一项检查难以确定或排除 APE 的诊断。APE 患者如伴有右心室扩大则住院死亡率明显升高，APE 发生时右心室的扩大对患者诊断的敏感性和特异性均很高。Yeh 及 Rodger 等[162,163]利用超声心动图（UCG）检测右心室扩大方便快捷，对提高 APE 诊断率及其与 ACS 的鉴别诊断具有重要意义。本节就 APE 患者的 UCG 改变及其与 ECG 的关系，以及二者结合对 APE 的诊断意义简述如下。

一、急性肺动脉栓塞患者 UCG 改变及其与 ECG 的关系

APE 患者的 UCG 改变主要为右心室扩大、右心功能不全、三尖瓣反流、室间隔右侧面呈平直运动及肺动脉高压等。右心室扩大与 APE 患者的住院死亡率密切相关。Sukhija 等[164,165]报道 APE 患者伴有 UCG 证实的右心室扩大者的住院死亡率为 33%，无右心室扩大者的死亡率为 5%，二者差别极为显著（$P < 0.001$）。以下 5 条 ECG 异常改变有其二者，即可预测右心室扩大：SⅠ、QⅢ、T3、窦性心动过速、室上性心动过速。其预测 UCG 证实有右心室扩大的敏感性为 78%、特异性为 96%、阳性预测值为 94%、阴性预测值为 87%。除此以外，右胸导联的 T 波倒置及 aVR 导联 ST 的抬高对 APE 的诊断亦具有特异性，并对患者预后的判断具有重要意义[156]。

二、UCG 及 ECG 联合诊断 APE 的具体病例

Yeh 等[162]曾报道一例 32 岁的男性 APE 患者，因胸痛及呼吸困难 3 h 而入院，在此之前无任何慢性疾病史，但 5 天前曾因摩托车事故致下肢损伤。入院时血压 110/70 mmHg，心率 128 次/min，呼吸 26 次/min；ECG 示窦性心动过速、SⅠQ3T3、$V_3 \sim V_6$ 导联 ST 段抬高。入院初始检测及 6 h 后复查包括肌钙蛋白Ⅰ（TnI）在内的心肌酶学均在正常范围内，X 线胸片无异常，患者给予 UCG 检查，结果显示，右心室扩大及功能不全、室间隔右侧面呈平直状态。患者随即进行肺 CT 检测，示双侧肺动脉栓塞。立即给予组织型纤维蛋白溶酶激活剂 100 mg 持续 2 h 静脉滴注，同时给予低分子肝素及阿司匹林，患者症状很快改善，无出血现象。5 天后出院，给予华法林口服，复查 ECG 异常改变均消失，恢复为正常 ECG，见图 3-15 ~ 图 3-17。

APE 患者 ECG 心前区导联 ST 段抬高者很少见，目前仅有数例报道。ST 段抬高的机制也不甚清楚。Cheng 等[166]报道这可能是 APE 患者同时合并有 ACS 所致；Falterman 等[167]认为与 APE 患者儿茶酚胺分泌增加引起左、右心室

心肌细胞缺血，以及低氧血症引起的冠状动脉痉挛有关。Yeh 等[162]报道的本例 APE 患者，其 UCG 检测示室间隔平直运动、右心室扩大等，可能由这些部位的心肌缺血引起 ST 段抬高，而非 ACS 所致，这例患者入院初始及 6 h 后复查的心肌酶学均在正常范围内，故不考虑合并有 ACS，特别是急性心肌梗死的诊断尚不成立。

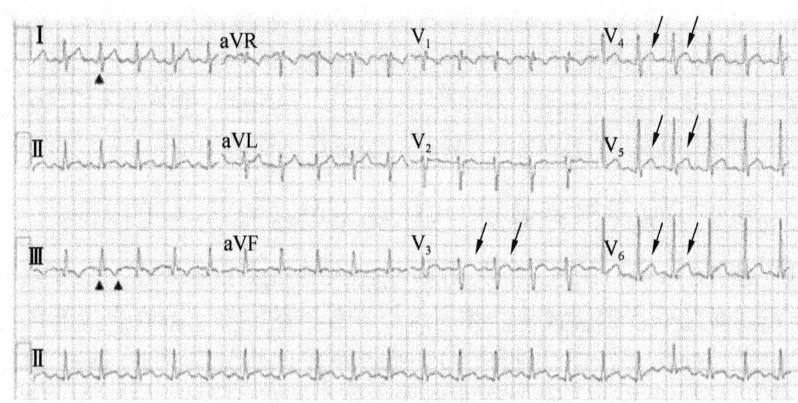

(a) 入院初始ECG改变

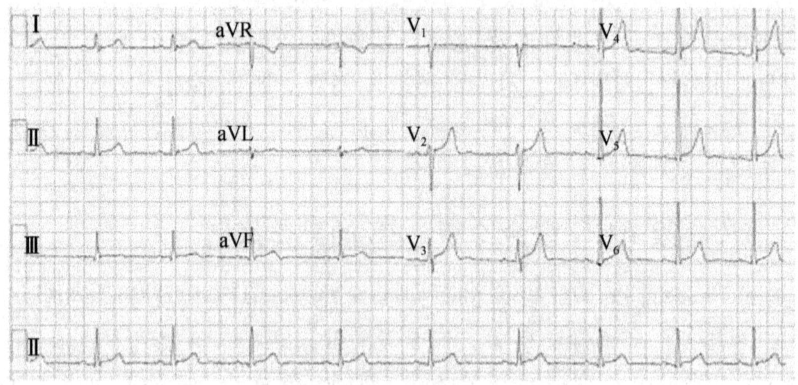

(b) 经溶栓治疗后出院时的ECG改变

图 a 示窦性心动过速、SⅠQ3T3（▲），V_3 ~ V_6 导联 ST 段抬高（↙），V_1 导联终末r波，疑似不完全 RBBB 改变，T 波倒置（本图原文章描写为 ST 段抬高，实际上为 J 点抬高或斜上型抬高）。

图 b 为同一位患者经溶栓治疗后各种异常改变均消失，恢复为正常的 ECG。

图 3-15　急性肺动脉栓塞患者心电图改变

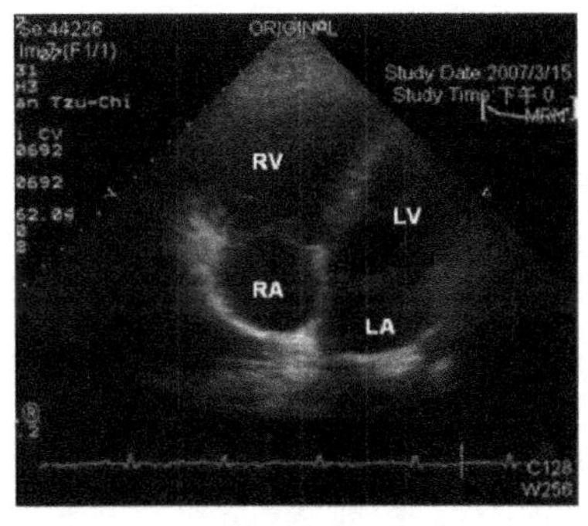

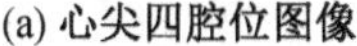
(a) 心尖四腔位图像

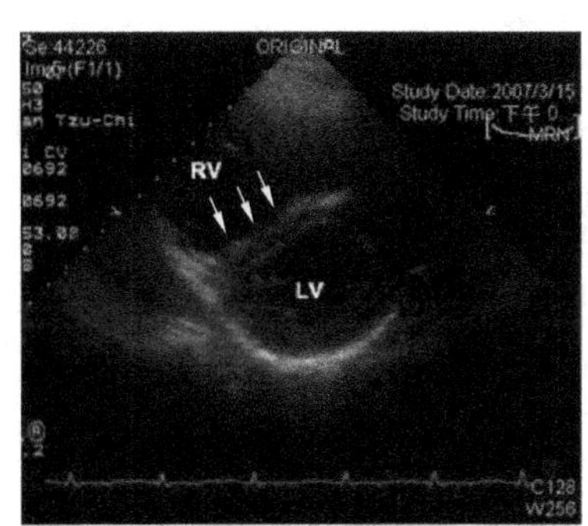

(b) 胸骨旁短轴图像

LV—左心室；LA—左心房；RA—右心房

为图 3-15 的同一位患者，图 a 示右心室扩大，图 b 示室间隔呈平直状态（箭头处）。

图 3-16　急性肺动脉栓塞患者超声心动图改变

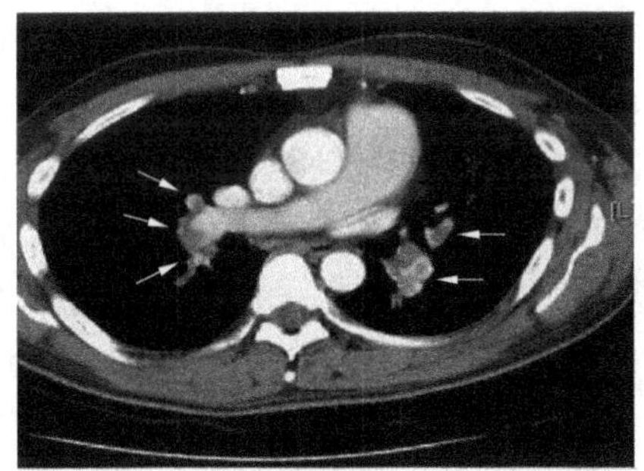

(a) 横断面

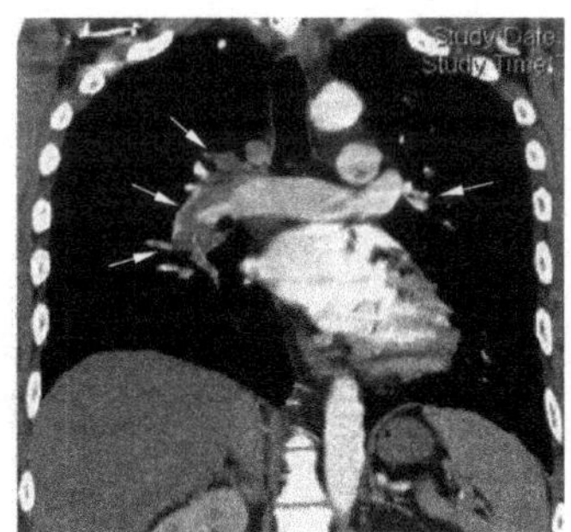

(b) 冠状面

两图箭头所指处均为两侧肺动脉栓塞。

图 3-17　急性肺动脉栓塞患者的肺 CT 图像

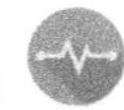

小　结

APE 患者的 UCG 改变主要为右心室扩大及功能不全、室间隔右侧面呈平直运动。APE 患者 ECG 的 ST 段抬高使得 APE 与 ACS 的鉴别困难，而 UCG 检测能迅速揭示右心室的超负荷改变。这种改变可引起右心室心肌缺血及胸导联的 ST 段抬高，对患者的诊断和鉴别诊断提供了有力的佐证，对患者的正确治疗具有指导意义。

第四章
aVR 导联图形改变对某些心律失常诊断及鉴别诊断的意义

第一节　aVR 导联图形改变对阵发性室上性心动过速鉴别诊断的意义

心电图（ECG）aVR 导联 P 波的形态改变有助于某些快速心动过速的诊断及鉴别诊断。该导联直立的 P 波提示为房室结内折返性心动过速（AVNRT）或房室旁路相关的房室折返性心动过速（AVRT），而倒置的 P 波则提示起源点位于右心房所致的房性心动过速（AT）。中国台湾地区的 HO 等[168]认为 aVR 导联 ST 段的改变并非均由心室的复极异常所致，亦可由 P 波的逆向传导引起。这种 ST 段的改变有助于窄 QRS 心动过速的诊断和鉴别诊断。为此 HO 等[168]进行了一项回顾性研究，以评价 aVR 导联 ST 段抬高对阵发性室上心动过速（PSVT）鉴别诊断的意义，主要内容如下。

一、阵发性室上性心动过速患者 aVR 及各导联 ST 段的改变

该研究纳入分析的有 338 例 PSVT 患者的 12 导联 ECG。全部病例的 QRS 时限均 <0. 11 s、R-R 间期规则，呈 1 : 1 传导，均排除了房扑、房颤、左右束支传导阻滞、多旁路引起的心动过速等。ECG 分析的内容包括：① 心率；② aVR导联 ST 段抬高的形态及其定量改变、水平型或斜上型抬高≥1. 0 mm、斜下型抬高≥1. 5 mm；③ 下壁及心前区导联 ST 段水平或斜下型压低≥2. 0 mm；④ 下壁及心前区导联 T 波倒置，但窦性心律时相同导联 T 波必须为直立。所有导联 ST 段的测定均为 J 点之后持续 80 ms 者。每位患者均实施了心内电生理检测（EPS），检测心房间激动时间（interatrial activation times，IAATs）等各项电生理指标，见图 4-1。

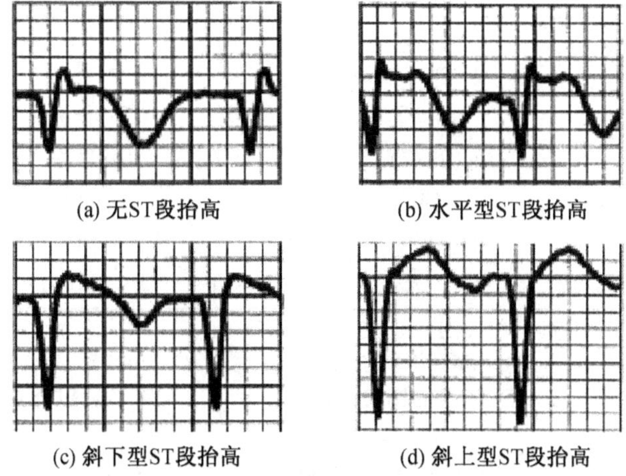

(a) 无ST段抬高　(b) 水平型ST段抬高

(c) 斜下型ST段抬高　(d) 斜上型ST段抬高

图 4-1　aVR 导联 ST 段抬高的各种类型

二、阵发性室上性心动过速患者 aVR 及各导联 ST 段异常的检出率

经 EPS 检测共诱发出 AVRT 患者 165 例、AVNRT 患者 161 例、房性心动过速（AT）患者 12 例（起源于右心房）。aVR 导联 ST 段抬高者计 169 例，下壁导联 ST-T 改变者 157 例，心前区导联 ST-T 改变者 57 例。aVR 导联 ST 段抬高者在以下三组中的比例分别为 AVRT 占 71%、AVNRT 占 31%、AT 占 16%，各组间差别极显著（$P<0.001$），AVRT 组 ST 段抬高者最多，但各组中 aVR 导联 ST 段抬高的幅度及形态差别不显著（$P>0.05$），见表 4-1。

下壁导联 ST-T 改变者在 3 组中分别为 AVRT 组 59%、AVNRT 组 34%、AT 组 33%，AVRT 组显著高于后两组（$P<0.001$）；心前区导联 ST-T 改变者在三组中分别为 AVRT 组 24%、AVNRT 组 24%、AT 组 8%，尽管前两组高于后一组，但组间差别不显著（$P>0.05$）。AVRT 组 aVR 及其他各导联 ST-T 改变的检出率最高，AVNRT 次之，AT 组最低，详见表 4-1。

表 4-1　房室折返性心动过速、房室结折返性心动过速和房性心动过速患者临床及心电图指标的改变

临床及心电图指标	AVRT（$n=165$）	AVNRT（$n=161$）	AT（$n=12$）	P 值
年龄/岁	40 ± 15*	48 ± 17	48 ± 19	<0.001
男/女	87/78*	53/108$^\uparrow$	8/4	<0.001
下壁导联 ST-T 改变	98（59%）*	55（34%）	4（33%）	<0.001
心前区导联 ST-T 改变	39（24%）	35（22%）	1（8%）	NS
aVR 导联 ST 段抬高	117（71%）$^{*\updownarrow}$	50（31%）	（16%）	<0.001

续表

临床及心电图指标	AVRT （n = 165）	AVNRT （n = 161）	AT （n = 12）	P 值
抬高的幅度/mm	1.5 ±0.7	1.6 ±0.8	1.3 ±0.4	NS
无抬高	48（29%）*‡	111（69%）	10（84%）	NS
斜下型抬高≥1.5 mm	7（4%）	10（6%）	0（0%）	NS
水平型抬高≥1.0 mm	53（32%）§	36（22%）	1（8%）	
斜上型抬高≥1.0 mm	57（35%）*‖	4（3%）	1（8%）	NS

注：P 值为三组间的比较；NS 指 $P>0.05$，差别不显著；*，$P<0.001$，AVRT 与 AVNRT 组的比较；↑，$P<0.05$，AVNRT 与 AT 组的比较；‡，$P<0.001$，AVRT 与 AT 组的比较；§；$P<0.05$，AVRT 与 AVNRT 组的比较；‖，$P<0.05$，AVRT 与 AT 组的比较。

三、aVR 导联 ST 段抬高及其他导联 ST－T 改变对窄 QRS 心动过速的诊断价值

AVRT 和 AVNRT 伴 ST－T 改变者平均心率显著高于无 ST－T 改变者；同为 aVR 导联 ST 段抬高组，AVRT 及 AVNRT 患者的心率也有明显差别，即 AVNRT 组的心率［（190 ±27）次/min］显著大于 AVRT 组［（180 ±22）次/min，$P<0.05$）］，平均 IAATs 也显著短于 AVRT 组。经多因素相关回归分析，aVR 导联 ST 段抬高是窄 QRS 心动过速 AVRT，AVNRT 及 AT 鉴别的唯一标准（$P<0.02\sim0.001$）。下壁及心前区导联 ST－T 改变者心率在 AVRT 和 ARNRT 间无显著差别，但 ST－T 改变阳性者心率明显高于阴性者。aVR 导联 ST 段抬高对 AVRT 与 AVNRT 诊断及鉴别诊断的敏感性、特异性、准确率等均在 70% ~ 98%，均高于其他导联，见表 4-2、表 4-3 及图 4-2、图 4-3。

表 4-2　aVR 及其他导联 ST－T 改变对房室折返和房室结折返性心动过速诊断及鉴别诊断的意义

电生理改变	aVR ST 段抬高		下壁导联 ST－T 改变		心前区导联 ST－T 改变	
	+	0	+	0	+	0
心率/（次・min^{-1}）						
AVRT	180 ±22*	160 ±24	179 ±23↑	168 ±25	190 ±23*	170 ±23
AVNRT	190 ±27*	160 ±26	185 ±31*	161 ±25	186 ±30*	164 ±27
P 值	<0.05	NS	NS	NS	NS	NS
IAATs/ms						
AVRT	63 ±23	64 ±23	59 ±21↑	70 ±24	62 ±24	64 ±23
AVNRT	8 ± 13	9 ±15	10 ±16	7 ±13	8 ±12	8 ±15
P 值	<0.001	<0.001	<0.001	<0.001	<0.001	<0.001

注：+为 ST 段抬高或 ST－T 改变阳性，0 为 ST－T 改变阴性；NS 指差别无统计学意义；*，$P<0.001$，+与 0 组间的比较；↑，$P<0.01$，+与 0 组间的比较。

表 4-3　aVR 及其他导联 ST-T 改变对窄 QRS 心动过速的诊断及鉴别诊断的价值

		心前区导联 ST-T 改变	下壁导联 ST-T 改变	aVR 导联 ST 段抬高
ST-T 改变对 AVNRT 的诊断及其与 AVRT 鉴别诊断的价值	敏感性	39/165 (24%)[*↑]	98/165 (59%)[↕]	117/165 (71%)
	特异性	126/161 (78%)[§]	106/161 (66%)	111/161 (69%)
	阳性预测值	39/74 (53%)[‖]	98/153 (64%)	117/167 (70%)
	阴性预测者	126/252 (50%)[§+]	106/173 (61%)	111/159 (70%)
	准确率	165/326 (51%)[§↑]	204/326 (63%)	228/326 (70%)
ST-T 改变对 AVRT 的诊断及其与 AT 鉴别诊断的价值	敏感性	39/165 (24%)[*↑]	98/165 (59%)[↕]	117/165 (71%)
	特异性	11/12 (92%)	8/12 (67%)	10/12 (83%)
	阳性预测值	39/40 (98%)	98/102 (96%)	117/119 (98%)
	阴性预测者	11/137 (8%)	8/75 (11%)	10/58 (17%)
	准确率	50/177 (28%)[*↑]	96/177 (54%)[↕]	127/177 (72%)
ST-T 改变对 AVRT 的诊断及其与 AT 和 AVNRT 鉴别诊断的价值	敏感性	39/165 (24%)[*↑]	98/165 (59%)[↕]	117/165 (71%)
	特异性	137/173 (79%)[§]	114/173 (66%)	121/173 (70%)
	阳性预测者	39/75 (52%)[‖]	98/157 (62%)	117/169 (69%)
	阴性预测者	137/263 (52%)[§↑]	114/181 (63%)	121/169 (72%)
	准确率	176/338 (52%)[§↑]	212/338 (63%)[↕]	238/338 (70%)

注：*，$P<0.001$，心前区及下壁导联 ST-T 改变的比较；↑，$P<0.001$，心前区导联 ST-T 改变及 aVR 导联 ST 段抬高的比较；↕，$P<0.05$，下壁导联 ST-T 改变及 aVR 导联 ST 段抬高的比较；§，$P<0.05$，心前区及下壁导联 ST-T 改变的比较；‖，$P<0.05$，心前区导联 ST-T 改变及 aVR 导联 ST 段抬高的比较。

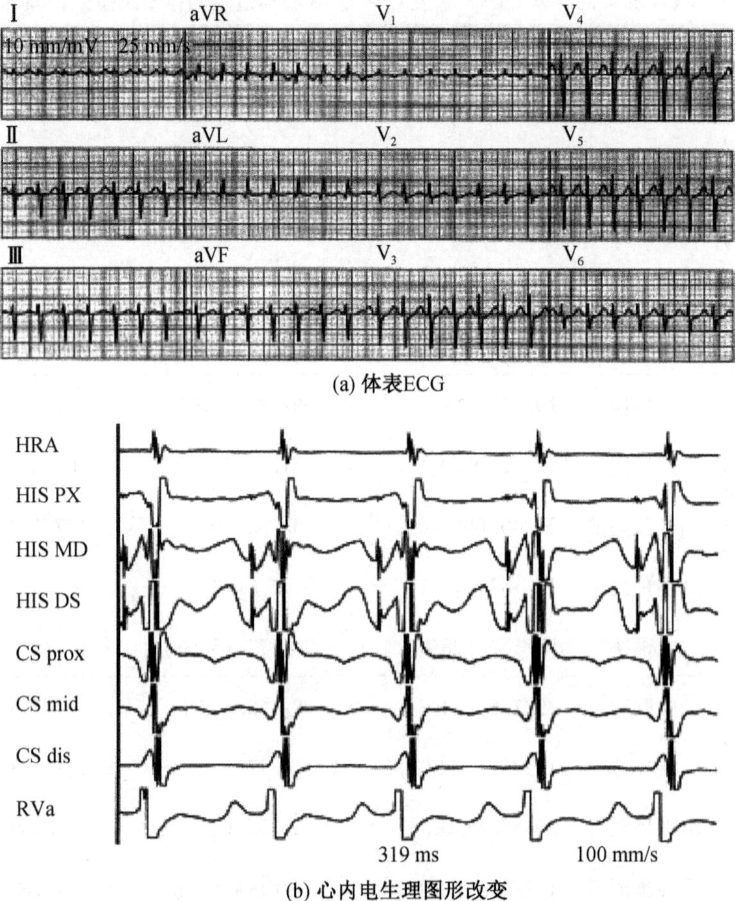

(a) 体表ECG

(b) 心内电生理图形改变

图 a 示 aVR 导联无 ST 段抬高，QRS 有终末 R 波。图 b 示房室结内慢快通道折返引起的房室结内折返性心动过速。

图 4-2 慢－快通道引起的房室结内折返性心动过速体表心电图及心内电生理图形的改变

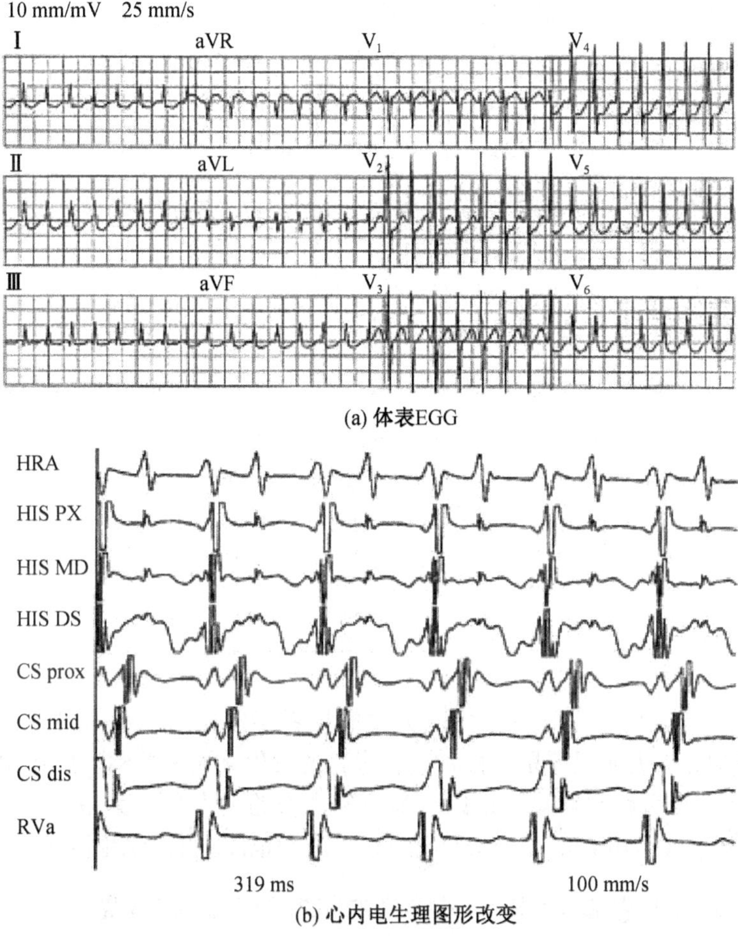

(a) 体表EGG

(b) 心内电生理图形改变

图 a 示 aVR 导联 ST 段抬高、窄 QRS 心动过速，提示顺向性前传，逆向折返。图 b 示旁路位于左侧房室间。

图 4-3　房室旁路引起的房室折返性心动过速体表心电图及心内电生理图形改变

四、ST-T 改变对不同形态的 AVNRT 及 AVRT 鉴别诊断的意义

经 EPS 检测证实 161 例 AVNRT 患者中 141 例为慢 - 快通道（slow-fast），14 例为慢 - 慢（slow-slow）通道，6 例为快 - 慢（fast-slow）通道。慢 - 快通道患者的 IAATs 显著短于另外两种类型的患者（$P<0.05$），且无 aVR 导联的 ST 段抬高，亦即在本组的 AVNRT 患者中慢 - 快通道占 87.5%，均无 aVR 导联的 ST 段抬高。在 117 例 AVRT 患者中均有 aVR 导联的 ST 段抬高，这其中 76 例（65%）为左侧旁路，23 例（20%）为右侧旁路，14 例（12%）为后间隔旁路，前中隔旁路只有 4 例（3%），各组间差别显著（$P=0.002$）。无论

旁路位于哪一侧，均有 aVR 导联 ST 段抬高。因左侧旁路最多（65%），故窄 QRS 心动过速中 aVR 导联 ST 段抬高诊断左侧房室旁路折返性心动过速的敏感性为 77%、特异性为 38%、阳性预测值为 65%、准确率为 61%，见表 4-4。

表 4-4　AVRT 患者不同旁路间心电图 ST-T 的改变

临床及电生理指标	右前及右侧旁路（$n=30$）	右后旁路（$n=10$）	左前及左侧旁路（$n=67$）	左后旁路（$n=32$）	后间隔旁路（$n=15$）	中间隔旁路（$n=7$）	前间隔旁路（$n=4$）	P 值
年龄/岁	38 ± 15	34 ± 16	40 ± 14	42 ± 15	47 ± 18	30 ± 13	20 ± 4	0.015
男/女	11/19	4/6	37/30	16/16	11/4	6/1	2/2	NS
心率/（次·min^{-1}）	172 ± 26	178 ± 28	177 ± 25	173 ± 25	174 ± 16	161 ± 15	191 ± 21	NS
IAATs/ms	68 ± 26	42 ± 26	67 ± 21	69 ± 23	54 ± 19	46 ± 17	54 ± 8	0.004
心前区导联 ST-T 改变	7	2	17	8	4	1	0	NS
下壁导联 ST-T 改变	20	8	28	21	13	5	3	0.007
aVR 导联 ST-T 抬高	17	6	50	26	14	3	1	0.012

注：NS 指 $P>0.05$。

从表 4-4 看出，左后及后间隔旁路的患者年龄偏大一些，各旁路引发的 AVRT 平均心率无明显差别，性别间各旁路的发生无显著差别。虽然 aVR 导联 ST 段抬高在各旁路间均有，但以左前及左侧旁路的发生率为最高，显著高于其他旁路引发的 ARVT，下壁导联的 ST-T 改变也以左前及左侧旁路者为最高。

五、PSVT 患者 aVR 导联抬高的机制及其临床意义

aVR 导联作为冠状动脉左主干和/或 3 支血管病变的研究已有许多报道，室间隔基底部缺血引起的损伤电流指向右上而使 aVR 导联 ST 段抬高，急性肺动脉栓塞（APE）引起的右心室负荷加重亦可使 aVR 导联的 ST 段抬高[53, 54, 56]。但本研究的心动过速患者不仅出现 aVR 导联 ST 段抬高，而且明显多于心前及下壁导联，经临床检查，这些患者既无冠心病史，也无 APE 史，故 aVR 导联 ST 段抬高的机制非左、右心室病变所致。Kim 等[169]曾报道在 PSVT 发作中，伴有下壁导联 ST-T 改变的 AVRT 患者为 59%，AVNRT 为 34%，AT 为 33%，AVRT 组亦显著高于后两组（$P<0.001$），并认为这种 ST-T 改变的机制是心率相关的继发性改变，与心肌缺血无关。本研究也显示下壁导联 ST-T 的改变与心率相关，无论是 AVNRT 还是 AVRT，伴有 ST-T 改变者的平均心率均显著快于无 ST-T 改变者，在伴有 aVR 导联 ST 段抬高的患者，AVNRT 组与 AVRT 组相比，心率也显著增快，这说明 aVR 导联 ST 段抬高并非下壁导联 ST 段压低的对应性改变，亦非心肌缺血性改变。HO 等[168]也同

意 Kim[169] 的意见，即 PSVT 患者 aVR 导联 ST 段抬高及其他导联 ST-T 改变的机制与心率增快有关，即所谓频率相关（heart rate-related）。但是 AVNRT 患者平均心率显著快于 AVRT 组，而 aVR 导联 ST 段抬高的检出率却显著低于 AVRT 组，其机制又当如何呢？这主要与 AVNRT 的折返途径有关，AVNRT 的室 - 房折返有以下几种不同类型：① 经房室结快通道的室房逆传首先到达房间隔右侧面的下部，激动的顺序为房间隔右侧面的下部—近侧冠状窦—远侧冠状窦—右心房的上部。② 经房室结慢通道的室房逆传首先激动近侧冠状窦，领先于房间隔右侧面的下部，其后的激动顺序与前相同。③ 经房室结慢 - 慢通道逆传折返的 AVNRT 最早激动的部位是房间隔的后侧部。④ 经房室结慢 - 快通道逆传折返的 AVNRT 激动点位于通常心房最早激动点的 2 cm 处。由于室房逆传至心房有 3 ~4 处不同的最早激动点，所引起的逆传 P 波向量与 aVR 导联垂直交叉，因此这种类型的 AVNRT 通常看不到 aVR 导联 ST 段抬高。而 AVRT 患者室房逆向传导所致的心房激动，其 P 波向量指向 aVR 导联，故常伴有 aVR 导联 ST 段抬高。同样，AT 患者由于激动点多起源于左心房，其 P 波向量指向 aVR 导联，故也伴有 ST 段抬高。

小　结

aVR 导联 ST 段抬高对于 PSVT 患者的鉴别诊断具有一定的意义，其心电图改变如下：

① PSVT 发作时伴有 aVR 导联 ST 段抬高者多数为房室折返性心动过速，平均心率为 180 次/min。

② PSVT 发作时无 aVR 导联 ST 段抬高者多数为房室结折返性心动过速，平均心率为 190 次/min。

第二节　aVR 导联图形改变对宽 QRS 心动过速的诊断及鉴别诊断的意义

宽 QRS 心动过速（WCT）的诊断及鉴别诊断一直是临床重点研讨的问题，为此国内外有过许多报道。本节简单介绍 Vereckei 及 Schumacher 等[170,171] 报道的两种标准。

一、新 Brugada 四步法

Vereckei 等[170] 研究了 483 例 WCT，其中 351 例为室性心动过速（VT），

112 例为室上性心动过速（PSVT），20 例为旁路折返性心动过速。利用 aVR 导联图形的改变，即所谓新的 Brugada 四步法（Brugada algorithm）对 483 例 WCT 进行分析诊断，标准如下：

1. aVR 存在起始 R 波。
2. 起始 r 波或 q 波的宽度 >40 ms。
3. 以负相波为主的 QSR 波起始降支有切迹。

1 ~3 条当中有任何一条者即可诊断为 VT。如果1 ~3 条均不存在，则看第 4 条：

4. 心室激动速度比，即 QRS 起始v_i和终末v_t 40 ms 之比。如果 $v_i/v_t>1$，则提示为 PSVT；如果 $v_i/v_t\leq 1$，则提示为 VT。

Vereckei 的研究认为此四步法对 VT 的诊断优于先前的 Brugada Vereckei 标准。国内 Lin 等[172]也对 Brugada 四步法诊断 VT 的价值进行了研究，结果显示，诊断 VT 的敏感性为 90.2%、特异性为 77.4%、准确性为 91.2%。作为对 WCT 的诊断和鉴别诊断，新 Brugada 四步法的准确性和敏感性优于先前 Brugada 及 Vereckei 四步法，而特异性二者基本相同。

二、宽 QRS 心动过速的其他诊断标准

Schumacher 等[171]报道 WCT 临床上可见于 4 种情况：① VT；② 室上性心动过速伴束支传导阻滞（SVT + BBB）；③ 房室旁路伴有室上性心动过速（AVP + SVT）；④ 心室起搏心电图。其中 AVP + SVT 者临床较少见，心室起搏心电图很容易辨认，而临床较重要的，也是难以鉴别的是 VT 及 SVT + BBB。Schumacher 等[171]的报道曾提及以下几条标准有助于 VT 的诊断：① QRS 时限 > 140 ms 且呈 RBBB 型，>160 ms 且呈 LBBB 型；② 室性融合波；③“西北”QRS 电轴（“Northwest”QRS axis），即无人区电轴；④ 房室分离；⑤ V_1 ~ V_6 导联缺乏 RS 型或 RS 时限 > 100 ms；⑥ V_1 ~ V_6 导联呈连续一致的正向或负向波；⑦ RBBB 形态心动过速时 V_1 导联缺乏初始 R 波或终末 S 波；⑧ RBBB 形态心动过速时 V_6 导联缺乏 R 波或 $R/S<1$；⑨ LBBB 形态心动过速时 V_1 导联缺乏或延迟出现负向初始波（V_1 导联 R 波时限 > 30 ms），V_1 导联初始 R 波至终末最低值或 S 波的时限 > 60 ms；⑩ Q 波的存在。以上任一标准均提示 VT 的诊断，但任一标准的敏感性和特异性均不高。如将以上至少 2 条标准任意组合，则可使 VT 或 SVT 伴 BBB 诊断的敏感性和特异性上升至 95%。

第三节　aVR 导联 P 波电压改变对心脏外科手术后心房颤动的预测意义

心脏外科手术后心房颤动（AF）很常见，并且是患者预后不良的一个指标，因此对患者的心电图（ECG）进行定量分析、预测术后 AF 发生的危险具有重要的临床意义。Florian 等[173]对 13 356 例心脏外科手术后患者的 ECG 进行了分析，发生心房颤动者有 4 724 例，占手术患者的 35%。分析发现 aVR 和 V_1 导联 P 波振幅的改变对心房颤动的发生具有重要的预测价值。aVR 导联 P 波电压负值减少者心房颤动发生的危险性增加（OR = 1.46，95% CI：1.32 ~ 1.61），V_1 导联 P 波电压无论是正值还是负值增加，均可使心房颤动发生的危险增加（OR = 1.25，95% CI：1.16 ~ 1.36）。这两项指标对术后心房颤动发生的预测价值比临床综合指标提高了 7 个百分点，故各种心脏外科手术患者如具备了两项或任何一项 ECG 指标，再结合临床改变，即可进行 AF 预防性干预治疗。

第四节　aVR 导联对心力衰竭伴左束支传导阻滞及右心室肥厚的诊断价值

心力衰竭（HF）患者体表心电图（ECG）显示左束支传导阻滞（LBBB）者约占 20%，而心力衰竭患者是否伴有右心室肥厚（RVH）是患者预后不良的一个重要指标。因为这意味患者为全心衰或左心衰控制不良而导致肺动脉高压，后者又引起了 RVH，因此患者病情严重、预后不良。但是在 LBBB 存在的情况下，由于左心室（LV）的除极异常，常常影响心室肥厚、心肌梗死（MI）的定位及心肌缺血等的诊断，为此荷兰的 Bommel 等对此进行了研究[174-176]，探讨 ECG 对心力衰竭患者伴有 LBBB 及 RVH 的诊断价值。本节就他们研究的主要内容简述如下。

一、心力衰竭患者伴左束支传导阻滞及右心室肥厚的心电图及超声心动图的诊断标准

本研究共纳入伴有 LBBB 的 HF 患者 173 例。ECG 诊断 RVH 的标准有 3 条：① aVR 导联为终末正向 R 波；② 肢体导联低电压，各导联均 <0.6 mV；③ V_5 导联 $R/S<1$。3 条标准符合其中 2 条便可诊断 RVH。所有患者均记录 ECG，并在 10 天内做心脏超声心动图（UCG）检查，UCG 和 ECG 的诊断均为

双盲，见图 4-4。

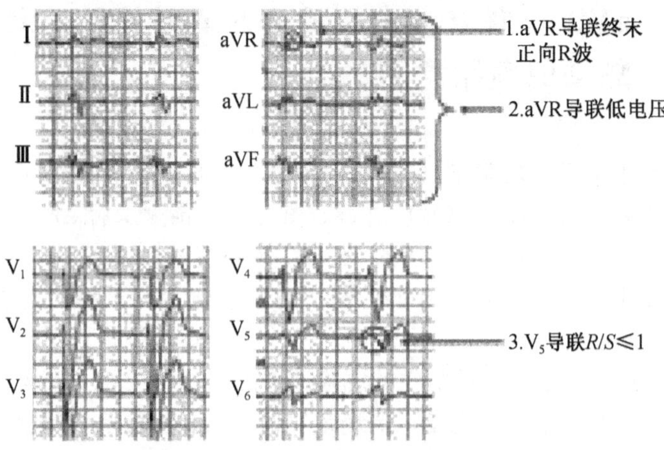

图示 aVR 导联终末为正向 R 波；肢体导联低电压，每个导联振幅值均 <0.6 mV；V_5 导联 $R/S<1$（注：原文章正文为 <1，而图中写成≤1），此图均符合 RVH 的 3 条诊断标准。

图 4-4　心力衰竭患者伴左束支传导阻滞及右心室肥厚的心电图改变

UCG 诊断 RVH 的标准：UCG 检测左、右心室各腔径及心功能，在心尖四腔位图像下检测右心室的长径，即舒张期三尖瓣水平线到心尖的直径≥86 mm，或心尖两腔位右心室舒张面积≥33 cm^2。二者符合其一者即为 RVH，见图 4-5。

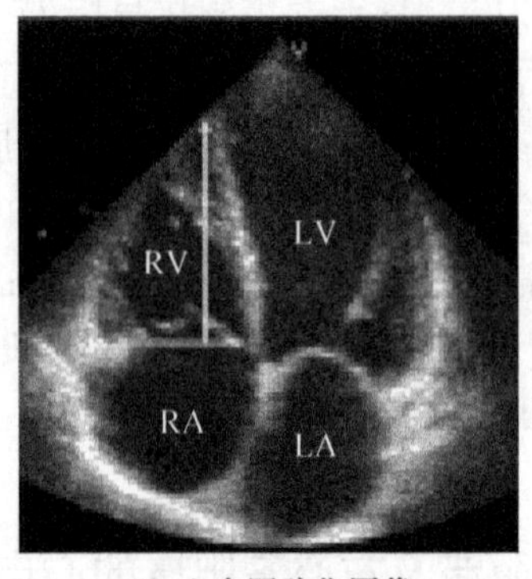

(a) 心尖四腔位图像

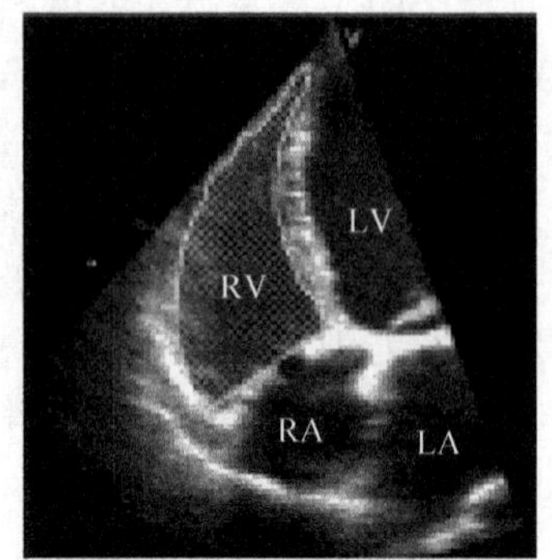

(b) 心尖两腔位图像

RV—右心室；RA—右心房；LV—左心室；LA—左心房

图 a 检测右心室的长径，即舒张期三尖瓣水平线到心尖的直径，≥86 mm 者为右心室肥厚。图 b 检测右心室舒张期面积，≥33 cm^2 者为右心室肥厚。符合上述任何一条者即可诊断为右心室肥厚。

图 4-5　心力衰竭患者右心室肥厚的心脏超声心动图改变

二、心力衰竭患者伴左束支传导阻滞及右心室肥厚的检出率

1. ECG 的 RVH 检出率。ECG 检测到 aVR 导联终末正向 R 波者占 50%；肢体导联电压 <0.6 mV 者为 21%，V_5 导联 $R/S<1$ 者为 39%，aVR 导联终末正向 R 波的阳性检出率最高。

2. UCG 诊断 RVH 的阳性率及其与 ECG 的相关性。UCG 检测到 RVH，即 RV 直径≥86 mm 者占 39%，舒张期面积≥33 cm^2 者占 36%，二者的符合率为 92%。ECG 诊断 RVH 的 3 条标准与 UCG 的定量指标呈线性相关，亦即随着 ECG 诊断标准的增加，右心室的直径、面积，三尖瓣反流程度，肺动脉高压等各指标也随之增加，各组间差别显著。右心室直径≥86 mm 及面积≥33 cm^2 者，其 ECG 的 3 条标准的阳性率分别为 aVR 导联出现终末正向 R 波者为 62% 和 57%；肢体导联低电压者为 61% 和 56%；V_5 导联 $R/S<1$ 者为 69% 和 63%，3 条 ECG 标准间的阳性率差别不显著。3 条标准中任何两条对右心室直径≥86 mm 的阳性预测值为 89%，阴性预测值为 88%；任何两条对右心室舒张期面积≥33 cm^2 者的阳性预测值为 80%，阴性预测值为 88%，但任何一条标准的预测值较低，亦即任何两条 ECG 阳性标准者均可对心力衰竭患者伴 LBBB 者的 RVH 做出诊断，见表 4-5 ~ 表 4-7。

3. 心力衰竭患者的临床情况。患者的主要病因为缺血性心肌病和非缺血性心脏病，几乎各占 50%，前者的平均年龄显著大于后者［(68 ± 9) 岁 *vs.* (63 ± 10) 岁，$P<0.001$］，男性显著多于女性，患者的心功能均在Ⅲ级以上。ECG 及 UCG 各指标改变见表 4-5。

表 4-5　心力衰竭患者的临床情况、UCG 及 ECG 各指标的改变

临床及电生理指标	心力衰竭患者（$n=173$）
年龄/岁	65 ± 10
男性/女性	111/62
纽约心脏协会（NYHA）心功能分级	
Ⅲ	162（94%）
Ⅳ	11（6%）
心力衰竭的病因	
缺血性心肌病	83（48%）
非缺血性心脏病	90（52%）

续表

临床及电生理指标	心力衰竭患者（$n=173$）
药物使用情况	
血管转换酶抑制剂	151（87%）
利尿剂	158（91%）
β-阻滞剂	123（71%）
醛固酮拮抗剂	83（48%）
地高辛	25（14%）
心电图指标	
心率/（次·min^{-1}）	71±13
QRS 时限/ms	178±16
QRS 电轴/（°）	22±39
QRS-T 夹角/（°）	136±43
超声心动图指标	
左心室舒张末期容积/mL	234±88
左心室收缩末期容积/mL	180±77
左心室射血分数（%）	24±8
二尖瓣反流级别	1.7±1.0
右心室长径/mm	82±8
右心室舒张面积/cm^2	28±7
肺动脉收缩压/mmHg	34±9
三尖瓣反流级别	1.5±1.0

表 4-6　ECG 及 UCG 对心力衰竭患者伴 LBBB 及 RVH 诊断的相关性一

超声心动图改变	ECG-RVH 标准 0 项阳性（$n=51$）	ECG-RVH 标准 1 项阳性（$n=61$）	ECG-RVH 标准 2 项阳性（$n=55$）	ECG-RVH 标准 3 项阳性（$n=6$）	P 值
右心室长度/mm	78±6	78±6	90±5*	92±6*	<0.001
右心室舒张期面积/cm^2	25±6	25±7	34±5*	36±3*	<0.001
肺动脉收缩压/mmHg	30±8	30±9	38±7*	46±2*	<0.001
三尖瓣反流程度	1.1±0.8	1.4±0.9	2.0±0.9*	2.2±1.3*	0.002

注：LBBB 指左束支传导阻滞；ECG 指心电图；UCG 指超声心动图；RVH 指右心室肥厚；*，与 0 项和 1 项 ECG 标准组比较。

表 4-7 ECG 及 UCG 对心力衰竭患者伴 LBBB 及 RVH 诊断的相关性二 %

	ECG 阳性预测值	ECG 阴性预测值	敏感性	特异性
右心室直径 ≥86 mm				
aVR 导联终末 R 波	62	84	79	69
肢体导联低电压	61	67	33	87
V_5 导联 $R/S<1$	69	80	69	80
符合上述 2 ~ 3 条标准	89	88	81	93
右心室舒张期面积≥33 cm^2				
aVR 导联终末 R 波	57	85	79	67
肢体导联低电压	56	69	33	86
V_5 导联 $R/S<1$	63	81	68	78
符合上述 2 ~ 3 条标准	80	88	79	89

众所周知，左心病变和 HF 时如伴有右心功能不全，称之为全心衰。这种情况往往是由于双侧心室病变或左心衰竭控制不良，导致肺动脉高压而引起 RVH 或右心室衰竭，患者的预后将进一步恶化。ECG 的 LBBB 改变 95% 以上为心脏的器质性病变。左心病变及 HF 的患者伴有 LBBB 者占 20%，而 LBBB 常掩盖 RVH 图形，使 ECG 的诊断变得困难。本研究的目的就是探讨在 HF 伴有 LBBB 时 ECG 的 3 条阳性标准诊断 RVH 的价值。发现任何 2 条或 2 ~ 3 条阳性标准对右心室直径≥86 mm 的阳性预测值为 89%、阴性预测值为 88%；任何 2 条对右心室舒张期面积≥33 cm^2 者的阳性预测值为 80%、阴性预测值为 88%，达到了令人满意的诊断价值。在左心病变或 HF 伴有 LBBB 时，如果 aVR 导联出现终末正向 R 波，提示心室激动的终末部分指向右肩的方位，RVH 时右心室终末延迟激动的时间长于左心室，故 aVR 导联出现终末正向 R 波；V_5 导联 $R/S<1$ 为 RVH 时的顺钟向转位所致；HF 患者的心室容量负荷增加时双极的肢体导联可出现低电压，而单极的胸导联则很少有这种改变。这些均为心电学的经典理论，是 20 世纪 80 年代由 Goldberger 等[177]所报道。

小 结

心力衰竭患者体表 ECG 出现 LBBB 伴有 RVH 时不仅使后者诊断困难，而且是患者预后不良的一个重要指标。ECG 如出现以下 3 条中的任何 2 条，诊断 RVH 的阳性预测值及阴性预测值均可达 80% ~89%：① aVR 导联为终末正向 R 波；② 肢体导联低电压，各导联均 <0.6 mV；③ V_5 导联 $R/S<1$。

第五章
aVR 导联 ST 段改变对急性心包炎的诊断意义

第一节 aVR 导联 ST 段抬高对急性心包炎的诊断意义

急性心包炎是临床常见的心血管疾患之一，病理改变包括心包、心室肌及心房的急性炎症，从而引起心电图（ECG）的一些特征性改变。这些改变在 aVR 及其他导联均有不同的改变，包括以下几个方面：

一、急性心包炎患者心电图改变及其演变过程

急性心包炎可持续数天至数周，但部分患者可进入慢性期而持续数月甚至数年。心电图（ECG）对急性心包炎具有重要的诊断价值，除 aVR 导联以外的全部导联表现为 ST 段抬高及 PR 段压低，而 aVR 导联则表现为 ST 段压低及 PR 段抬高。随着炎症的消退，ECG 改变也由急性期向慢性期转变，表现为抬高的 ST 段逐渐回落，转而压低，T 波倒置，直至恢复正常。Spodick 等[178]把这些改变分为 4 个阶段：① 急性期多数导联 ST 段抬高，但 ST 段的形态多为凹面向上型，同时伴有 aVR 导联 ST 段的对应性压低；② ST 段逐渐回落，T 波振幅减小，此阶段 PR 段压低最常见；③ T 波极性发生变化，常由倒置转为直立；④ 所有异常改变转为正常。不是所有患者均按这 4 个阶段的顺序出现，而可能只有某一两个阶段的表现，其中 aVR 导联图形具有特征性改变，主要包括 PR 段抬高及 ST 段压低，但这种 PR 段抬高并不包括在上述 4 个阶段之内。由于心肌表面弥漫性炎症改变，多个导联非定位性的 ST 段抬高，而 aVR 导联则表现为对应性 ST 段压低，同时伴有 PR 段的抬高，对诊断具有重要意义。尽管临床医生经常忽略对 aVR 导联的分析，但该导联确能提供丰富的心电信息，有助于急性心包炎的确诊。Spodick 等[178]连续观察研究了 50 例急性心包炎患者，发现多个导联 PR 段压低者占 82%，比 ST 段改变更为多见。PR 段改变的主要机制为急性心包炎累及心房肌的心外膜，发生炎性损伤而出现 PR 段的压低。aVR 导联为面向心室腔的导联，故表现为 PR 段抬高。结合其他导联的图形变化，上述改变可视为急性心包炎的特征性改变。

二、急性心包炎患者心电图改变的图例

Chew 等[179]报道了一些典型病例，其中一例 25 岁男性患者反复发烧并伴有胸痛，ECG 示多个导联 ST 段凹面向上型抬高，Ⅱ，V_5 ~ V_6 导联 PR 段压低，aVR 导联 PR 段抬高，结合临床确定为急性心包炎。另一例 36 岁男性患者常有胸痛发作，ECG 示 Ⅰ，V_5，V_6 导联 ST 段抬高，临床考虑为侧壁 AMI，因出现 aVR 导联 PR 段抬高，而强烈提示为急性心包炎，后经心脏超声检查而确定。Kristinsson 等[180]报道一例 9 岁男孩，因胸痛入院，ECG 表现为Ⅱ导联 PR 段压低，aVR 导联 PR 段抬高，其他导联无异常改变，亦诊断为急性心包炎。

Sunkureddi 等[181]报道一例 39 岁男性，因左侧胸痛、呼吸困难持续 2 天而收住急诊科，既往体健，近期曾有上呼吸道感染史。入院查体无异常发现。结合患者最近有上呼吸道感染史而诊断为急性心包炎，给予非甾体类抗炎药治疗后胸痛很快缓解，见图 5-1、图 5-2。

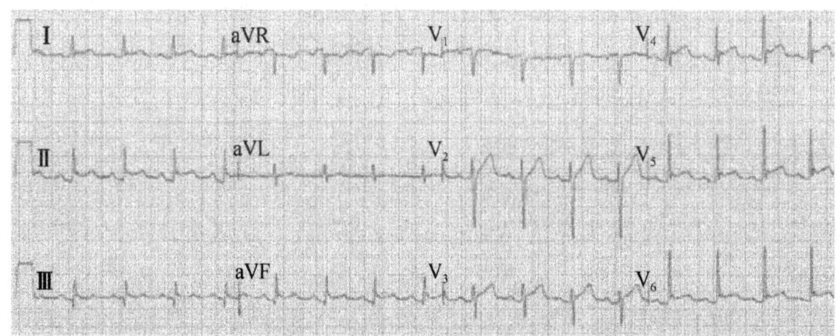

ECG 示Ⅰ，Ⅱ，Ⅲ，aVF，V_4 ~ V_6 导联 ST 段抬高，以 J 点抬高为主，ST 段凹面向上，Ⅰ，Ⅱ，Ⅲ，aVF，V_3 ~ V_6 导联 PR 段压低，aVR 导联 PR 段抬高及 ST 段压低。心脏超声检查示少量心包积液。

图 5-1　急性心包炎患者 aVR 导联心电图改变

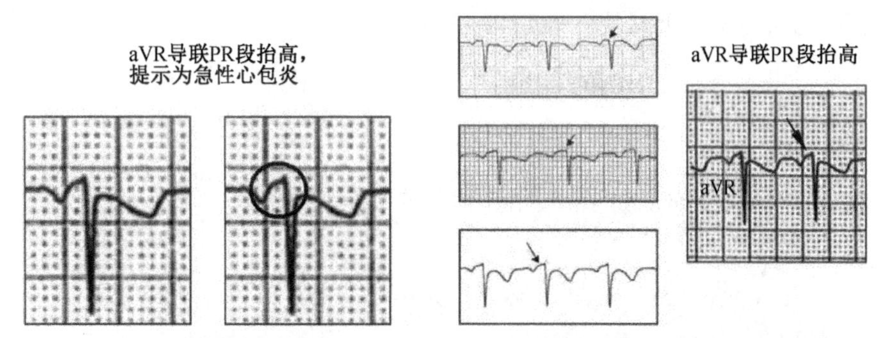

图 a 为 aVR 导联图形的放大，PR 段抬高（圆圈处），提示为急性心包炎。图 b 为 aVR 导联 PR 段抬高的 3 种类形（箭头处），除 PR 段抬高外还有 ST 段的压低（箭头处）。

图 5-2　急性心包炎患者心电图 aVR 导联 PR 段抬高的类型

小 结

急性心包炎患者 ECG 除传统的窦性心动过速、低电压及 ST-T 改变外，尚可出现 PR 段的异常，其中 aVR 导联 PR 段抬高、其他多导联 PR 段压低均可视为特征性改变。这种异常改变的检出率可超过 80%。

第二节 aVR 和 V_1 导联图形交互性改变对急性心包炎的诊断意义

急性心包炎是心包的急性炎症，临床特点是胸痛、心包摩擦音及一系列的心电图（ECG）改变。心包的急性炎症可引起心室的复极异常，表现为多个导联非定位性的 ST 段抬高；心房的急性炎症可引起大多数导联 PR 段压低，而 aVR 导联则表现为 PR 段抬高，其他表现为多数导联 ST 段抬高、QRS 低电压、窦性心动过速等。随着炎症的消退，ECG 改变也由急性期向慢性期转变，表现为抬高的 ST 段逐渐回落，转为压低，T 波倒置，直至恢复正常，时间可持续数天至数周；但部分患者可转为慢性期，ST-T 改变可持续数月甚至数年。特别需要注意的是急性心包炎与急性心肌梗死（AMI）的 ECG 鉴别，许多研究已对此进行过报道，但没有提及急性心包炎 ECG 的交互性改变（reciprocal changes）。Al-Nabti 等[182]曾对一组急性心包炎患者的 ECG 进行研究，发现 aVR 和 V_1 导联的图形交互性改变或替换性改变，即两个导联的图形可相互替代或基本相似，是急性心包炎患者有别于 AMI 患者的主要特征。这种改变亦可见于Ⅲ导联。交互性改变诊断急性心包炎的敏感性为 68%、特异性为 98%，对急性心包炎诊断的意义大于其他任何 ECG 改变。然而，目前这种交互性改变的机制尚不十分清楚，可能是因为 aVR 和 V_1 都是面向心内膜的导联，而心包炎主要累及心外膜，见图 5-3。

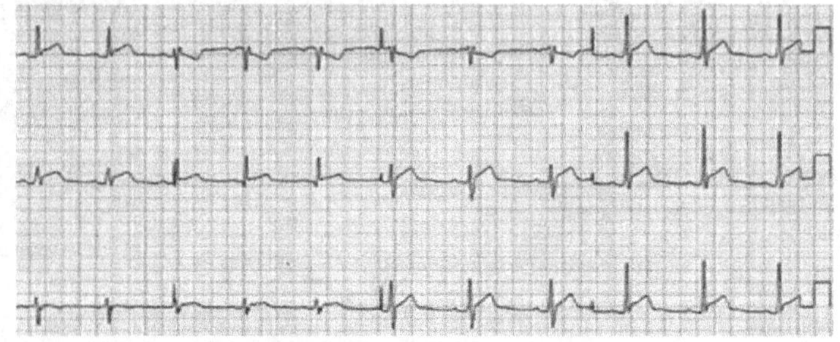

图示多个导联 ST 段轻度的非定位性抬高，aVR 和 V_1 导联的图形呈现交互性改变，即两个导联的图形基本相似，均为 rSr′型，均出现 ST 段压低及 T 波倒置，且形态相似。心脏超声检查证实为急性心包炎。

图 5-3 急性心包炎患者 aVR 和 V_1 导联图形交互性改变

第六章
aVR 导联图形改变对某些药物中毒的诊断意义

第一节　aVR 导联图形改变对三环类抗抑郁药物中毒的诊断意义

截至 2007 年，全世界约有 121 000 000 人罹患抑郁症。每 5 个美国人中至少有 1 人一生中患过一次抑郁症，并且与其他疾患长期共存[183,184]。自 20 世纪 90 年代始，抗抑郁药的使用率逐渐上升，由此产生了许多严重的临床问题。Leonard 等[185]在美国最大的 5 个州进行了人群队列研究，结果显示，美国每年有 130 万人使用抗抑郁药，特别是三环类抗抑郁药（TCA），由此引起的心脏猝死（SCD）和室性心律失常为 4 222 例，每年平均 1 000 人中就有 3.3 人（95% *CI*：3.2～3.4）。Coupland 等[186]在英国进行了为期 10 余年的老年人（65～100 岁）队列研究，共随访研究 65 岁以上的老年人 60 746 例。研究不同种类抗抑郁药对老年人的毒副作用。结果显示，89.0% 的研究对象至少服用过 1 次抗抑郁药。不同种类的抗抑郁药毒副作用各异。选择性 5-羟色胺吸收抑制剂（SSRIs）主要是引起摔倒和低钠血症，TCA 类等药物的主要不良反应是各种原因的死亡、自杀/自残倾向、脑卒中、癫痫发作及骨折等。TCA 对心脏及心电图（ECG）的主要影响是心率增快、QRS 时限增宽、QTc 延长、心律失常等。Andrade 等[187]利用 4 年时间在美国调查了 118 935 例孕妇，研究在怀孕期间 TCA 的使用情况。结果显示，1996 年服用 TCA 的孕妇占 2.0%，2005 年升高到 7.6%，亦即美国有近 8% 的孕妇在服用 TCA。Weeke 等[188]在丹麦进行过为期 7 年的调查研究，随访了 19 110 例院外 SCD 患者，其中服用 TCA 者占 15.2%，即院外发生 SCD 的一部分患者与 TCA 的摄入有关。Olgun 等[189]报道土耳其的一些儿童也在服用 TCA，而且也发生中毒现象。从上述数据看，抗抑郁药特别是 TCA 的过量，乃至中毒现象很常见。据美国药物中毒中心 1999 年的统计，该类药物的中毒死亡率在该中心排列第二。一些中毒患者出现临床症状及 ECG 改变时，其血清学检查尚未发现药物超过异常水平。因此 ECG 监测及诊断 TCA 中毒的敏感性更高。近年来，国外更多关注 aVR 导联图形的改变与 TCA 中毒的关系[187-189]。本节就 aVR 导联及其他 ECG 指标对 TCA 类药物中毒的诊断意义介绍如下：

一、aVR 导联 R 波振幅及 *R/Q*（或 *R/S*）对 TCA 中毒的诊断意义

ECG 在 TCA 过量或中毒的诊断中可提供重要的信息，内容涉及中毒后的病情发作、室性心律失常、危险分层及死亡危险的预测等。这其中 aVR 导联图形的改变备受关注，内容包括 aVR 导联 R 波的图形、*R/Q*（或 *R/S*）及肢体导联 QRS 时限和电轴的改变等[190-192]。Liebelt 等[193]曾报道 aVR 导联 R 波的振幅、*R/Q*（或 *R/S*）及 QRS 时限对 TCA 中毒诊断的敏感性和特异性，具体内容或诊断标准如下：

1. aVR 导联的 R 波振幅≥3 mm，*R/Q*（或 *R/S*）≥0.7。

2. 此标准对患者的精神异常和室性心律失常预测的敏感性为 81%、特异性为 75%。

3. 对患者精神异常和室性心律失常的阳性预测值分别为 43% 和 46%。

4. QRS 时限≥100 ms 时对患者精神异常和室性心律失常预测的敏感性为 82%、阳性预测值为 35%。

这是 Liebelt 等[193,194]在 1995 年及 2011 年的研究报道。他们研究了 79 例 TCA 中毒者的 ECG，精神异常及室性心律失常发作者各占 20% 和 6%。这些患者与对照组相比，aVR 导联 R 波的平均振幅为 4.4 *vs.* 1.8 mm（$P<0.001$），*R/S* 为 1.4 *vs.* 0.5（$P<0.001$）。多因素回归分析示 aVR 导联 R 波的振幅≥3 mm 是 TCA 中毒者精神异常及室性心律失常发作的唯一 ECG 预测指标［$OR=6.9$，95% *CI*：1.2～4.0）。Choi 及 Buckley 等[195,196]的研究结果也支持 aVR 导联终末 R 波电压＞3 mm，*R/Q*＞0.7 的诊断标准，并认为这是 TCA 中毒后 ECG 的两个标致性改变，对 TCA 中毒的阳性和阴性预测值分别为 41% 和 95%。同时，当 *R* 波振幅降低和 *R/Q*（*R/S*）减少时，往往预示着患者的意识逐渐苏醒，中毒情况缓解并逐渐恢复。因此临床医师应熟悉 ECG 这一特征性改变，以便及时对 TCA 中毒情况做出正确的判断。另外，aVR 导联的起始波应称为 Q 波还是 S 波，伊朗德黑兰大学的 Hossei 曾与美国的 Liebelt 进行讨论。Liebelt 称它为 Q 波及 *R/Q*，传统 ECG 也称之为 Q 波；Hossei 则认为在诊断 TCA 中毒时应称之为 S 波（the S wave is measured in millimeters as the depth of the initial downward deflection）及 *R/S*[190,194]，见图 6-1。

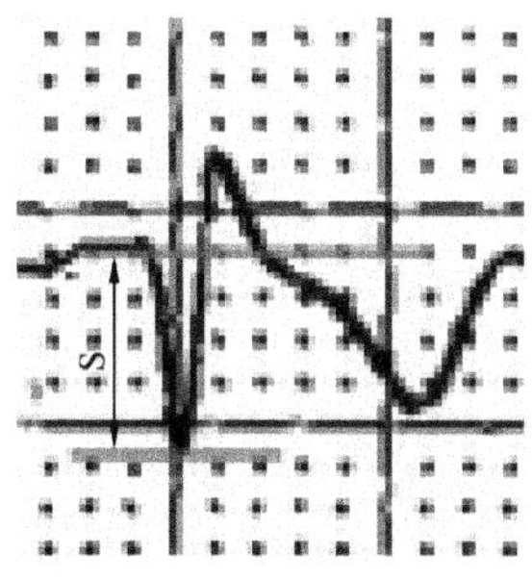

QRS 时限 120 ms，S 波电压为 4.5 mm，R 波电压为 2.5 mm，*R/Q*（或 *R/S*）为 0.55。

图 6-1　TCA 中毒患者 aVR 导联图形的改变

二、aVR 导联终末粗宽 R 波或 R′波，*R/Q* >1 对 TCA 中毒的诊断价值

Kelly 等[55]曾报道在 TCA 中毒时可出现 I 导联深 S 波、aVR 导联终末粗宽的 R 波或 R′波，*R/Q* >1。McKinney 等[197]曾报道一例 29 岁男性 TCA 中毒患者，aVR 导联出现终末 R′ 波。这些患者均出现典型的临床中毒症状，经救治成功后 aVR 导联终末 R′ 波亦随之消失。因此，TCA 中毒所致的 aVR 导联图形改变的另一特征是快速演变，均在一天内恢复正常，故对于此类患者应连续观察 ECG[195,196,198]，见图 6-2。

Liebelt 等[193,194]报道了一组宽 QRS 心动过速的中毒患者，旨在研究室性心动过速（VT）与神经毒素作用所致宽 QRS 心动过速的鉴别。研究发现 aVR 导联终末粗宽的 R 波对于诊断和鉴别诊断 TCA 中毒具有确定和可靠的价值。

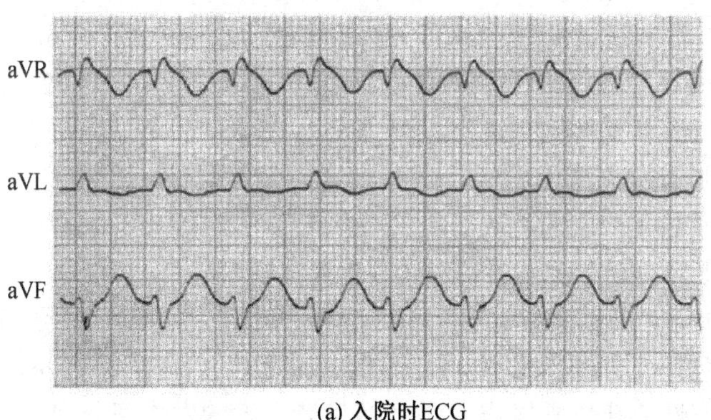

(a) 入院时ECG

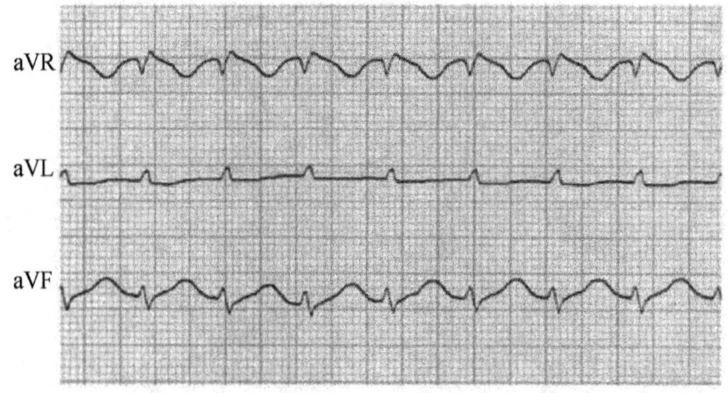

(b) 给予大量生理盐水、碳酸氢钠及高渗盐水(7.5%NaCl)静脉滴注3 min后ECG

患者为 29 岁女性患者（一次性服用 8 g 去甲阿米替林）。图 a 示窦性心动过速，132 次/min，QRS 时限 124 ms，QTc 为 586 ms，aVR 导联终末 R 波明显增宽。图 b 示 QRS 时限、QTc 明显缩小，aVR 导联终末 R 波亦显著变窄。患者出院前 QRS 时限恢复到 80 ms，QTc 恢复为 444 ms。

图 6-2　TCA 中毒患者治疗前后的 ECG 改变

三、TCA 中毒引起的其他 ECG 改变

TCA 中毒后主要是引起希氏束 - 浦肯野纤维传导异常，心室肌快钠通道内向电流阻滞，引起心肌的传导障碍及收缩力降低。因此 ECG 可表现为 QRS 时限增宽 > 100 ms、电轴右偏 > 90°，或额面 QRS 终末 40 ms 电轴（terminal 40 ms QRS axis，T40-ms axis）≥130°、QTc 延长≥480 ms、房室传导阻滞、心律失常，特别是室性心律失常，如 VT 等[195,196]。Singh 等[198]报道的 TCA 中毒患者入院时 ECG 示 QRS 时限为 140 ms，电轴右偏 100°，QTc 间期为 496 ms。McKinney 等[197]报道的病例窦性心率为 132 次/min，QRS 时限为 124 ms，QTc 间期为 586 ms。与 aVR 导联图形的改变相比，QRS 时限增宽是另一个较敏感的 TCA 中毒指标。Liebelt 等[193,194]报道 QRS 时限 > 100 ms，对 TCA 中毒预测的敏感性为 82%、阳性预测值为 35%，但 Buckley 等[196]的研究结果只支持 aVR 导联 R 波电压及 *R/Q* 这两个标志性改变的诊断意义，不支持 QRS 时限 > 100 ms 对 TCA 中毒具有诊断价值的观点。

Boehnert 等[191]根据肢体导联 QRS 时限的改变把 TCA 中毒患者分为两组，A 组患者的 QRS 时限均 < 0. 10 ms，B 组患者 QRS 时限≥0. 10 ms，A 组患者无精神异常及室性心律失常发作，而 B 组患者二者的发作率分别为 34% 和 14%，其中室性心律失常发作的患者 QRS 时限均≥0. 16 ms。这些患者的血清学检查均未发现药物浓度超正常水平。因此，ECG 监测 TCA 中毒的敏感性更高。Caravati 等[192]研究了一组严重 TCA 中毒患者（$n = 65$），评价各指标的危险比（*OR*）：血清学药物水平均≥800 ng/mL 者的 *OR* 为 5. 20，患者窦性心率均≥

120 次/min 者的 *OR* 为 2.86，QRS 时限≥0.10 ms 者的 *OR* 为 2.74，QRS 电轴均≥90°者的 *OR* 为 3.68，QTc≥480 ms 者的 *OR* 为 3.89，T40 电轴≥135°者的 *OR* 为 2.73。Eyer 等[199]报道了 100 例 TCA 中毒患者，认为患者的主要危险是癫痫发作（31%）、室性心律失常（21%）及死亡（6%）。经多因素相关回归分析，对这些患者进行危险分层，各指标的贡献率分别是肢体导联 QRS 时限（*OR* = 1.22，95% *CI*：1.06 ~ 1.41，*P* = 0.005）、从服药到出现中毒症状的时间（*OR* = 1.13，95% *CI*：0.99 ~ 1.29，*P* = 0.072）、年龄（*OR* = 0.73，95% *CI*：0.55 ~ 0.98，*P* = 0.038）和 T40 电轴（*OR* = 1.70，95% *CI*：1.02 ~ 2.84，*P* = 0.041）。这些指标均显示 ECG 诊断 TCA 中毒的贡献率最高，是唯一能早期预测 TCA 中毒的。

四、儿童 TCA 中毒者 ECG 的改变

这方面的研究报道较少，较大样本量的报道为土耳其的 Olgun 等[189]对 52 例儿童 TCA 中毒情况的研究。患儿的平均年龄为（4.6 ± 3.0）岁，其中 A 组≤6 岁，B 组年龄 > 6 岁。已知 23 例患儿阿米替林的平均摄入量为 2.3 ~ 27 mg/kg，主要中毒症状为嗜睡（76.9%）、窦性心动过速（57.7%）和昏迷（48.1%）。实验室检查主要异常指标为低钠血症（26.9%）、白细胞增多（25%）及转氨酶增高等。ECG 的 QTc 延长者占 22.4%，aVR 导联终末 R≥3 mm及 QRS 时限≥100 ms 者各占 65.2%，两个年龄组间各种异常指标差别不显著，未见其他心律失常发生。QRS 时限≥100 ms 对昏迷的阳性预测值为 100%，惊厥发作的患儿其 aVR 导联终末 R 均 > 3 mm，因此 aVR 导联终末 R≥3 mm 者对惊厥的阳性预测值亦为 100%。本研究的数据显示，除神经系统的改变以外，aVR 导联终末 R≥3 mm 及 QRS 时限≥100 ms 为各种检查中异常率最高的两种改变，对严重中毒精神改变者的阳性预测值均为 100%。

Clement 等[200]报道儿童体内阿米替林的正常血清浓度或治疗剂量为 50 ~ 300 ng/mL，正常服用剂量为 30 mg/日，同时报道了一位 6 岁的女孩因睡眠问题每日误服 300 mg，连服 1 个月，结果出现了嗜睡、癫痫发作，ECG 表现为心脏传导异常，阿米替林的血清浓度达 1 676 ng/mL。给予碳酸氢钠治疗数天后患者逐渐苏醒，ECG 亦恢复正常，未留下明显的后遗症。儿童 TCA 中毒者主要临床表现为神经系统的异常，如嗜睡及癫痫发作，而 ECG 诊断的敏感性和特异性更高。

五、TCA 中毒者 ECG 改变的机制

TCA 具有抗胆碱能效应、α-肾上腺素能阻断及钠离子通道阻断的作用。药物的中毒反应主要是中枢神经系统的毒性反应，包括昏迷、癫痫样发作，心血

管系统的毒性反应（包括室性心律失常和低血压），ECG 则表现为 QRS 时限赠宽。这些改变的机制主要是 TCA 中毒后引起希氏束 – 浦肯野纤维及心室肌快钠通道内向电流的阻滞，引起心肌的传导障碍及收缩力降低。因此引起 QRS 时限增宽、QTc 延长，尤其是 aVR 导联终末 R 波的改变更为明显。这可能与该导联面向心室腔，从多个方位记录心电信息有关[196,197]。

波兰的 Foianini 等[201]报道 TCA 中毒对心血管系统的影响是多方面的，但致死的主要原因是心律失常和低血压。TCA 的心脏毒性作用主要是心肌细胞膜的抑制作用或“奎尼丁样”作用，引起 0 项除极延缓，损害心肌和希氏束 – 浦肯野纤维系统而引起心脏的传导异常，故 ECG 可表现为 QRS 时限增宽、房室传导阻滞、室性心律失常等，患者还可表现为高张力性脱水（hypertonic saline）、酸中毒、高热及低血压等。因此治疗应给予碳酸氢钠、利多卡因及 Ⅰ B 类抗心律失常药。Chopra 等[202]利用荧光指示剂在大鼠和羊的在体心肌进行过研究。结果显示，三环类抗抑郁药阿米替林在心肌细胞内的聚集浓度是细胞外的5 倍，因此心肌细胞的毒副作用更为明显。此外，TCA 可阻断心肌细胞膜的多个离子通道，引起心律失常及其他类型的 ECG 改变，如尖端扭转型室速（Tdp）、应激性心肌病（Tako-Tsubo 综合征）及 Brugada 综合征样改变等（详见本章第三节）。

六、TCA 中毒后 ECG 改变的转归

TCA 中毒者主要面临高张力性脱水及心肌细胞的毒性作用，因此应给予患者大量的高渗盐水及碳酸氢钠等药物，以提高细胞外液钠离子浓度，改善并逆转 TCA 的心脏毒性作用，从而改善患者的低血压、室性心律失常、QRS 时限增宽、aVR 导联图形的异常改变等。随着患者中毒情况的好转，异常 ECG 改变也随之好转直至恢复正常。故 TCA 中毒者 ECG 改变的另一特点是变化迅速，在正确的诊断及积极有效的救治下，ECG 在数分钟及数小时内即可发生变化，个别患者也可延长至数十小时甚至数天，因此认真监测记录患者的 ECG 改变对于病情的观察至关重要[195,196,198]。

七、TCA 中毒病例及 ECG 改变的图例

McKinney 等[197]曾报道一例 29 岁 TCA 中毒的女性患者，患者一次性服用 8 g 去甲阿米替林而出现昏迷，送至医院急诊科，给予洗胃及气管插管等措施抢救。患者入院时血压为84/40 mmHg，ECG 示窦性心动过速，心率达132 次/min，QRS 时限为 124 ms，QTc 为586 ms，aVR 导联终末 R 波明显增宽。首次给予患者大量生理盐水（3 L）及 200 mL 8.4% 的 $NaHCO_3$ 静脉滴注。但患者仍有低血压、窦性心动过速，QTc 延长为 621 ms，并出现室性期前收缩，继续给予大

量晶体类液体（5 L）及 200 mL 高渗盐水（7.5% NaCl）静脉滴注。患者逐渐苏醒，血压回升，QRS 时限逐渐变窄，期前收缩消失。患者出院前 QRS 时限恢复到 80 ms，QTc 恢复为 444 ms，见图 6-1 ~ 图 6-4。

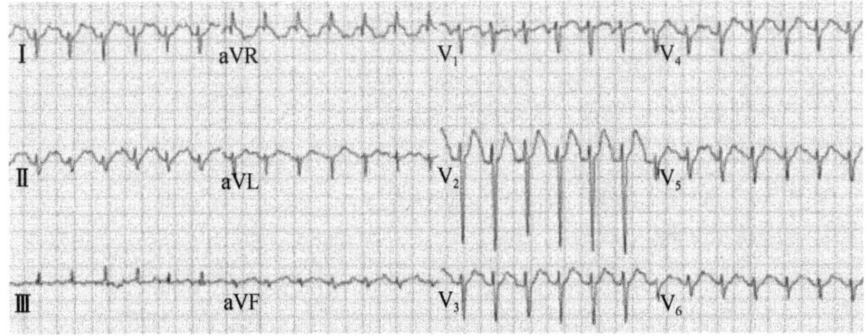

37 岁女性，因反应迟钝 4 h 直至嗜睡及昏迷而入院。临床诊断为 TCA 中毒。ECG 检测为窦性心动过速，QRS 时限轻度增宽，电轴右偏、顺钟向转位，aVR 导联巨大 R 波。

图 6-3　TCA 中毒患者的 ECG 改变

aVR导联巨大R′波，提示TCA心脏急性中毒

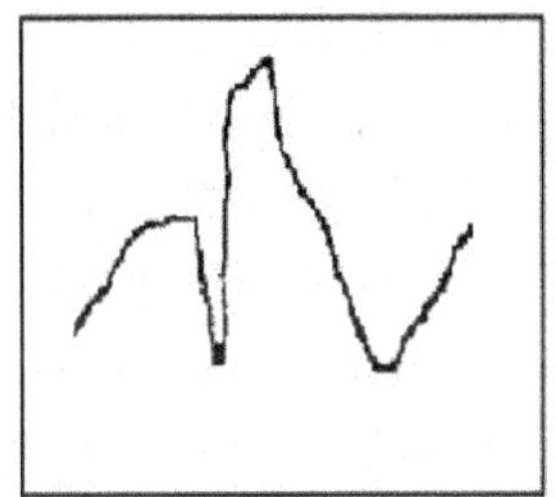

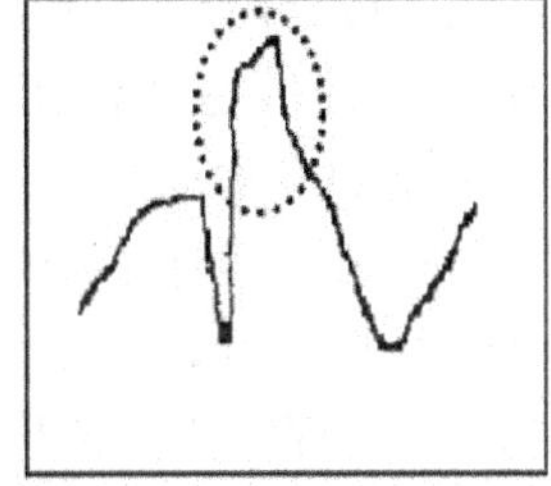

(a) aVR导联图形的放大

aVR导联巨大R′波

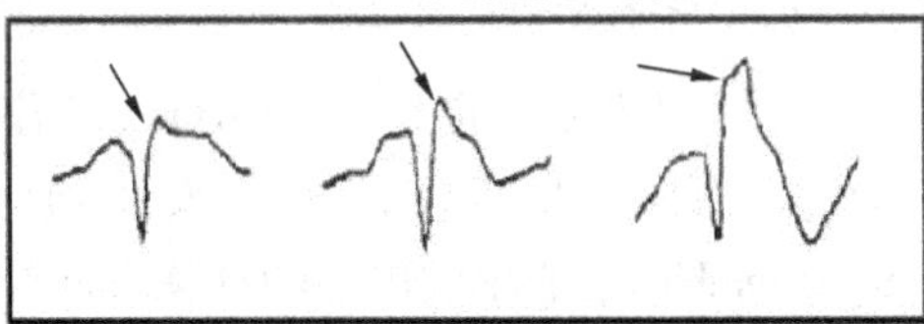

(b) TCA中毒时aVR导联终末R波的3种类型

图 a 示终末巨大 R 波，R 波有切迹、终末延迟，故亦可称之为 R′波。图 b 前两种类型虽有终末延迟，但特征性改变不甚明显，第 3 种改变更具特征性。

图 6-4　TCA 中毒者 aVR 导联图形的改变

小 结

抗抑郁药的使用逐渐增多，由此而产生了许多严重的临床问题，特别是三环类抗抑郁药可引起的心脏猝死和室性心律失常。药物中毒后的心电图改变往往早于血清学药物浓度阳性被发现，因此心电图对药物中毒的诊断及临床病情的监测更为重要。心电图对三环类抗抑郁药中毒的诊断标准总结如下：

1. aVR 导联的 R 波振幅≥3 mm，*R/Q*（或 *R/S*）≥0.7。
2. aVR 导联出现终末粗宽 R 波或 R′波，*R/Q*>1。
3. QRS 时限增宽>100 ms。
4. 电轴右偏>90°或终末 40 ms 电轴≥130°。
5. QTc 延长≥480 ms。

第二节　aVR 导联图形改变对止痛药曲马朵中毒的诊断意义

曲马朵是一种鸦片类止痛药，临床应用广泛，该药除了通过阻断 μ-受体阻断神经系统疼痛传导通路外，还有抑制去甲肾上腺素中枢神经系统的作用，故曲马朵药物中毒后可引起血压增高、心率增快、中枢神经系统及呼吸受抑制和癫痫发作等。心电图（ECG）改变包括 QRS 时限增宽、非特异性 ST−T 改变、Ⅰ度房室传导阻滞、心房颤动、QTc 延长、室性心律失常及 Brugada 图形样改变等[203]。但是 aVR 导联图形的改变尚未见报道，为此 Emamhadi 等[204]对 479 例中毒患者的 ECG 进行了研究，内容包括心率、PR 间期、QRS 时限、QTc、额面 QRS 终末 40 ms 电轴（terminal 40-milliseconds frontal plane QRS axis，T40-ms），以及 aVR 导联的 R 波电压、*R/S* 等。本节就上述研究内容及临床意义介绍如下：

一、曲马朵中毒的心电图改变

本研究入选患者均来自伊朗德黑兰的 Loghman-Hakim 医院，患者年龄在 12～60 岁，平均（22.6±6）岁，男性 372 例(77.7%)，女性 102 例(22.3%)。中毒症状包括血压增高(≥140/90 mmHg)、心率增快(≥100 次/min)、中枢神经系统受抑制［Glasgow coma scale（GCS），≤13］、呼吸抑制（呼吸频率<12 次/min）及癫痫发作等。结果显示，癫痫发作者占 55.3%，平均昏迷指数为 14±1.0；ECG 异常改变包括：窦性心动过速（30.6%），QRS 时限≥120 ms（7.5%），QTc 间期≥440 ms（24.6%），aVR 导联 R 波电压>1.0 mV（22.1%），*R/S*>0（23.5%），T40-ms>120°（31.7%）；其他异常改变如右束支传导阻滞（RBBB）22 例（4.6%），早期复极综合征 3 例（0.6%），Brugada 图形 1 例

（0.2%），室性期前收缩 2 例（0.4%），总异常率为 73.4%。这些异常改变在不同性别、年龄及有无癫痫发作的患者之间无显著差异，ECG 各指标的改变与 GCS 指数亦无相关关系，见图 6-5。

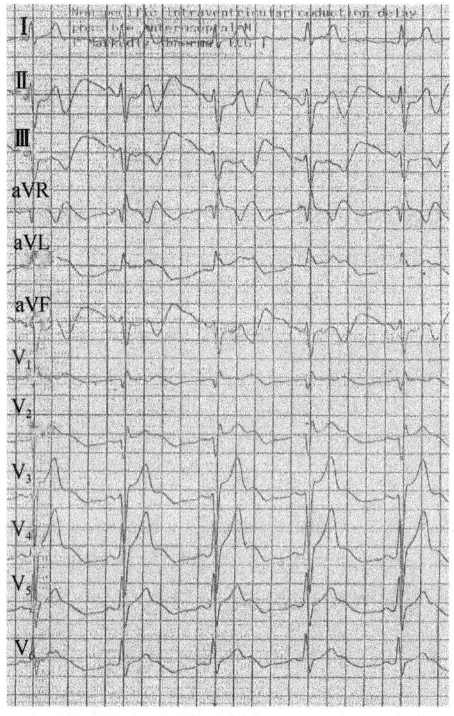

图示Ⅰ导联有较深的 S 波，aVR 导联 R 波增高，虽然未达到 1.0 mV，但 $R/S>0$，T40-ms 右偏 255°，不完全右束支传导阻滞。本图 aVR 导联 R 波电压虽然未达到 1.0 mV，但 $R/S>0$，原文章作者仍认为达到了曲马朵中毒的诊断标准[204,207]。

图 6-5　曲马朵中毒所致的心电图改变

资料来源：Emamhadi M，Sanaei-Zadeh H，Masoumeh N，et al. Electrocardiographic manifestations of tramadol toxicity with special reference to their ability for prediction of seizures. The American Journal of Emergency Medicine，2012，30（8）：1481 – 1485.

二、曲马朵中毒者心电图异常改变的机制

Katsuki 及 Altunkaya[205,206] 的实验研究证实曲马朵可降低复合动作电位（compound action potential），并可阻断人体钠离子通道。Emamhadi 等[204] 研究证实曲马朵中毒患者的 ECG 异常改变检出率达 73.4%，这些异常改变可能与钠离子通道的阻断有关，尤其是 T40-ms 右偏 > 120°者，是快钠通道被阻断的主要改变，这一点在三环类抗抑郁药（TCA）中毒的患者亦可见到[207]。

Emamhadi 等[204]的研究还检测到 Brugada 图形改变者 1 例；Cole 等[203]也曾有类似报道，TCA 中毒的患者也曾出现过 Brugada 图形。这些改变也是钠通道被阻断的证据。外源因素引起的钠离子通道阻断可使 QT 间期延长，但这种 QT 延长主要是 QRS 时限的延长。Emamhadi 等[204]的研究示 QRS 时限延长者仅占 7.5%，而 QTc 间期延长者却占 1/4，说明可能还有钾通道的阻断，但需要进一步的研究证实。除上述改变以外，aVR 导联 R 波电压的增高是 Emamhadi 等[204]研究得出的唯一特征性改变，其发生机制可能与 T40-ms 右偏有关，而 T40-ms 右偏的机制主要与 TCA 中毒后引起希氏束－浦肯野纤维传导异常、心室肌快钠通道内向电流阻滞，进而引起心肌的传导障碍及收缩力降低有关，因此 ECG 可表现有 QRS 时限增宽 >100 ms，电轴右偏 >90°、QTc 延长及 T40-ms 右偏等，详见本章第一节。Bailey 等[208]曾对 TCA 中毒的 ECG 改变进行过荟萃分析，其 ECG 的异常改变与曲马朵中毒有相似之处。

 **小　结**

曲马朵中毒所致的 ECG 改变多为外源性的钠通道阻断，但也不排除钾通道的受累，T40-ms 的右偏在 TCA 中毒中也很多见，故曲马朵中毒的毒理机制可能类似于 TCA 中毒。ECG 的特征性改变包括：① aVR 导联 R 波电压 >1.0 mV，$R/S>0$；② T40-ms >120°；③ QRS 时限≥120 ms；④ QTc 间期≥440 ms。

第三节　心电图 Brugada 图形改变对抗抑郁药物中毒的诊断意义

众所周知，Brugada 综合征是一种心肌钠离子通道异常，导致心律失常及心脏猝死（SCD）的疾患。抗抑郁药物，特别是三环类抗抑郁药物（TCA）中毒患者也可出现心电图（ECG）的 Brugada 图形，并可使患者的预后进一步恶化。近几年来国外对此报道较多，为 Brugada 综合征的认识及 TCA 中毒的诊断增添了新内容。本节就这方面的内容简述之。

一、TCA 中毒患者 ECG Brugada 图形的检出率

在一项 TCA 的注册研究中，Bebarta 等[209]对纳入分析的 402 例 TCA 中毒患者的 ECG 进行了分析。Brugada ECG 图形的检出率为 2.3%、阳性率较低，但 Brahmi 等[210]报道了 65 例 TCA 中毒患者中Ⅰ型 Brugada 综合征图形者有 15.4%。Tashiro 等[211]报道一组 TCA 中毒的患者，这些患者先后服用过 5 种 TCA，出现晕厥，胸导联 ECG 出现 RSR′图形，经药物吡西卡尼（pilsicainide）

激发试验后诱发出鞍形 ST 段抬高，类似Ⅱ型 Brugada 综合征的图形（原作者未给出异常检出率）。TCA 中毒者 Brugada 图形的检出率报道不一，因为这是一个新的 ECG 现象，尚未引起广泛关注，另外，这些报道来自不同的国家和地区，地域和种族上的差别与 Brugada 图形的检出率也有关联。

二、TCA 中毒患者 Brugada 图形的临床意义

Bebarta 等[209]曾报道过一组 TCA 中毒患者，Brugada 图形阳性组与阴性组相比，癫痫发作的相对危险（RR）为 4（95% *CI*：1.5～10.8），QRS 增宽为 4.8（95% *CI*：1.8～12.9），低血压为 3.9（95% *CI*：2.1～7.4），均显著高于阴性组，提示出现 Brugada ECG 图形的患者中毒情况及并发症进一步加重。但 Brugada 图形组未发现死亡及心律失常患者。Tashiro 等[211]对 Brugada 图形阳性者给予电生理刺激，也未诱发出室性心律失常。到目前为止，尚未见有关 TCA 中毒伴 Brugada 图形阳性者发生 SCD 或室性心律失常的报道，但美国的 Minoura 等[212]进行的动物实验证实，出现 Brugada 图形的动物诱发出 2 相折返和多形性室速，其电生理机制见本节内容三。

三、TCA 中毒患者 Brugada 图形的产生机制

确切的产生机制尚不肯定，一般有以下几种观点：

1. 心肌钠离子通道被阻断（cardiac sodium channel blockade）。Palaniswamy 等[213]报道 TCA 中毒者出现 Brugada 图形的主要电生理机制为心肌钠离子通道被阻断，故可表现为 Brugada 综合征的图形改变。美国的 Minoura 等[212]报道，治疗剂量的 TCA 亦可引起心律失常，当然，过量时毒性作用更明显。如阿米替林（amitriptyline）可引起右胸导联 ST 段抬高，使潜在的 Brugada 综合征的图形显现出来。但是这种类型的 Brugada 综合征是否也会引起 SCD 尚不清楚，故需进行实验研究。利用细胞钳夹技术对犬心肌细胞进行研究，同时给予治疗剂量的阿米替林（0.2 Î¼M）灌注，可使钠离子通道离子流（I_{to}）产生依赖性阻断。这一结果显示，三环类抗抑郁药物阿米替林可诱发钠离子通道的抑制，同时产生复极多向性，进而可诱发 2 相折返及多形性室性心动过速。除此以外，TCA 对心血管系统的毒性作用还包括其他异常，如 QRS 时限增宽、QTc 延长、其他心律失常及低血压等。

2. TCA 使潜在的 Brugada 综合征显露（Brugada syndrome unmasked by antidepressants）。这些患者在服用抗抑郁药物之前 ECG 未曾记录到 Brugada 图形，但服用 TCA 后，部分患者特别是药物过量及中毒者的 ECG 出现了 Brugada 图形，故这些患者可能潜在有 Brugada 综合征，在抗抑郁药物的作用下显露出来。Minoura 等[212]的实验研究也证实了这一观点。

3. TCA 类药物诱发了 Brugada ECG 图形（Brugada electrocardiographic pattern induced by amitriptyline）。患者在服用 TCA，特别是药物过量甚至中毒后诱发了 Brugada ECG 图形。Minoura 等[212]进行的细胞电生理研究，在犬右心室的心内膜和心外膜同时记录动作电位（AP），在此之前用三环类抗抑郁药物阿米替林（0. 2 î¼M-1 mM）灌注心肌，同时增添 NS5806（8 Î1/4M）——一种钾离子外向电流阻断剂，类似于 Brugada 综合征离子流的改变，再增添治疗剂量的阿米替林（0. 2 Î¼M），即可诱发出心外膜 AP 电流曲线的切迹和 ECG 的 ST 段抬高，由此成功制作了 Brugada 综合征 ECG 图形的动物模型，并诱发了 2 相折返及多形性室性心动过速。在给予异丙肾上腺素（100 nM）或奎尼丁（10 Î¼M）后可终止 2 相折返及室性心动过速，说明 TCA 诱发的 Brugada ECG 图形，亦可产生室性心律失常。

4. TCA 使用后产生类似于 Brugada 综合征的 ECG 信号或图形（Brugada like pattern in ECG or antidepressant-induced Brugada sign）。患者在服用 TCA 类药物后，特别是过量或中毒后出现类似于 Brugada 综合征的 ECG 信号或图形[214,215]。Brahmi 等[210]报道了 65 例 TCA 中毒的患者，平均年龄（30 ± 12）岁，无任何心血管疾病史，66% 的患者平均摄入三环类抗抑郁药物阿米替林（749 ± 436）mg，其中 29% 的患者还追加了氯米帕明。其中 63% 的患者为窦性心动过速，心率（108 ± 13）次/min，TCA 的平均摄入量与心率呈线性相关；I度房室传导阻滞（AVB）占 23%；I型 Brugada 综合征图形者占 15. 4%，有 Brugada ECG 图形的患者未见心律失常发作。这种图形改变者是与 TCA 相关的单纯电生理改变还是与遗传性改变有关尚不清楚，故称之为 Brugada ECG 信号或图形。

5. TCA 激发了多个离子通道或遗传基因（antidepressants may affect several ion channels or a number of genes）。根据遗传学的研究，人类本身就存在一些不可控制的、先天性的危险因素，其中就有与心律失常相关的遗传基因。目前已知的这些基因包括 *SCN5A*，*SCN4B*，*CACNL1AC*，*KCNH2*，*KCNQ1*，*KCNE1*，*ANK2*，*ALG10*，*KCNJ2*，*KCNE2*，*RYR2*，*KCND3*，*KCND2*，*ACE*，*NOS1AP*，*CASQ2* 等，其中至少 *SCN5A* 等基因与 Brugada 综合征的发病有关。三环类抗抑郁药物阿米替林等可影响多个心肌细胞的离子流，激活这些通道，从而具有致心律失常作用[216]。除此以外，Chopra 等[202]报道阿米替林的另一重要细胞电生理作用是激活心肌的斯里兰卡肉桂碱通道（*RYR2*），使钙离子（Ca^{2+}）过早地从肌浆网中释放，从而增加室性心律失常和 SCD 的危险。Chopra 还利用荧光指示剂在大鼠和羊的在体心肌进行了研究，结果显示，阿米替林在心肌细胞内的聚集浓度是细胞外的 5 倍，因此其心肌细胞的毒性作用更为明显。这些抗抑郁药物可能激活了上述某些基因，从而促进了 Brugada ECG 图形的表达。

四、TCA 中毒患者 Brugada ECG 图形的转归

众所周知，Brugada 综合征患者的 ECG 图形往往持续存在，但 TCA 中毒后的 Brugada ECG 图形则随中毒情况的好转而消失。Palaniswamy 等[213]报道给中毒患者持续滴注碳酸氢钠，不仅能缓解症状，而且可使 Brugada 综合征的图形消退。Chan 等[214]也报道 TCA 中毒患者 ECG 出现Ⅰ型 Brugada 综合征图形改变时，给予碳酸氢钠 150 mEq 静滴后症状缓解，Brugada 图形亦消失。虽然如此，但如患者摄入大剂量 TCA 则难以缓解。Bebarta 等[215]曾报道一例 50 岁的患者摄入 13.6 g 阿米替林，患者的心跳、呼吸停止，给予心肺复苏及 700 mEq 的碳酸氢钠静滴，复苏成功但 ECG 的 Brugada 图形仍持续存在，患者的阿米替林血清浓度达 1 000 ng/mL 以上。持续给予碳酸氢钠静滴，18 h 后 Brugada 图形方缓慢消退。尽管如此，实验研究已证实 TCA 诱发的 Brugada 图形亦可出现室性心律失常，故这些患者可能有潜在的 Brugada 综合征，因此 Tashiro 等[211]曾建议这些患者可考虑植入心脏自动除颤器（ICD）。

五、TCA 中毒引起的其他 ECG 改变

这些改变包括 ECG 各参数的变化，如 QRS 时限、QTc 间期、应激性心肌病（Tako-Tsubo 综合征）、尖端扭转型室性心动过速（Tdp），以及 aVR 导联图形的变化等[217,218]，详细内容见本章第一节。

小　结

TCA 的使用越来越普遍，药物过量或中毒者也较常见。即使患者未发生中毒，也应经常进行药物剂量的监测，但患者发生中毒时血清药物浓度尚监测不到，而此时 ECG 已有改变，这其中 Brugada 图形的出现更具特征性。尽管临床未观察到 Brugada 图形与心律失常有关，但对患者的药物中毒或过量却具有诊断意义，这些患者的临床情况较重，应予以积极抢救，同时也说明这些患者可能伴有潜在的 Brugada 综合征，应予以随访观察。

总结 TCA 中毒者的 ECG 改变，有以下几种特点：① TCA 中毒者 Brugada ECG 图形的检出率约为 15%。② TCA 中毒者可出现Ⅰ型和/或Ⅱ型 Brugada ECG 图形。③ TCA 中毒者 Brugada 图形样改变有致心律失常的潜在危险。④ 中毒者 Brugada ECG 的图形与 TCA 激活多个离子通道，以及潜在的 Brugada 综合征有关。⑤ TCA 中毒者 Brugada ECG 图形变化较快，常随中毒情况的好转而消失。

第七章
aVR 导联心电图相关的循证医学研究

第一节　非 ST 段抬高型心肌梗死患者 aVR 导联 ST 段抬高与冠状动脉造影及预后的关系（GRACE-ECG 亚组分析）

由于非 ST 段抬高型心肌梗死（NSTEMI）或非 ST 段抬高型急性冠状动脉综合征（NSTE-ACS）患者的临床特点、年龄、性别、危险因素等不同，其临床预后亦不同，因此美国心脏病学会和美国心脏协会（ACC/AHA）的指南多次指出，应根据患者入院时心电图（ECG）的改变进行危险分层。这是指导治疗及临床管理的关键一步[74,85,219]。许多临床研究已证实，NSTEMI 患者入院时即便是轻度的 ST 段压低（≥0.5 mm），也明确预示患者预后不良，同时也建议应给予积极的药物及早期的介入治疗[89,220-222]。因此 ACC/AHA 指南明确指出，NSTEMI 患者入院时 ECG-ST 段压低是高危患者的特征性改变[74,85,219]。国内外公认的 NSTEMI 患者危险分层的几个评价指标（包括 TIMI 危险指数等）虽然均经过临床对照研究证实其可靠性，但只有 ST 段压低可作为危险评估及不良预后的独立预测因子[223-225]。几个临床中心的研究也显示，NSTEMI 患者 aVR 导联 ST 段抬高对不良事件的预测价值要高于其他导联 ST 段的压低，并提示这些患者为冠状动脉左主干和/或 3 支血管病变（LMCA/3-vd）[5,58,80]，从而提示临床医师应选择适当的抗栓方案或甄别高危患者，以给予急诊冠状动脉介入术（PCI）或冠状动脉搭桥术（CABG）[8,29,92]。然而这一认知尚未得到国际上的广泛普及，大样本的多中心队列研究也较少。在此背景下，一项跨国际多中心的急性冠状动脉事件的注册研究，简称 GRACE 研究（Global Registry of Acute Coronary Events）应运而生，这是一个多国、多中心参加的前瞻性注册研究，主要研究内容包括 ACS 患者的流行病学、治疗学及患者的预后判断等，其中 ECG 的改变作为一个亚组予以了专门研究。本节的主要内容为 GRACE 研究的 ECG 亚组分析[226]，研究目的如下：① 评价 aVR 导联 ST 段抬高对患者预后判断的价值是否高于被广泛认同的临床危险因素的预测价值；② aVR 导联

ST 段抬高是否与冠状动脉造影（CAG）所显示的 LMCA/3-vd 独立相关。

一、研究内容及研究方法

（一）研究对象

研究对象来自 13 个国家，不分地域与种族。注册的患者年龄均≥18 岁，NSTE-ACS 的诊断至少符合下列两条标准的一条：① 符合 NSTE-ACS 的 ECG 改变；② 生化标记物阳性和/或已证实的 CHD。资料的收集均为患者入院的第一天，在 1999—2004 年的 5 年间共收集了来自 11 个国家 39 个医疗中心、纳入整个 GRACE 研究中的研究对象为11 389 例，其中 8 202 例为 NSTE-ACS 患者。

（二）ECG 分析

8 202 例 NSTE-ACS 患者的 ECG 均在加拿大心脏研究中心的 ECG 编码实验室进行单盲分析，即 ECG 分析者不知患者的临床及预后改变。ST 段抬高型心肌梗死（STEMI）的诊断标准为相邻的两个导联 ST 段抬高≥1 mm，但 aVR 导联 ST 段抬高不作为 STEMI 的诊断标准。其他相邻的两个导联 ST 段压低≥0. 5 mm，且生化标记物为阳性者，定义为 NSTEMI；如生化标记物为阴性，则定义为 NSTE-ACS。剔除左束支传导阻滞（LBBB）及室性心律失常等改变，纳入分析的 ECG 计 5 064 例，均为 NSTEMI 患者。

（三）GRACE 危险指数

在本研究项目中，为了评价 aVR 导联 ST 段抬高对预后判断的价值，特增加了临床危险因素，以便与 aVR 导联 ST 段抬高进行对照分析，称之为 GRACE 危险指数，包括年龄、心率、收缩压、心脏停搏史、Killip 级别、肌酐浓度、心肌酶学水平、ST 段的偏移等。这些危险指数用于整个 GRACE 研究中的 11 389 例患者的评估，分别评价患者住院期间的死亡率、出院后 6 个月死亡率、出院后 MI 和心力衰竭的发生率等。

（四）CAG 检测

CAG 示狭窄≥50% 者定义为有意义的狭窄。根据累及的血管支数分为 LMCA 病变、3 支血管病变，即左前降支（LAD）、右冠状动脉（RCA）及左回旋支（LCX）3 支血管的病变。同时随访住院及出院半年期间的全因死亡率、复发的心血管事件等。

（五）主要研究内容

根据 ECG 有无 aVR 导联 ST 段抬高把患者分为 3 组，即 ST 段无抬高组、抬高 0. 5 ~1 mm 组及 >1 mm 组。分别计算 3 组患者住院期间全因死亡率、出院后半年的死亡率、aVR 导联 ST 段抬高与 GRACE 危险指数的关系及二者对预后判断的价值、aVR 导联 ST 段抬高与 CAG 确定的 LMCA/3-vd 的关系。

二、GRACE 研究的主要结果

（一）aVR 导联 ST 段抬高的检出率

在5 064 例 NSTEMI 患者中，aVR 导联 ST 段抬高在0.5 ~1 mm 者为292 例，占5.8%；抬高 >1 mm 者有76 例，占1.5%。aVR 导联 ST 段抬高与年龄、心率增快、Killip 级别、高 GRACE 危险指数及其他导联 ST 段的压低等显著相关（$P<0.001$），见表7-1。

表7-1　非 ST 段抬高型心肌梗死患者有无 aVR 导联 ST 段抬高者的临床特点

临床特点	aVR 导联 ST 段无抬高（n = 4 696）	aVR 导联 ST 段抬高 0.5 ~1 mm（n = 292）	aVR 导联 ST 段抬高 >1 mm（n = 76）	P 值
患者一般情况				
年龄（均数及范围）/岁	66（56 ~75）	69（60 ~77）	70（65 ~79）	<0.001
男性	63.8%	54.9%	56.6%	0.003
既往病史				
吸烟（曾经和/或现在）	57.2%	54.2%	49.3%	0.10
高血压	60.0%	70.1%	66.7%	0.001
高血脂	49.6%	44.3%	50.0%	0.25
糖尿病	24.2%	33.0%	31.6%	<0.001
心肌梗死	33.3%	33.7%	35.5%	0.71
心力衰竭	10.5%	13.2%	6.6%	0.83
冠状动脉介入术	18.9%	15.3%	9.2%	0.01
冠状动脉搭桥术	13.7%	12.1%	14.5%	0.69
脑卒中	8.1%	8.1%	13.3%	0.26
外周血管病	9.5%	13.5%	9.2%	0.15
住院期间临床特点				
心率/（次·min^{-1}）	75（64 ~88）	84（70 ~100）	90（77 ~100）	<0.001
收缩压（均数及范围）/mmHg	140（123 ~160）	150（130 ~170）	150（121 ~175）	<0.001
舒张压（均数及范围）/mmHg	80（70 ~90）	80（70 ~96）	83（69 ~99）	0.01

续表

临床特点	aVR 导联 ST 段无抬高（n = 4 696）	aVR 导联 ST 段抬高 0.5 ~1 mm（n = 292）	aVR 导联 ST 段抬高 >1 mm（n = 76）	P 值
Killip 级别				
Ⅰ	83.8%	75.3%	64.9%	
Ⅱ	13.3%	17.8%	21.6%	<0.001
Ⅲ	2.5%	6.6%	9.5%	
Ⅳ	0.4%	0.4%	4.1%	
心脏停搏	1.0%	1.0%	2.6%	0.29
其他导联 ST 段压低	40.7%	95.9%	100%	<0.001
心脏传导阻滞	38.7%	38.0%	52.1%	0.13
肌酐（均数及范围）/ mg・dL^{-1}	1.0（0.9 ~1.2）	1.0（0.9 ~1.3）	1.1（0.9 ~1.4）	0.01
GRACE 危险指数（均数及范围）	128（104 ~154）	145（127 ~174）	150（135 ~179）	<0.001

（二）NSTEMI 患者有无 aVR 导联 ST 段抬高者住院期间的死亡率

住院期间总死亡率为 4.4%，aVR 导联 ST 段抬高者死亡率显著升高，死亡率与 ST 段抬高的程度呈正相关；心肌梗死或再梗死(re-MI)的死亡率、心力衰竭、肺水肿、心脏停搏、心室颤动的发生率等在 aVR 导联 ST 段抬高者亦显著升高，其发生率随 ST 段抬高程度的增加而升高，各组间差别显著（P < 0.05 ~0.01)，见表 7-2。

表 7-2　非 ST 段抬高型心肌梗死患者有无 aVR 导联 ST 段抬高者住院期间的死亡率

院内治疗及预后	全部患者（n =5 064）	aVR 导联 ST 段无抬高（n =4 696）	aVR 导联 ST 段抬高 0.5 ~1 mm（n = 292）	aVR 导联 ST 段抬高 >1 mm（n = 76）	P 值
心导管检查	55.9%	56.0%	54.8%	53.9%	0.59
冠状动脉介入治疗	28.5%	28.7%	25.2%	30.3%	0.51
冠状动脉搭桥术	4.5%	4.3%	6.5%	4.0%	0.28
其他血管再通术	32.5%	32.6%	31.1%	34.7%	0.90
死亡率	4.4%	4.2%	6.2%	7.9%	0.03
心肌梗死或再梗死	9.2%	9.0%	10.7%	13.2%	0.12

续表

院内治疗及预后	全部患者 ($n=5\ 064$)	aVR 导联 ST 段无抬高 ($n=4\ 696$)	aVR 导联 ST 段抬高 0.5～1 mm ($n=292$)	aVR 导联 ST 段抬高 >1 mm ($n=76$)	P 值
死亡/心肌梗死或再梗死	12.2%	12.0%	14.1%	18.4%	0.049
心力衰竭/肺水肿	12.2%	11.5%	18.3%	30.3%	<0.001
心脏停搏/心室颤动	3.5%	3.2%	5.8%	9.3%	0.001

GRACE 各危险指数及 aVR 导联 ST 段抬高与院内死亡率的多因素分析，如年龄、心率等都与院内死亡率相关，而 aVR 导联 ST 段抬高不再是院内死亡的独立预测指标，而且与其他导联 ST 段的压低亦无相关。当把 aVR 导联 ST 段抬高者≥0.5 mm 作为一个整体，或排除了左心室肥厚（LVH）的 ECG 改变之后，aVR 导联 ST 段抬高仍与院内死亡率无显著相关性，见表 7-3。

表 7-3 院内死亡率的多因素分析

预测因子	调整的 OR	95% CI	P 值
年龄（每增加 10 岁）	2.06	1.76～2.40	<0.001
心率（每增加 10 次/min）	1.12	1.05～1.19	<0.001
收缩压（每增加 10 mmHg ）	0.87	0.83～0.92	<0.001
Killip 级别			
Ⅰ	参考值		
Ⅱ	2.57	1.81～3.65	<0.001
Ⅲ	2.95	1.66～5.25	<0.001
Ⅳ	8.73	3.00～25.4	<0.001
心脏停搏史	8.00	3.83～16.7	<0.001
肌酐（每增加 1 mg/dL ）	1.28	1.12～1.46	<0.001
心肌酶学增高	1.79	1.29～2.47	<0.001
ST 段压低	1.74	1.23～2.46	<0.002
aVR 导联 ST 段抬高			
无抬高	参考值		
抬高 0.5～1 mm	1.07	0.62～1.86	0.81
抬高 >1 mm	0.95	0.34～2.62	0.92

（三）NSTEMI 患者有无 aVR 导联 ST 段抬高者半年死亡率的差别

随访 6 个月，Kaplan-Meier 生存曲线分析示，无 aVR 导联 ST 段抬高者半年的死亡率为7.6%，抬高0.5～1 mm者的死亡率为12.7%（*HR*=1.71，95% *CI*：1.20～2.43，*P*=0.003），抬高>1 mm者的死亡率为18.3%（*HR*=2.58，95% *CI*：1.48～4.48，*P*<0.001），三组间差别极显著。多因素逐步回归分析示GRACE危险指数、其他导联ST段的压低等与半年的死亡率亦显著相关（*P*<0.05～0.001），见图7-1和表7-4。

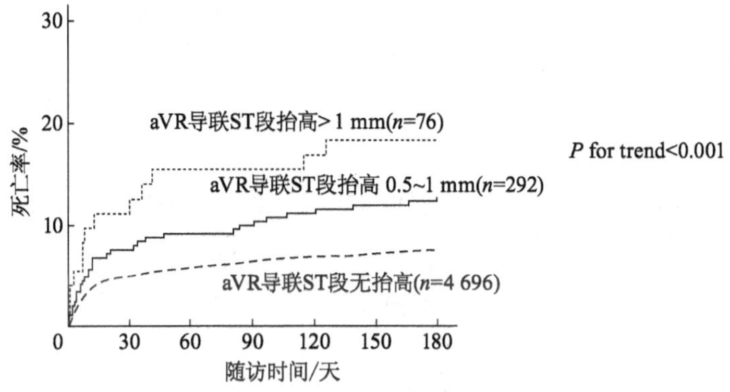

图示aVR导联ST段无抬高者半年的死亡率为7.6%，ST段抬高0.5～1 mm者半年的死亡率为12.7%，ST段抬高>1 mm者半年的死亡率为18.3%，各组间差别极显著（*P* for trend <0.001）。

图7-1　NSTEMI患者有无aVR导联ST段抬高者半年的Kaplan-Meier生存曲线

表7-4　非ST段抬高型心肌梗死患者半年死亡危险的多因素回归分析

预测因子	调整的*HR*	95% *CI*	*P*值
年龄（每递增10岁）	1.84	1.65～2.05	<0.001
心力衰竭史	1.41	1.07～1.85	0.014
心率（每递增10次/min）	1.09	1.04～1.14	<0.001
收缩压（每递增10 mmHg）	0.90	0.87～0.94	<0.001
Killip级别			
Ⅰ	参考值		
Ⅱ	1.91	1.46～2.49	<0.001
Ⅲ	1.93	1.28～2.93	<0.002
Ⅳ	6.38	3.20～12.7	<0.001
心脏停搏史	4.56	2.67～7.80	<0.001
肌酐（每递增1 mg/dL）	1.26	1.17～1.36	<0.001
心肌酶学增高	1.59	1.27～2.00	<0.001
ST段压低	1.64	1.30～2.29	<0.001

（四）aVR 导联 ST 段抬高与冠状动脉造影的相关性

共有2 416例患者接受了CAG检查。aVR导联ST段抬高者的LMCA狭窄、3-vd及LMCA/3-vd者均显著高于无aVR导联ST段抬高者。单纯LMCA病变者并不高，在无ST段抬高组、抬高0.5～1 mm组及抬高＞1 mm组分别为5.1%，9.2%和14.7%，而3-vd及LMCA/3-vd者均显著增高，病变率随ST段的抬高而上升，LMCA/3-vd的检查率在三组间分别为26.1%，36.2%和55.9%，各组间差别极显著（$P<0.001$）。特别是aVR导联ST段抬高＞1 mm者，是LMCA/3-vd的独立预测因子（$OR=2.68$，$P=0.008$），见表7-5和表7-6。

表7-5　冠状动脉造影与aVR导联ST段抬高的关系（冠状动脉狭窄≥50%）

冠状动脉	所有患者（$n=2\ 416$）	无aVR导联ST段抬高（$n=2\ 252$）	aVR导联ST段抬高0.5～1 mm（$n=130$）	aVR导联ST段抬高＞1 mm（$n=34$）	P值
LAD狭窄	59.6%	59.2%	66.2%	61.8%	0.20
LCX狭窄	50.0%	48.6%	70.8%	64.7%	<0.001
RCA狭窄	55.0%	54.4%	61.5%	70.6%	0.02
LMCA	5.4%	5.1%	9.2%	14.7%	0.002
3-vd	24.0%	23.3%	32.3%	44.1%	<0.001
LMCA/3-vd	27.0%	26.1%	36.2%	55.9%	<0.001

注：LAD指左前降支；LCX指左回旋支；RCA指右冠状动脉；LMCA指冠状动脉左主干；3-vd指3支血管狭窄；LMCA/3-vd，冠状动脉左主干和/或3支血管病变。表内的数字为冠状动脉狭窄≥50%的百分比。

表7-6　冠状动脉左主干和/或3支血管病变的预测因子及其预测价值

预测因子	预测值 OR	95% CI	P值
年龄（每递增10岁）	1.34	1.23～1.47	<0.001
男性	1.71	1.37～2.13	<0.001
糖尿病	1.37	1.10～1.72	0.006
先前心肌梗死病史	1.55	1.25～1.93	<0.001
先前心力衰竭史	1.63	1.08～2.44	0.02
外周血管疾病	1.51	1.08～2.10	0.016
心率（每递增10次/min）	1.06	1.01～1.11	0.03
ST段压低	1.40	1.14～1.72	0.001
aVR导联ST段抬高			
无抬高	参考值		
抬高0.5～1 mm	1.22	0.81～1.84	0.35
抬高＞1 mm	2.68	1.29～5.58	0.008

三、GRACE 研究的临床意义

GRACE 是一个大样本的多国多中心参与的前瞻性队列研究，结果显示，aVR 导联 ST 段抬高的 NSTEMI 患者住院及半年间的死亡率均显著增高，死亡率随 ST 段的抬高而显著升高。但 ST 段轻度抬高，即抬高 0.5 ~ 1 mm 者虽然死亡率也显著升高，其预测价值并不高于 GRACE 危险指数；ST 段显著抬高，即抬高 >1 mm 者，为冠状动脉广泛及严重病变的独立预测因子。在过去的 10 年间发展完善了数类 ACS 的危险评估指数，使之能更客观、更全面地对 ACS 患者进行危险分层、临床评估及预后判断，如 TIMI 危险指数、GRACE 危险因子、ECG-ST 段改变等。虽然这些危险指数来源于不同地区及不同人群，且是结合 ECG 的共同研究而得出的，但 ECG-ST 段的压低始终是判断患者不良预后最客观的独立预测因子，在临床治疗指南中也把 ST 段的压低作为高危患者的一个主要指标[85,226]。

aVR 导联由于被认为是左胸导联的对应性改变，因此它所提供的信息有限而长期被忽略。但 Antman[80] 及 Gorgels 等[5] 的研究发现，室间隔基底部透壁性梗死的梗死向量向上、向右，可引起 aVR 导联 ST 段的抬高，故 aVR 导联 ST 段抬高的临床意义引起了广泛的关注[25,227]。对于 NSTEMI 患者，迅速地确定 LMCA 病变或 LMCA/3-vd 仍有困难。Gorgels 等[5] 报道如 aVR 导联 ST 段抬高同时伴有其他导联 ST 段的压低，则提示为 LMCA/3-vd，特别是急性心肌梗死（AMI）患者 aVR 导联 ST 段抬高 >1 mm 者，LMCA 病变的可能性更大。Kosuge 等[59] 报道，NSTEMI 患者 aVR 导联 ST 段抬高 ≥0.5 mm 同时伴有肌钙蛋白 T（TnT）增高者，LMCA/3-vd 占 27%。但在 Kosuge[29] 的另一篇报道中却认为 aVR 导联 ST 段抬高伴有 TNT 异常者确定 LMCA/3-vd 病变者仍觉困惑，但对患者 90 天的死亡危险却有独立的预测价值。Barrabés 等[8] 报道了 775 例首发 NSTEMI 患者，根据是否有 aVR 导联 ST 段的抬高，把患者分为 3 组：无 ST 段抬高组（$n=525$）、抬高 0.5 ~ 1 mm 组及抬高 >1 mm 组，3 组患者住院期间的死亡率分别为1.3%，8.6% 和 19.4%，组间差别极显著（$P<0.001$）。在调整了各危险因素后，后两组院内死亡的 *OR* 分别为 4.2（95% *CI*：1.5 ~ 12.2）和 6.6（95% *CI*：2.5 ~ 17.6）。CAG 示三组间 LMCA/3-vd 的检出率分别为 22.0%，42.6% 和 66.3%，组间差别极显著（$P<0.001$）。GRACE[226] 研究认为首发 NSTEMI 患者 aVR 导联 ST 段抬高对短期预后的判断亦提供了重要的信息，因为 aVR 导联 ST 段抬高的程度与冠状动脉病变的严重程度相关，并提示对此类患者应给予积极的早期介入治疗。

GRACE[226] 是迄今为止 NSTE-ACS 最大样本量的，探讨 aVR 导联 ST 段抬高对患者的危险分层、预后判断及与临床危险因素相关的研究。其不仅扩展了先前的研究，进一步加深了对 aVR 导联应用价值的理解，而且丰富了 ACS 患者临床管理的理念。GRACE研究的ECG分析中心采用单盲以避免结果的偏移，研究的数据来自全球多个研究中心，纳入分析的NSTE-ACS患者来自不同的国家和地区，足以证实aVR导联ST段抬高的临床意义具有广泛的代表性，故可广泛应用。GRACE研究发现aVR导联ST段抬高的NSTEMI患者住院及半年的死亡率显著升高，预后不良，特别是aVR导联ST段抬高>1 mm者半年间的死亡率为18.3%，对中短期不良预后具有重要的预测价值，特别是对LMCA/3-vd病变具有独立的预测价值。

与以往的研究相似，GRACE研究也发现其他导联ST段压低的患者冠状动脉病变较为广泛。Andrew等[85]报道了795例不稳定性心绞痛（UA）患者的CAG结果，认为临床危险因素基本与CAG改变相关，亦即危险因素越多，冠状动脉病变的程度及广度越明显。GRACE研究显示，无论是其他导联ST压低，还是aVR导联ST段显著抬高（>1 mm），与其他多变量危险因素相比，二者均为LMCA/3-vd的独立预测因子，而aVR导联ST段显著抬高（>1 mm）是冠状动脉严重病变更简单客观的预测指标。Yamaji及Barrabés等[25,227]的研究也显示aVR导联ST段抬高的程度越大，其他导联ST段压低越广泛，则LMCA/3-vd越明显。

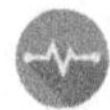

小　结

GRACE是一个大型的临床对照研究，其心电图的亚组分析，特别是对aVR一个导联进行分析研究实属难能可贵，主要结果显示，NSTE-ACS患者伴有aVR导联ST段抬高对患者早期危险分层、预后判断及冠状动脉病变程度的判断均具有重要的意义，其主要内容总结如下：

1. aVR导联ST段抬高与年龄、心率增快、Killip级别、高GRACE危险指数、其他导联ST段的压低等显著相关。

2. aVR导联ST段抬高者住院期间死亡率显著升高，同时MI及re-MI及心力衰竭、肺水肿、心脏停搏的发生率也显著升高。

3. aVR导联ST段抬高与CAG显著相关，抬高0.5～1 mm及>1 mm者LMCA/3-vd的病变率分别为36.2%和55.9%。

4. aVR导联ST段抬高>1 mm是冠状动脉病变严重的简单预测指标。

第二节　aVR导联ST段改变对ST段抬高型心肌梗死患者30天死亡率的预测意义（HERO-2研究）

aVR导联ST段抬高或压低对ST段抬高型心肌梗死（STEMI）患者预后的

预测，特别是对患者死亡的预测意义报道不一。因为 aVR 导联 ST 段抬高或压低所反映的是冠状动脉病变的严重程度、心功能及血流动力学等的异常改变，而不是心肌梗死（MI）和/或缺血的具体部位，因此 aVR 导联 ST 段的改变及其改变的水平与 STEMI 后死亡率的关系，以及 MI 和/或缺血部位与死亡率的关系等尚不清楚，为此美国对此进行了循证医学的研究，对 HERO-2（Hirulog and Early Reperfusion or Occlusion-2）研究中的 15 315 例 STEMI 患者进行了亚组分析，观察 aVR 导联 ST 段的改变及其改变的水平与 STEMI 后 30 天死亡率的关系，以及死亡率与 MI 部位的关系。这是迄今为止最大样本量的与 aVR 导联 ST 段改变与 STEMI 死亡率相关的循证医学研究[228,229]，主要内容如下：

一、aVR 导联 ST 段压低的不同程度与 STEMI 后 30 天死亡率的关系

根据 aVR 导联 ST 段压低的水平，把压低的程度分为 4 个等级，即 0，0.5，1 和≥1.5 mm，分别观察 MI 后 30 天内压低不同程度之间死亡率的差别，以及 MI 不同部位与死亡率的关系。结果显示，前壁 STEMI 患者 aVR 导联 ST 段压低 4 个等级间 30 天的死亡率分别是 9.8%，13.2%，12.8% 和 16.8%，各组间差别极显著（$P < 0.0001$），亦即压低得越明显、死亡率越高。下壁 STEMI 患者各等级间的死亡率分别为 6.3%，5.6%，6.4% 和 7.2%，各组间差别不显著（$P = 0.336$）。

二、溶栓后 aVR 导联 ST 段压低恢复的程度与 STEMI 后 30 天死亡率的关系

溶栓后 60 min 内 aVR 导联 ST 段压低缓解的程度，即逐渐恢复到正常的过程与死亡率的关系。前壁 STEMI 患者溶栓后 aVR 导联 ST 段迅速恢复到正常者的死亡率显著降低，恢复的程度与死亡率呈“U”形曲线，即恢复得越多、越快，死亡率越低；恢复得越少、越慢，或无恢复者，死亡率越高。这种情况只表现在前壁 STEMI 患者，而下壁 STEMI 患者无论 aVR 导联 ST 段压低恢复与否，其死亡率变化不明显。

三、aVR 导联 ST 段压低对 STEMI 患者死亡危险的预测意义

经多因素相关分析，aVR 导联 ST 段压低只对前壁 STEMI 患者 30 天的死亡危险具有预测意义，而对下壁 STEMI 患者无预测价值。伴有 aVR 导联 ST 段压低的前壁 STEMI 患者 30 天的死亡危险为 42%，如伴有增龄及先前的 MI 病史，则死亡危险增加至 49%，其他导联 ST 段改变者死亡危险为 29%，其他临床危险因素如高血压、糖尿病、吸烟等的死亡危险为 41%。

四、aVR 导联 ST 段抬高对下壁 STEMI 患者死亡危险的预测价值

如上所述，aVR 导联 ST 段压低对下壁 STEMI 患者的死亡危险无预测意义，但 aVR 导联 ST 段抬高却对下壁 STEMI 患者的死亡危险具有预测意义。特别是 aVR 导联 ST 段抬高≥1 mm 者，MI 后 30 天的死亡率显著升高。

说明 HERO-2 的亚组分析仅就不同部位 STEMI 患者 aVR 导联 ST 段抬高或压低对 30 天的死亡率及其预测意义进行了研究，以便为临床管理、患者的危险分层及预后的判断等提供信息，而对其心电图改变的心电学基础、发生机制未进行讨论，这些内容可参见第一章有关内容。

小 结

1. aVR 导联 ST 段压低的程度与前壁 STEMI 患者 30 天的死亡率成正比，即压低得越明显，死亡率越高。

2. 溶栓后 aVR 导联 ST 段压低恢复的程度与前壁 STEMI 患者 30 天的死亡呈“U”形曲线，即恢复越多、越快，死亡率越低；恢复得越少、越慢，或无恢复者，死亡率越高。但下壁 STEMI 患者死亡率的降低不明显。

3. aVR 导联 ST 段压低是前壁 STEMI 患者 30 天死亡危险的独立预测因子，预测意义高于其他导联和其他临床危险因子。

4. aVR 导联 ST 段抬高的程度与下壁 STEMI 患者 30 天的死亡率成正比，特别是抬高≥1 mm 者，死亡率显著增高，但 aVR 导联 ST 段压低与死亡率的关系不明显。

第三节 aVR 导联 T 波直立对人群中心血管性死亡率的预测意义（美国国家健康与营养调研Ⅲ）

aVR 导联位于右上肩，俯瞰整个心脏，为心肌缺血、心肌损伤、肺动脉栓塞，以及某些心律失常的诊断及预后的判断等提供了重要的信息[55,230-232]，aVR 导联对心血管性死亡率也有重要的预测价值[40,78,117]。尽管如此，aVR 导联的临床应用仍常被忽略，而且很少做过大样本的人群研究。因此美国对“国家健康与营养调研Ⅲ”（National Health and Nutrition Examination Survey Ⅲ, NHANES Ⅲ）的资料进行了前瞻性的回顾性研究，即在 2013 年科学发展观的

基础上，对 1994 年以前 13 年间前瞻性随访的 7 928 例受访者的资料进行分析，观察 aVR 导联 T 波改变对心血管性死亡率的预测价值，并与著名的心血管性危险评估指数，即 Framingham 危险指数（Framingham risk score，FRS）进行对照分析，以探讨 aVR 导联 T 波改变与心血管性死亡率的关系[116]。

一、研究方法及主要研究内容

NHANES Ⅲ研究的参与单位包括美国国家统计学中心、迈阿密（Miami）大学医学院、佛罗里达（Florida）大学医学院、纽约大学医学院等十几家大学的医学院或医学中心。该研究对美国 50 个州的居民进行抽样调查，内容包括常规体检、健康状态、营养状态等，共检测 40 岁以上的人群计 39 695 例，其中 78%（30 818 例）的受检者均建立了健康档案。纳入本研究的心电图（ECG）资料齐全，符合研究标准的计 7 928 例。使用 Marquette MAC 12 纪录常规 12 导联 ECG，aVR 导联 T 波倒置的幅度分为 4 个等级，即 < -2，-2 ~ -1，-1 ~ 0，>0 mV，见图 7-2。aVR 导联 ST 段及 T 波改变的幅度均由计算机自动测量。把患者分为两组，组 A 按 FRS 危险指数分层，包括年龄、性别、血压、吸烟、胆固醇及高密度脂蛋白水平等，组 B 包括 FRS 危险指数及 aVR 导联 T 波改变的幅度。患者平均随访 13 年半，分别比较两组患者 13 年间心血管性死亡率的差别，以及 FRS 指数和 aVR 导联 ST-T 改变对心血管性死亡率的预测意义。

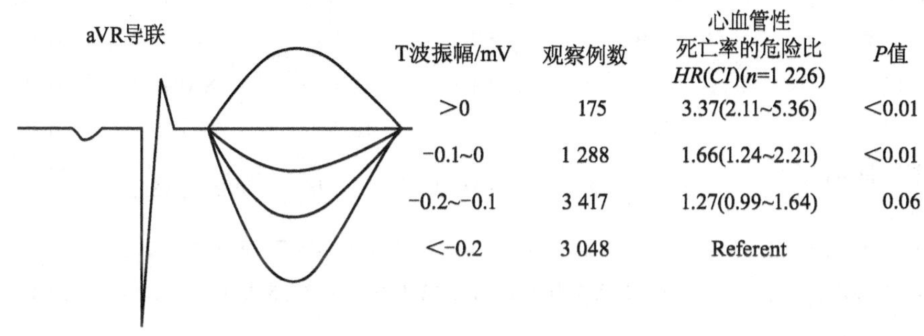

从图中可以看出，T 波振幅在 -0.1 ~ 0 mV 时，与心血管性死亡率显著相关（$P<0.01$）；T 波振幅 >0 mV 时，心血管性死亡的危险比增至 3.37（$P<0.01$）。

图 7-2　aVR 导联 T 波振幅改变对心血管性死亡率的预测意义

二、健康人群中 aVR 导联 T 波直立的检出率及其与心血管性死亡率的关系

健康体检的人群中 T 波直立 > -0.1 mV 者占 18.4%，T 波直立者年龄偏大，以男性为多，多伴有高血压、糖尿病及冠心病史。aVR 导联 ST 段抬高者

占24.2%，抬高者80%均伴有T波直立 > −0.1 mV。在平均随访的13.5年间心血管性死亡率占15.5%。经多因素相关回顾分析，健康人群中aVR导联ST段抬高亦对心血管性死亡率具有预测意义，aVR导联ST段抬高、T波直立，以及传统的心血管病危险因素对心血管性死亡率均具有独立的预测意义，见表7-7。

表7-7　aVR 导联T波振幅与各心血管疾病史及其危险因素的关系

临床特点	aVR 导联T波振幅/mV				P值
	< −0.2 (n = 3 048)	−0.2 ~ −0.1 (n = 3 417)	−0.1 ~ 0 (n = 1 288)	> 0 (n = 175)	
年龄/岁	56.9 ± 13.2	60.5 ± 13.3	64.5 ± 12.6	63.1 ± 12.7	< 0.01
男性	47.5%	42.1%	46.6%	61.9%	< 0.01
黑人	7.7%	8.8%	13.2%	31.1%	< 0.01
体表指数/（kg · m^{-2}）	27.1 ± 5.3	27.6 ± 5.5	28.5 ± 5.6	28.4 ± 5.8	< 0.01
高血压	34.7%	46.1%	62.7%	73.8%	< 0.01
吸烟	23.0%	21.9%	25.8%	33.3%	0.11
高血脂	56.8%	61.4%	65.7%	55.1%	0.003
冠心病	5.7%	9.9%	19.2%	40.0%	< 0.01
心肌梗死	2.5%	4.9%	13.6%	31.3%	< 0.01
心脏病家族史	9.6%	12.1%	12.6%	11.1%	0.06
心力衰竭	1.3%	2.5%	7.4%	19.7%	< 0.01
脑中风	1.7%	2.9%	6.4%	8.0%	< 0.01
糖尿病	7.7%	11.4%	18.5%	24.8%	< 0.01
高密度脂蛋白/（mg · dL^{-1}）	52.1 ± 16.2	51.1 ± 16.3	48.2 ± 16.0	48.2 ± 15.5	< 0.01
总胆固醇/（mg · dL^{-1}）	214.8 ± 42.6	219.4 ± 44.5	224.5 ± 45.7	214.1 ± 43.3	< 0.01
甘油三酯/（mg · dL^{-1}）	151.1 ± 110.4	164.1 ± 145.2	180.1 ± 130.5	173.7 ± 125.0	< 0.01
低密度脂蛋白/（mg · dL^{-1}）	133.8 ± 38.0	137.2 ± 38.3	141.3 ± 39.8	132.6 ± 40.3	< 0.01
肾小球滤过率/（mL · min^{-1}）	70.2 ± 15.2	67.9 ± 14.9	64.8 ± 17.1	64.4 ± 18.7	< 0.01
血清钙/（mmol · L^{-1}）	1.23 ± 0.05	1.23 ± 0.05	1.23 ± 0.05	1.23 ± 0.05	0.43
血清钾/（mEq · L^{-1}）	4.09 ± 0.3	4.05 ± 0.3	4.05 ± 0.4	4.10 ± 0.4	0.000 1
QRS 时限/ms	96.4 ± 9.8	95.4 ± 10.0	96.9 ± 10.4	96.9 ± 11.2	< 0.01
左心室肥厚	2.2%	7.1%	22.5%	42.1%	< 0.01

从表7-7可以看出，T波振幅 > −0.1 mV时，各种心血管疾病史及其危险因素即显著增加。

T 波改变的程度与心血管性死亡率密切相关，T 波倒置的幅度逐渐变浅，然后转为直立，其危险比也逐渐增大，$-0.1 \sim 0$ mV 和 >0 mV 两个等级的危险比，即 *HR* 值分别为 1.66（95% *CI*：1.2 ~ 2.2，$P<0.01$）和 3.37（95% *CI*：2.1 ~ 5.3，$P<0.01$），见图 7-2。

NHANES Ⅲ研究的主要结果显示，aVR 导联 T 波负值变浅，乃至直立，幅度 >-0.1 mV 时对于整个美国国民的心血管性死亡率均具有独立的预测价值，因此 aVR 导联 T 波直立应视为心血管性预后不良、死亡率升高的一个指标。与 Framingham 危险指数相同，可作为心血管性死亡的中度危险指数（5% ~ 20%）。Tan 等[78]对美国退伍军人的研究及 Anttila 等[117]对芬兰的一个横向人群研究也有类似的结论[115]。

aVR 导联 ST 段抬高与 T 波改变的意义应有所区别。单独 aVR 导联 ST 段抬高肯定对心血管性具有预测价值，这个问题已在第一章做了重点讨论，但健康人群中 aVR 导联 ST 段抬高同时伴有 T 波改变的研究报道较少。NHANES Ⅲ研究示 aVR 导联 ST 段抬高者 80% 均伴有 T 波直立，因此 aVR 导联 ST 段抬高伴有 T 波直立者是心血管性死亡危险增加的一个信号，对人群中心血管性不良预后具有独立的预测价值。

三、健康人群中 aVR 导联 T 波直立的机制及其临床意义

众所周知，aVR 导联 ST 段抬高可反映冠状动脉左主干和/或 3 支血管病变及左前降支近端狭窄，并与急性冠状动脉综合征（ACS）的死亡率升高及严重不良预后显著相关[32]，详细内容见第二章。NHANES Ⅲ研究的多因素分析发现，aVR 导联 ST 段抬高对预后判断的价值并不比 T 波振幅改变的意义大，因为 NHANES Ⅲ研究所有受检者均为常规健康体检者，无 ACS 患者，也就无真正意义上的 aVR 导联 ST 段抬高，所以出现 aVR 导联 ST 段抬高预测心血管性死亡危险欠佳的现象。aVR 导联 T 波直立的产生机制与 ECG 导联的设计有关。aVR 导联位于Ⅰ和 Ⅱ导联之间，但其方位却在这两个导联的对侧。如果 aVR 导联 T 波直立，Ⅰ，Ⅱ乃至 $V_5 \sim V_6$ 等导联的 T 波势必倒置，从而反映侧壁心肌的复极异常，故心血管事件显著增多。美国预防研究专家委员会（United States preventive services task force）曾提出在常规健康筛选时，ECG 对受检者预后判断的意义不大[233]，然而 aVR 导联 T 波直立的临床意义是 NHANES Ⅲ研究的新发现。除传统的危险因素如高血压、糖尿病、血脂紊乱以外，aVR 导联 T 波振幅由负值转为直立的改变对心血管性死亡率的判断提供了一个额外的信息，尽管这是根据美国健康人群的研究得出的结论，但可能具有普遍的临床意义[116]。

小　结

aVR 导联 T 波振幅由负值转为直立的改变对全美人群心血管性死亡率具有独立的预测价值。在横向人群调查中，aVR 导联 T 波由倒置转为直立，T 波振幅的净值 > -0.1 mV，是人群中心血管性死亡率升高的一个危险因素。

参考文献

[1] Guyton R A, McClenathan J H, Newman G E, et al. Significance of subendocardial ST-segment elevation caused by coronary stenosis in the dog. Epicardial ST-segment depression, local ischemia and subsequent necrosis. Am J Cardiol, 1977, 40 (3): 373 - 380.

[2] Kligfield P. How many leads are in the 12-lead electrocardiogram, and what does that mean for the diagnosis of acute ST-elevation myocardial infarction? J Electrocardiol, 2007, 40 (6): 472 - 474.

[3] Sgarbossa E B, Barold S S, Pinski S L, et al. Twelve-lead electrocardiogram: the advantages of an orderly frontal lead display including lead - aVR. J Electrocardiol, 2004, 37 (3): 141 - 147.

[4] Pahlm US, Pahlm O, Wagner G S. The standard 11-lead ECG. Neglect of lead aVR in the classical limb lead display. J Electrocardiol, 1996, 29 (Suppl): 270 - 274.

[5] Gorgels A P M, Engelen D J M, Wellens H J. Lead aVR, a mostly ignored but very valuable lead in clinical electrocardiography. J Am Coll Cardiol, 2001, 38 (5): 1355 - 1356.

[6] Siddiqui M A, Khan I A. Role of lead aVR in evaluation of 12-lead electrocardiogram. Angiology, 2002, 53 (6): 709 - 713.

[7] Senaratne M P, Weerasinghe C, Smith G, et al. Clinical utility of ST-segment depression in lead aVR in acute myocardial infarction. J Electrocardiol, 2003, 36 (1): 11 - 16.

[8] Barrabés J A, Figueras J, Moure C, et al. Prognostic value of lead aVR in patients with a first non-ST-segment elevation acute myocardial infarction. Circulation, 2003, 108 (7): 814 - 819.

[9] Michaelides A P, Psomadaki Z D, Richter D J, et al. Significance of exercise-induced simultaneous ST-segment changes in lead aVR and V_5. Int J Cardiol, 1999, 71 (1): 49 - 56.

[10] Janata K, Höchtl T, Wenzel C, et al. The role of ST-segment elevation in lead aVR in the risk assessment of patients with acute pulmonary embolism. Clinical Research in Cardiology, 2012, 101 (5): 329 -337.

[11] Jaroszyński A, Jaroszyńska A, Siebert J, et al. The prognostic value of positive T-wave in lead aVR in hemodialysis patients. Clin Exp Nephrol, 2015, 19 (6): 1157 -1164.

[12] Torigoe K, Tamura A, Kawano Y, et al. Upright T waves in lead aVR are associated with cardiac death or hospitalization for heart failure in patients with a prior myocardial infarction. Heart and Vessels, 2012, 27 (6): 548 -552.

[13] International Society for Holter, Noninvasive Electrocardiography, International Society of Cardiovascular Pharmacotherapy. ISHNE/ICCP Internet symposium on current approaches for the assessment and management of myocardial infarction and ischemia. 2018 - 10 - 13. http: // www. myocardial. ischemia-symposium. org/home. php.

[14] John E M. On the use of the inverse electrocardiogram leads. Am J Cardiol, 2009, 103 (2): 221 -225.

[15] Perron A, Lim T, Pahlm-Webb U, et al. Maximal increase in sensitivity with minimal loss of specificity for diagnosis of acute coronary occlusion achieved by sequentially adding leads from the 24-lead electrocardiogram to the orderly sequenced 12-lead electrocardiogram. J Electrocardiol, 2007, 40 (6): 463 -469.

[16] Case R B, Tansey W A, Mogtader A H. A sequential angular lead presentation. J Electrocardiol, 1979, 12 (4): 395 -401.

[17] Menown I B, Adgey A A. Improving the ECG classification of inferior and lateral myocardial infarction by inversion of lead aVR. Heart, 2000, 83 (6): 657 -660.

[18] Munenor K, Akira T, Yusei A. Significance of a prominent Q wave in lead negative aVR (-aVR) in acute anterior myocardial infarction. J Electrocardiol, 2010, 43 (3): 215 -221.

[19] Rostoff P, Piwowarska W, Gackowski A, et al. Electrocardiographic prediction of acute left main coronary artery occlusion. Am J Emerg Med, 2007, 25 (7): 852 -855.

[20] Nikus K C. Acute total occlusion of the left main coronary artery with emphasis on electrocardiographic manifestations. Timely Top Med Cardiovasc Dis, 2007,

11: E22.

[21] Nikus K C, Eskola M J. Electrocardiogram patterns in acute left main coronary artery occlusion. J Electrocardiol, 2008, 41 (6): 626 - 629.

[22] Tamura A. Significance of lead aVR in acute coronary syndrome. World J Cardiol, 2014, 6 (7): 630 - 637.

[23] Yip H K, Wu C J, Chen M C, et al. Effect of primary angioplasty on total or subtotal left main occlusion—analysis of incidence, clinical features, outcomes and prognostic determinants. Chest, 2001, 120 (4): 1212 - 1217.

[24] Pourafkari L, Tajlil A, Mahmoudi S S, et al. The value of lead aVR ST segment changes in localizing culprit lesion in acute inferior myocardial infarction and its prognostic impact. Ann Noninvasive Electrocardiol, 2016, 21 (4): 389 - 396.

[25] Yamaji H, Iwasaki K, Kusachi S, et al. Prediction of acute left main coronary artery obstruction by 12-lead electrocardiography: ST segment elevation in lead aVR with less ST segment elevation in lead V_1. J Am Coll Cardiol, 2001, 38 (5): 1348 - 1354.

[26] Rostoff P, Piwowarska W, Konduracka E, et al. Value of lead aVR in the detection of significant left main coronary artery stenosis in acute coronary syndrome. Kardiol Pol, 2005, 62 (2): 128 - 135.

[27] Rostoff P, Piwowarska W. ST segment elevation in lead aVR and coronary artery lesions in patients with acute coronary syndrome. Kardiol Pol, 2006, 64 (1): 8 - 14.

[28] Makaryus A N. Global electrocardiographic changes accompanying acute presentation of 3-vessel coronary disease. Am J Emerg Med, 2006, 24 (3): 355 - 356.

[29] Kosuge M, Kimura K, Ishikawa T, et al. Predictors of left main or three-vessel disease in patients who have acute coronary syndromes with non-ST-segment elevation. Am J Cardiol, 2005, 95 (11): 1366 - 1369.

[30] Ching S, Ting S M. The forgotten lead: aVR in left main disease. Am J Med, 2015, 128 (12): e11 - e13.

[31] Kosuge M , Ebina T, Hibi K, et al. An early and simple predictor of severe left main and/or three-vessel disease in patients with non-ST-segment elevation acute coronary syndrome. Am J Cardiol, 2011, 107 (4): 495 - 500.

[32] Taglieri N, Marzocchi A, Saia F, et al. Short-and long-term prognostic signifi-

cance of ST-segment elevation in lead aVR in patients with non-ST-segment elevation acute coronary syndrome. Am J Cardiol, 2011, 108 (1): 21 -28.

[33] Kosuge M, Kimura K. Value of ST-segment elevation in lead aVR for predicting severe left main or 3-vessel disease. Am J Med, 2016, 129 (6): e37.

[34] Misumida N, Kobayashi A, Fox J T, et al. Predictive value of ST-segment elevation in lead aVR for left main and/or three-vessel disease in non-ST-segment elevation myocardial infarction. Ann Noninvasive Electrocardiol, 2016, 21 (1): 91 -97.

[35] Ducas R, Ariyarajah V, Philipp R, et al. The presence of ST-elevation in lead aVR predicts significant left main coronary artery stenosis in cardiogenic shock resulting from myocardial infarction: the Manitoba cardiogenic shock registry. Int J Cardiol, 2013, 166 (2): 465 -468.

[36] Nabati M, Emadi M, Mollaalipour M, et al. ST-segment elevation in lead aVR in the setting of acute coronary syndrome. Acta Cardiol, 2016, 71 (1): 47 -54.

[37] Alherbish A, Westerhout C M, Fu Y, et al. The forgotten lead: does aVR ST-deviation add insight into the outcomes of ST-elevation myocardial infarction patients? Am Heart J, 2013, 166 (2): 333 -339.

[38] Kosuge M, Ebina T, Hibi K, et al. ST-segment elevation resolution in lead aVR: a strong predictor of adverse outcomes in patients with non-ST-segment elevation acute coronary syndrome. Circ J, 2008, 72 (7): 1047 -1053.

[39] D'Ascenzo F, Davide Giacomo Presutti D G, Picardi E, et al. Prevalence and non-invasive predictors of left main or three-vessel coronary disease: evidence from a collaborative international meta-analysis including 22 740 patients. Heart, 2012, 98: 914 -919.

[40] Wong C K, Gao W Z, Stewart R A, et al. The prognostic meaning of the full spectrum of aVR ST-segment changes in acute myocardial infarction. Eur Heart J, 2012, 33 (3): 384 -392.

[41] Hirano T, Tsuchiya K, Nishigaki K, et al. Clinical features of emergency electrocardiography in patients with acute myocardial infarction caused by left main trunk obstruction. Circ J, 2006, 70 (5): 525 -529.

[42] 张建义，张羽中. aVR 导联及其特殊位置对冠心病诊断的意义. 实用心电学杂志，2016，25 (5): 317 -321.

[43] Talebi S, Visco F, Pekler G, et al. Diagnostic value of lead aVR in acute

coronary syndrome. Am J Emerg Med, 2015, 33 (10): 1527 - 1530.

[44] Kosuge M, Uchida K, Imoto K, et al. Prognostic value of ST-segment elevation in lead aVR in patients with type A acute aortic dissection. J Am Coll Caediol, 2015, 65 (23): 2570 - 2571.

[45] Kurisu S, Inoue I, Kawagoe T, et al. Electrocardiographic prediction of short-term prognosis in patients with acute myocardial infarction associated with the left main coronary artery. J Electrocardiol, 2009, 42 (2): 106 - 110.

[46] Kurisu S, Inoue I, Kawagoe T, et al. Electrocardiographic features in patients with acute myocardial infarction associated with left main coronary artery occlusion. Heart, 2004, 90 (9): 1059 - 1063.

[47] Fiol M, Carrillo A, Rodríguez A, et al. Electrocardiographic changes of ST-elevation myocardial infarction in patients with complete occlusion of the left main trunk without collateral circulation: differential diagnosis and clinical considerations. J Electrocardiol, 2012, 45 (5): 487 - 490.

[48] Hori T, Kurosawa T, Yoshida M, et al. Factors predicting mortality in patients after myocardial infarction caused by left main coronary artery occlusion: significance of ST segment elevation in both aVR and aVL leads. Jpn Heart J, 2000, 41 (5): 571 - 581.

[49] Wong T W, Huang X H, Liu W, et al. New electrocardiographic criteria for identifying the culprit artery in inferior wall acute myocardial infarction: usefulness of T-wave amplitude ratio in leads Ⅱ/Ⅲ and T-wave polarity in the right V_5 lead. Am J Cardiol, 2004, 94 (9): 1168 - 1171.

[50] Kühl J T, Berg R M. Utility of lead aVR for identifying the culprit lesion in acute myocardial infarction. Ann Noninvasive Electrocardiol, 2009, 14 (3): 219 - 225.

[51] Aygul N, Ozdemir K, Tokac M, et al. Value of lead aVR in predicting acute occlusion of proximal left anterior descending coronary artery and in-hospital outcome in ST-elevation myocardial infarction: an electrocardiographic predictor of poor prognosis. J Electrocardiol, 2008, 41 (4): 335 - 341.

[52] Kotoku M, Tamura A, Abe Y, et al. Determinants of ST-segment level in lead aVR in anterior wall acute myocardial infarction with ST-segment elevation. J Electrocardiol, 2009, 42 (2): 112 - 117.

[53] 张羽中，张建义. aVR 导联 ST 段抬高对冠脉左主干和/或3 支血管病变的

诊断价值. 实用心电学杂志, 2016, 25 (5): 322 - 327.
[54] 张建义, 张羽中. aVR 导联 ST 段改变对不同冠脉血管病变的诊断及鉴别诊断的意义. 实用心电学杂志, 2016, 25 (5): 328 - 333.
[55] Williamson K, Mattu A, Plautz C U, et al. Electrocardiographic applications of lead aVR. Am J Emerg Med, 2006, 24 (7): 864 - 874.
[56] Kosuge M, Kimura K, Ishikawa T, et al. ST-segment depression in lead aVR: a useful predictor of impaired myocardial reperfusion in patients with inferior acute myocardial infarction. Chest, 2005, 128 (2): 780 - 786.
[57] Engelen D J, Gorgels A P, Cheriex E C, et al. Value of the electrocardiogram in localizing the occlusion site in the left anterior descending coronary artery in acute anterior myocardial infarction. J Am Coll Cardiol, 1999, 34 (2): 389 - 395.
[58] Kosuge M, Kimura K, Ishikawa T, et al. Combined prognostic utility of ST segment in lead aVR and troponin T on admission in non-ST-segment elevation acute coronary syndromes. Am J Cardiol, 2006, 97 (3): 334 - 339.
[59] Kosuge M, Ebina T, Hibi K, et al. ST-segment depression in lead aVR: a useful predictor of impaired myocardial reperfusion in patients with anterolateral ST-segment elevation acute myocardial infarction. Circulation, 2009, 120: S1007 - S1008.
[60] Nair R, Glancy D L. ECG discrimination between right and left circumflex coronary arterial occlusion in patients with acute inferior myocardial infarction: value of old criteria and use of lead aVR. Chest, 2002, 122 (1): 134 - 139.
[61] Stone G W, Peterson M A, Lansky A J, et al. Impact of normalized myocardial perfusion after successful angioplasty in acute myocardial infarction. J Am Coll Cardiol, 2002, 39 (4): 591 - 597.
[62] Henriques J P, Zijlstra F, Van't Hof A W, et al. Angiographic assessment of reperfusion in acute myocardial infarction by myocardial blush grade. Circulation, 2003, 107 (6): 2115 - 2119.
[63] Kukla P, Bryniarski L, Dudek D, et al. Prognostic significance of ST segment changes in lead aVR in patients with acute inferior myocardial infarction with ST segment elevation. Kardiol Pol, 2012, 70 (2): 111 - 118.
[64] Kosuge M, Kimura K, Ishikawa T, et al. Implications of the absence of ST-segment elevation in lead V_4R in patients who have inferior wall acute myocardi-

al infarction with right ventricular involvement. Clin Cardiol, 2001, 24 (3): 225 -230.

[65] Mehta S R, Eikelboom J W, Natarajan M K, et al. Impact of right ventricular involvement on mortality and morbidity in patients with inferior myocardial infarction. J Am Coll Cardiol, 2001, 37 (3): 37 -43.

[66] Kanei Y, Sharma J, Diwan R. ST-segment depression in aVR as a predictor of culprit artery and infarct size in acute inferior wall ST-segment elevation myocardial infarction. J Electrocardiol, 2010, 4 (2): 132 -135.

[67] Vales L, Kanei Y, Schweltez P. Electrocardiographic predictors of culprit artery in acute inferior ST elevation myocardial infarction. J Electrocardiol, 2011, 44 (1): 31 -35.

[68] Fiol M, Cygankiewicz I, Carrrillo A, et al. Value of electrocardiogtanphic algorithm based on ups and downs of ST in assessment of culprit artery in evolving inferior wall acute myocardial infarction. Am J Cardiol, 2004, 94 (6): 709 -714.

[69] Zhan Zhong-qun, Wang Wei, Dang Shu-yi. Electrocardiographic characteristics in angiographically documented occlusion of the dominant left circumflex artery with acute inferior myocardial infarction: limitations of ST elevation Ⅲ/Ⅱ ratio and ST deviation in lateral limb leads. J Electrocardiol, 2009, 42 (5): 432 -439.

[70] Wong S C, Sanborn T, Sleeper L A, et al. Angiographic findings and clinical correlates in patients with cardiogenic shock complicating acute myocardial infarction: a report from the Shock trial registry. J Am Coll Cardiol, 2000, 36 (3): 1077 -1083.

[71] Elsman P, van't Hof A W, Hoorntje J C, et al. Effect of coronary occlusion site on angiographic and clinical outcome in acute myocardial infarction patients treated with early coronary intervention. Am J Cardiol, 2006, 97 (8): 1137 -1141.

[72] Zeymer U, Vogt A, Zahn R, et al. Predictors of in-hospital mortality in 1333 patients with acute myocardial infarction complicated by cardiogenic shock treated with primary percutaneous coronary intervention (PCI); Results of the primary PCI registry of the Arbeitsgemeinschaft Leitende Kardiologische Krankenhausarzte (ALKK) . Eur Heart J, 2004, 25 (4): 322 -328.

[73] Kosuge M, Ebina T, Hibi K, et al: ST-segment depression in lead aVR predicts 30-day adverse outcomes in patients with inferior acute myocardial infrac-

tion. J Am coll Cardiol, 2016, 67 (13): 475.

[74] Braunwald E, Antman E M, Beasley J W, et al. ACC/AHA guideline update for the management of patients with unstable angina and non-ST-segment elevation myocardial infarction—2002 (summary article): a report of the American College of Cardiology/American Heart Association Task Force on Practice Guidelines (committee on the management of patients with unstable angina) . Circulation, 2002, 106 (14): 1893 - 1900.

[75] Kaul P, Fu Y, Chang W C, et al. Prognostic value of ST segment depression in acute coronary syndromes: insights from PARAGON-A applied to GUSTO - Ⅱb. J Am Coll Cardiol, 2001, 38 (1): 64 - 71.

[76] Mathew V, Farkouh M, Grill D E, et al. Clinical risk stratification correlates with the angiographic extent of coronary artery disease in unstable angina. J Am Coll Cardiol, 2001, 37 (8): 2053 - 2058.

[77] Kosuge M, Kimura K, Ishikawa T, et al. ST-segment depression in lead aVR predicts predischarge left ventricular dysfunction in patients with reperfused anterior acute myocardial infarction with anterolateral ST-segment elevation. Am Heart J, 2001, 142 (1): 51 - 57.

[78] Tan S Y, Engel G, Myers J, et al. The prognostic value of T wave amplitude in lead aVR in males. Ann Noninvasive Electrocardiol, 2008, 13 (2): 113 - 119.

[79] Szymański F M, Grabowski M, Filipiak K J, et al. Admission ST-segment elevation in lead aVR as the factor improving complex risk stratification in acute coronary syndromes. Am J Emerg Med, 2008, 26 (4): 408 - 412.

[80] Antman E M, Cohen M, Bernink P J, et al. The TIMI risk score for unstable angina/non-ST elevation MI: a method for prognostication and therapeutic decision making. J AM Med Assoc, 2000, 284 (7): 835 - 842.

[81] Sabatine M S, McCabe C H, Morrow D A, et al. Identification of patients at high risk for death and cardiac is chemic events after hospital discharge. Am Heart J, 2002, 143 (6): 966 - 970.

[82] Silber S, Albertsson P, Avile's F F, et al. Guidelines for percutaneous coronary interventions: the task force for percutaneous coronary interventions of the european society of cardiology. Eur Heart J, 2005, 26: 804 - 847.

[83] Chase M, Robey J L, Zogby K E, et al. Prospective validation of the thrombolysis in myocardial Infarction risk score in the emergency department chest pain

population. Ann Emerg Med, 2006, 48: 252 - 259.

[84] Savonitto S, Cohen M G, Politi A, et al. Extent of ST-segment depression and cardiac events in non-ST-segment elevation acute coronary syndromes. Eur Heart J, 2005: 26 (20): 2106 - 2113.

[85] Yan A T, Yan R T, Kennelly B M, et al. Relationship of ST elevation in lead aVR with angiographic findings and outcome in non-ST elevation acute coronary syndromes. Am Heart J, 2007, 154 (1): 71 - 78.

[86] Kaul P, Newby L K, Fu Y, et al. Troponin T and quantitative ST-segment depression offer complementary prognostic information in the risk stratification of acute coronary syndrome patients. J Am Coll Cardiol, 2003, 41 (3): 371 - 380.

[87] Kosuge M, Kimura K, Ishikawa T. Clinical implications of persistent ST segment depression after admission in patients with non-ST segment elevation acute coronary syndrome. Heart, 2005, 91 (1): 95 - 96.

[88] Bassand J P, Hamm W C, Ardissino D, et al. Guidelines for the diagnosis and treatment of non-ST-segment elevation acute coronary syndromes: the Task Force for the diagnosis and treatment of non-ST-segment elevation acute coronary syndromes of the European Society of Cardiology. Eur Heart J, 2007, 28 (13): 1598 - 1660.

[89] Cannon C P, McCabe C H, Stone P H, et al. The electrocardiogram predicts one-year outcome of patients with unstable angina and non-Q wave myocardial infarction: Results of the TIMI Ⅲ registry ECG ancillary study. J Am Coll Cardiol, 1997, 30 (1): 133 - 140.

[90] Holmvang L, Clemmensen P, Lindahl B, et al. Quantitative analysis of the admission electrocardiogram identifies patients with unstable coronary artery disease who benefit the most from early invasive treatment. J Am Coll Cardiol, 2003, 41 (6): 905 - 915.

[91] Westerhout C M, Fu Y, Lauer M S, et al. Short-and long-term risk stratification in acute coronary syndromes: The added value of quantitative ST-segment depression and multiple biomarkers. J Am Coll Cardiol, 2006, 48 (5): 939 - 947.

[92] Gaitonde R S, Sharma N, Ali-Hasan S, et al. Prediction of significant left main coronary artery stenosis by the 12-lead electrocardiogram in patients with rest angina pectoris and the withholding of clopidogrel therapy. Am J Cardiol, 2003, 92 (7): 846 - 848.

[93] Ramirez J, Monasterioé V, Mincholé A, et al. Automatic SVM classification of sudden cardiac death and pump failure death from autonomic and repolarization ECG markers. J Electrocardiol, 2015, 48 (4): 551 – 557.

[94] Bruch C, Gotzmann M, Stypmann J, et al. Electrocardiography and Doppler echocardiography for risk stratification in patients with chronic heart failure: incremental prognostic value of QRS duration and a restrictive mitral filling pattern. J Am Coll Cardiol, 2005, 45 (7): 1072 – 1075.

[95] Orhan U. Real-time CHF detection from ECG signals using a novel discretization method. Comput Biol Med, 2013, 43 (10): 1556 – 1562.

[96] Yukie G, Akira T, Munenori K, et al. ST-segment deviation in lead aVR on admission is not associated with left ventricular function at predischarge in first anterior wall ST-segment elevation acute myocardial infarction. Am J Cardiol, 2011, 108 (5): 625 – 629.

[97] Michaelides A P, Psomadaki Z D, Aigyptiadou M N, et al. Significance of exercise-induced ST changes in leads aVR, V_5 and V_1: discrimination of patients with single-or multivessel coronary artery disease. Clin Cardiol, 2003, 26 (5): 226 – 230.

[98] Johanne N, Heather J S, Amanda M, et al. ST segment elevation in lead aVR during exercise testing is associated with LAD stenosis. Eur J Nucl Med Mol Imaging, 2007, 34 (3): 338 – 345.

[99] Nikus K C, Sclarovsky S. ST elevation in lead aVR as a sign of left main disease-perpetuating an error? Am J Cardiol, 2004, 94 (4): 542 – 543.

[100] Tuna K M, Tolga K H, Tekin A, et al. Exercise-induced ST-segment elevation in leads aVR and V_1 for the prediction of left main disease. Int J Cardiol, 2008, 128 (2): 240 – 243.

[101] Uthamalingam S, Zheng H, Leavitt M, et al. Exercise-induced ST-segment elevation in ECG lead aVR is a useful indicator of significant left main or ostial LAD coronary artery stenosis. JACC Cardiovasc Imaging, 2011, 4 (2): 176 – 186.

[102] Ari H, Alihanoğlu Y, Ari M, et al. Diagnostic importance of aVR derivation in exercise stress testing for interpreting of multivessel and proximal LAD disease. Anadolu Kardiyd Derg, 2011, 11 (8): 749 – 750.

[103] Kligfield P, Gettes L S, Bailey J J, et al. Recommendations for the standardi-

zation and interpretation of the electrocardiogram: part Ⅰ: the electrocardiogram and its technology: a scientific statement from the american heart association electrocardiography and arrhythmias committee, council on clinical Cardiology; the american college of cardiology foundation; and the heart rhythm society. Circulation, 2007, 115 (10): 1306-1324.

[104] Detrano R, Gianrossi R, Mulvihill D, et al. Exercise-induced ST segment depression in the diagnosis of multivessel coronary disease: a meta analysis. J Am Coll Cardiol, 1989, 14 (6): 1501-1508.

[105] Yan R T, Yan A T, Mahaffey K W, et al. Prognostic utility of quantifying evolutionary ST-segment depression on early follow-up electrocardiogram in patients with non-ST-segment elevation acute coronary syndromes. Eur Heart J, 2010, 31 (8): 958-966.

[106] Kossaify A. ST segment elevation in aVR: clinical significance in acute coronary syndrome. Clin Med Insights Case Rep, 2013, 21, 6 (6): 41-45.

[107] Ionescu C N, Donohue T J. ECG findings in acute left main coronary artery thrombosis: a case report and review of the literature. Conn Med, 2009, 73 (6): 333-335.

[108] Zhong-qun Z, Wei W, Chong-quan W, et al. Acute anterior wall myocardial infarction entailing ST-segment elevation in lead V_{3R}, V_1 or aVR: electrocardiographic and angiographic correlations. J Electrocardiol, 2008, 41 (4): 329-334.

[109] Vasudevan K, Manjunath C N, Srinivas K H, et al. Electrocardiographic localization of the occlusion site in left anterior descending coronary artery in acute anterior myocardial infarction. Indian Heart J, 2004, 56 (4): 315-319.

[110] Kleemann T, Juenger C, Gitt A K, et al. MITRA PLUS Study Group. Incidence and clinical impact of right bundle branch block in patients with acute myocardial infarction: ST elevation myocardial infarction versus non-ST elevation myocardial infarction. Am Heart J, 2008, 156 (2): 256-261.

[111] Silva K D, Perera D. Cannabis, collaterals, and coronary occlusion. Case Rep Cardiol, 2011, doi: 10.1155/2011/469850.

[112] Glancy D L, Nguyen T M, Bratschi S S, et al. Electrocardiogram in a man with chest pain and widespread atherosclerotic disease. Proc (Bayl Univ Med Cent), 2012, 25 (4): 357-358.

[113] Patanè S, Marte F, Sturiale M, et al. Acute myocardial infarction with significant left main coronary artery stenosis, significant 3-vessel coronary artery disease and elevated troponin – I at admission. Int J Cardiol, 2011, 153 (1): e1 – e2.

[114] Taylor C M, Aymong E D, Hochman J S, et al. The presence of ST-segment elevation in lead aVR in cardiogenic shock is a predictor of mortality. Circulation, 2007 (16): Ⅱ (526).

[115] 张羽中，张建义. aVR 导联 T 波直立对心血管性死亡的预测意义. 实用心电学杂志，2017，26（6）：442 – 449.

[116] Badheka A O, Patel N J, Grover P M, et al. ST-T wave abnormality in lead aVR and reclassification of cardiovascular risk (from the National Health and Nutrition Examination Survey-Ⅲ). Am J Cardiol, 2013, 112 (6): 805 – 810.

[117] Anttila I, Nikus K, Nieminen T, et al. Relation of positive T wave in lead aVR to risk of cardiovascular mortality. Am J Cardiol, 2011, 108 (12): 1735 – 1740.

[118] Shinozaki K, Tamura A, Kadota J. Associations of positive T wave in lead aVR with hemodynamic, coronary, and left ventricular angiographic findings in anterior wall old myocardial infarction. J Cardiol, 2011, 57 (2): 160 – 164.

[119] Tanaka Y, Konno T Y, Shohei S, et al. T wave amplitude in lead aVR as a novel diagnostic marker for cardiac sarcoidosis. Heart and Vessels, 2017, 32 (3): 352 – 358.

[120] Ayhan E, Isík T, Uyarel H, et al. Prognostic significance of T-wave amplitude in lead aVR on the admission electrocardiography in patients with anterior wall ST-elevation myocardial infarction treated by primary percutaneous intervention. Ann Noninvasive Electrocardiol, 2013, 18 (1): 51 – 57.

[121] Kobayashi A, Misumida N, Kanei K. T-wave amplitude in lead aVR as a predictor for a higher rate of in-hospital coronary artery bypass graft in patients with non-ST elevation myocardial infarction. J Am Coll Cardiol, 2014, 64 (11): B2.

[122] Okuda K, Watanabe E, Sano K, et al. Prognostic significance of T-wave amplitude in lead aVR in heart failure patients with narrow QRS complexes. Ann Noninvasive Electrocardiol, 2011, 16 (3): 250 – 257.

[123] Derek P, Kumar K, Audrey U E, et al. T-wave reversal in the augmented unipolar right arm electrocardiographic lead is associated with increased risk

of sudden death. J Inter Cardiac Electrophysiol, 2016, 45 (2): 141 - 147.

[124] Al-Zaiti S S, Fallavollita J A, Canty J M, et al. The prognostic value of discordant T waves in lead aVR: a simple risk marker of sudden cardiac arrest in ischemic cardiomyopathy. J Electrocardiol, 2015, 48 (5): 887 - 892.

[125] Verma V K, Alkeylani A. Can an upright T-wave in lead aVR be a clinical marker for underlying myocardial disease? Chest, 2003, 124 (4): 1555.

[126] Peters S. Low amplitude of inverted T-waves in lead aVR characterise patients with arrhythmogenic cardiomyopathy. Inter J of Cardiol, 2016, 220: 201.

[127] Schneider B, Peters K, Desch U, et al. Electrocardiographic patterns differentiating "apical ballooning" from anterior myocardial infarction. Circulation, 2014, 130: A15688.

[128] Matsukane A, Hayashi T, Tanaka Y, et al. Usefulness of an upright T-wave in lead aVR for predicting the short-term prognosis of incident hemodialysis patients: a potential tool for screening high-risk hemodialysis patients. Cardiorenal Med, 2015, 5 (4): 267 - 277.

[129] Yoshinaga T, Ikeda S, Shikuwa M, et al. Relationship between ECG findings and pulmonary artery pressure in patients with acute massive pulmonary thromboembolism. Circ J, 2003, 67 (3): 229 - 232.

[130] Ferrari E, Imbert A, Chevalier T, et al. The ECG in pulmonary embolism. Predictive value of negative T waves in precordial leads—80 case reports. Chest, 1997, 111 (3): 537 - 543.

[131] Kosuge M, Kimura K, Ishikawa T, et al. Prognostic significance of inverted T waves in patients with acute pulmonary embolism. Cir J, 2006, 70 (6): 750 - 755.

[132] Daniel K R, Courtney D M, Kline J A. Assessment of cardiac stress from massive pulmonary embolism with 12-lead ECG. Chest, 2001, 120 (2): 474 - 481.

[133] Kostrubiec M, Hrynkiewicz A, Pedowska-Wloszek J, et al. Is it possible to use standard electrocardiography for risk assessment of patients with pulmonary embolism? Kardiol Pol, 2009, 67 (7): 744 - 750.

[134] Toosi M S, Merlino J D, Leeper K V. Electrocardiographic score and short-term outcomes of acute pulmonary embolism. Am J Cardiol, 2007, 100 (7): 1172 - 1176.

[135] Torbicki A, Perrier A, Konstantinides S, et al. Guidelines on the diagnosis and management of acute pulmonary embolism: the task force for the diagnosis and management of acute pulmonary embolism of the european society of cardiology (ESC). Eur Heart J, 2008, 29 (18): 2276 - 2315.

[136] Aujesky D, Mor M K, Geng M, et al. Hospital volume and patient outcomes in pulmonary embolism. Can Med Assoc J, 2008, 178 (1): 27 - 33.

[137] Escobar C, Jimenez D, Marti D, et al. Prognostic value of electrocardiographic findings in hemodynamically stable patients with acute symptomatic pulmonary embolism. Rev Esp Cardiol, 2008, 61 (3): 244 - 250.

[138] Punukollu G, Gowda R M, Vasavada B C, et al. Role of electrocardiography in identifying right ventricular dysfunction in acute pulmonary embolism. Am J Cardiol, 2005, 96 (3): 450 - 452.

[139] Janata K, Holzer M, Laggner A N, et al. Cardiac troponin T in the severity assessment of patients with pulmonary embolism: cohort study. Brit Med J, 2003, 326 (7384): 312 - 313.

[140] Post F, Mertens D, Sinning C, et al. Decision for aggressive therapy in acute pulmonary embolism: implication of elevated troponin T. Clin Res Cardiol, 2009, 98 (6): 401 - 408.

[141] Becattini C, Vedovati M C, Agnelli G. Prognostic value of troponins in acute pulmonary embolism: a meta-analysis. Circulation, 2007, 116 (4): 427 - 433.

[142] Jimenez D, Diaz G, Molina J, et al. Troponin I and risk stratification of patients with acute non-massive pulmonary embolism. Eur Respir J, 2008, 31 (4): 847 - 853.

[143] Kucher N, Rossi E, De Rosa M, et al. Prognostic role of echocardiography among patients with acute pulmonary embolism and a systolic arterial pressure of 90 mmHg or higher. Arch Intern Med, 2005, 165 (15): 1777 - 1781.

[144] Vanni S, Polidori G, Vergara R, et al. Prognostic value of ECG among patients with acute pulmonary embolism and normal blood pressure. Am J Med, 2009, 122 (3): 257 - 264.

[145] Stein P D, Kayali F, Olson R E. Estimated case fatality rate of pulmonary embolism—1979 to 1998. Am J Cardiol, 2004, 93 (9): 1197 - 1199.

[146] Task Force on Pulmonary Embolism, European Society of Cardiology. Guidelines on diagnosis and management of acute pulmonary embolism. Eur Heart J,

2000, 21 (16): 1301 - 1336.

[147] Coma-Canella I, Gamallo C, Martinez O P, et al. Acute right ventricular infarction secondary to massive pulmonary embolism. Eur Heart J, 1988, 9 (5): 534 - 540.

[148] Budavari A I, Glenn T J, Will K K, et al. A case of simultaneous pulmonary embolism and acute myocardial infarction secondary to a previously undiagnosed patent foramen ovale. J Hosp Med, 2009, 4 (5): E5 - E9.

[149] Uchida S, Yamamoto M, Masaoka Y, et al. A case of acute pulmonary embolism and acute myocardial infarction with suspected paradoxical embolism after laparoscopic surgery. Heart Vessels, 1999, 14 (4): 197 - 200.

[150] Haghi D, Sueselbeck T, Papavassiliu T, et al. Paradoxical coronary embolism causing non-ST segment elevation myocardial infarction in a case of pulmonary embolism. Z Kardiol, 2004, 93 (10): 824 - 828.

[151] Ahmet Y, Cem B, Fatih A, et al. Concurrent pulmonary embolism and acute coronary syndrome with dynamic electrocardiographic changes. Am J Emerg Med, 2012, 30 (4): 637. e1 - 637. e4.

[152] Kapłon W B, Bzymek R M, Gutkowski W. Acute coronary syndrome following massive pulmonary embolism in a 81-year-old woman with thrombophilia. Kardiol Pol, 2008, 66 (5): 543 - 547.

[153] Kosuge M, Kimura K. Electrocardiographic differentiation between acute pulmonary embolism and acute coronary syndromes on the basis of negative T waves. Am J Cardiol, 2007, 99 (6): 817 - 821.

[154] Kosuge M, Ebina T, Hibi K, et al. Differences in negative T waves between acute pulmonary embolism and acute coronary syndrome. Circ J, 2014, 78 (2): 483 - 489.

[155] Kostantinides S. Pulmonary embolism: impact of right ventricular dysfunction. Curr Opin Cardiol, 2005, 20 (6): 496 - 501.

[156] 张建义，张羽中．急性肺动脉栓塞合并急性冠脉综合征的心电图诊断. 实用心电学杂志，2015，24 (6): 452 - 456.

[157] Zhong-qun Z, Chong-quan W, Nikus K C, et al. A new electrocardiogram finding for massive pulmonary embolism: ST elevation in lead aVR with ST depression in leads I and V_4 to V_6. Am J Emerg Med, 2013, 31 (2): 456. e5 - 456. e8.

[158] Sadeghpour A, Alizadeasl A. Can isolated ST elevation in aVR lead be a sign of acute pulmonary embolism? Anadulu Kardiyoloji Dergisi, 2013, 13 (3): 288 - 289.

[159] Kukla P, Bryniarski L, Jastrzbski M, et al. Comment on "A new electrocardiogram finding for massive pulmonary embolism: ST elevation in lead aVR with ST depression in leads I and V_4 to V_6". Am J Emerg Med, 2013, 31 (5): 873.

[160] Kukla P, Dlugopolski R, Krupa E, et al. The prognostic value of ST-segment elevation in the lead aVR in patients with acute pulmonary embolism. Kardiol Pol, 2011, 69 (7): 649 - 654.

[161] Stein P D, Matta F, Sabra M J, et al. Relation of electrocardiographic changes in pulmonary embolism to right ventricular enlargement. Am J Cardiol, 2013, 112 (12): 1958 - 1961.

[162] Yeh K H, Chang H. Massive pulmonary embolism with anterolateral ST-segment elevation: electrocardiogram limitations and the role of echocardiogram. Am J Emerg Med, 2008, 26 (5): 632. e1 - 632. e3.

[163] Rodger M, Makropoulos D, Turek M, et al. Diagnostic value of the electrocardiogram in suspected pulmonary embolism. Am J Cardiol, 2000, 86 (7): 807 - 809.

[164] Sukhija R, Aronow W S, Lee J, et al. Association of right ventricular dysfunction with in-hospital mortality in patients with acute pulmonary embolism and reduction in mortality in patients with right ventricular dysfunction by pulmonary embolectomy. Am J Cardiol, 2005, 95 (5): 695 - 696.

[165] Sukhija R, Aronow W, Ahn C, et al. Electrocardiographic abnormalities in patients with right ventricular dilation due to acute pulmonary embolism. Cardiol, 2006, 105 (1): 57 - 60.

[166] Cheng T O. Mechanism of ST-elevation in acute pulmonary embolism. Int J Cardiol, 2005, 103 (2): 221 - 223.

[167] Falterman T J, Martinez J A, Daberkow D, et al. Pulmonary embolism with ST segment elevation in leads V_1 to V_4: case report and review of the literature regarding electrocardiographic changes in acute pulmonary embolism. J Emerg Med, 2001, 21 (3): 255 - 261.

[168] Ho Y L, Lin L Y, Lin J L, et al. Usefulness of ST-segment elevation in lead aVR during tachycardia for determining the mechanism of narrow QRS com-

plex tachycardia. Am J Cardiol, 2003, 92 (12): 1424 - 1428.

[169] Kim Y N, Sousa J, El-Atassi R, et al. Magnitude of ST segment depression during paroxysmal supraventricular tachycardia. Am Heart J, 1991, 122 (5): 1486 - 1487.

[170] Vereckei A, Duray G, Szénási G, et al. New algorithm using only lead aVR for differential diagnosis of wide QRS complex tachycardia. Heart Rhythm, 2008, 5 (1): 89 - 98.

[171] Schumacher B, Spehl S, Langbein A, et al. Regular tachycardia with broad QRS complex: differential diagnosis on 12-lead ECG. Herzschrittmacherther Elecktrophysiol, 2009, 20 (1): 5 - 13.

[172] Lin T, Ma Y T, Muhu Y, et al. Value of aVR lead four steps algorithm on differential diagnosis of wide QRS complex tachycardia. Zhonghua Xin Xue Guan Bing Za Zhi, 2011, 39 (1): 69 - 72.

[173] Rader F, Costantini O, Jarrett C, et al. Quantitative electrocardiography for predicting postoperative atrial fibrillation after cardiac surgery. J Electrocardiol, 2011, 44 (6): 761 - 767.

[174] Bommel R J, Marsan N A, Delgado V, et al. Value of the surface electrocardiogram in detecting right ventricular dilatation in the presence of left bundle branch block. Am J Cardiol, 2011, 107 (5): 736 - 740.

[175] Baldasseroni S, Opasich C, Gorini M, et al. Left bundle-branch block is associated with increased 1-year sudden and total mortality rate in 5517 outpatients with congestive heart failure: a report from the Italian network on congestive heart failure. Am Heart J, 2002, 143 (3): 398 - 405.

[176] Sandhu R, Bahler R C. Prevalence of QRS prolongation in a community hospital cohort of patients with heart failure and its relation to left ventricular systolic dysfunction. Am J Cardiol, 2004, 93 (2): 244 - 246.

[177] Goldberger A L, Dresselhaus T, Bhargava V. Dilated cardiomyopathy: utility of the transverse: frontal plane QRS voltage ratio. J Electrocardiol, 1985, 18 (1): 35 - 40.

[178] Spodick D H. Diagnostic electrocardiographic sequences in acute pericarditis. Significance of PR segment and PR vector changes. Circulation, 1973, 48 (3): 575 - 580.

[179] Chew H C, Lim S H. Electrocardiographical case. ST elevation: is this an

infarct? Singapore Med J, 2005, 46 (11): 656 - 660.

[180] Kristinsson G, Flynn P, Rapaport S, et al. PR-segment changes in childhood pericarditis. J Pediatr, 2002, 140 (3): 378.

[181] Sunkureddi P R, Gonzalez E B, Washington R, et al. A 39-year-old man with sudden onset of chest pain. Cleve Clin J Med, 2005, 72 (11): 1050 - 1056.

[182] Al-Nabti A D, Al-Hail K S, Almarri M R, et al. The role of isolated aVR and V_1 reciprocal changes in differentiating acute precarditis form myocardial infarction. Heart Views, 2008, 9 (3): 114 - 120.

[183] Jakimavicius M, Sveikata A, Vainauskas P, et al. Analysis of antidepressant prescribing tendencies in Lithuania in 2003—2004. Medicina (Kaunas), 2007, 43 (5): 412 - 418.

[184] Hirschfeld R M. The epidemiology of depression and the evolution of treatment. J Clin Psychiatry, 2012, 73 (1): 5 - 9.

[185] Leonard C E, Bilker W B, Newcomb C, et al. Antidepressants and the risk of sudden cardiac death and ventricular arrhythmia. Pharmacoepidemiol Drug Saf, 2011, 20 (9): 903 - 913.

[186] Coupland C A, Dhiman P, Barton G, et al. A study of the safety and harms of antidepressant drugs for older people: a cohort study using a large primary care database. Health Technol Assess, 2011, 15 (28): 1 - 202.

[187] Andrade S E, Raebel M A, Brown J, et al. Use of antidepressant medications during pregnancy: a multisite study. Am J Obstet Gynecol, 2008, 198 (2): 194. e1 - 194. e5.

[188] Weeke P, Jensen A, Folke F, et al. Antidepressant use and risk of out-of-hospital cardiac arrest: a nationwide case-time-control study. Clin Pharmacol Ther, 2012, 92 (1): 72 - 79.

[189] Olgun H, Yildirim Z K, Karacan M, et al. Clinical, electrocardiographic, and laboratory findings in children with amitriptyline intoxication. Pediatr Emerg Care, 2009, 25 (3): 170 - 173.

[190] Hossein Sanaei-Zadeh. Initial downward deflection in lead aVR in cyclic antidepressant poisoning—S or Q wave. Am J Cardiol, 2011, 108 (6): 899.

[191] Boehnert M T, Lovejoy F H Jr. Value of the QRS duration versus the serum drug level in predicting seizures and ventricular arrhythmias after an acute overdose of tricyclic antidepressants. N Engl J Med, 1985, 313 (8): 474 - 479.

[192] Caravati E M, Bossart P J. Demographic and electrocardiographic factors associated with severe tricyclic antidepressant toxicity. J Toxicol Clin Toxicol, 1991, 29 (1): 31 -43.

[193] Liebelt E L, Francis P D, Woolf A D, et al. ECG lead aVR versus QRS interval in predicting seizures and arrhythmias in acute tricyclic antidepressant toxicity. Ann Emerg Med, 1995, 26 (2): 195 -201.

[194] Liebelt E L, Nelson L S, Lewin N A, et al. Cyclic antidepressants Goldfrank's toxicologic emergencies. 9th ed. New York: McGraw-Hill, 2011: 1049 -1059.

[195] Choi K H, Lee K U. Serial monitoring of lead aVR in patients with prolonged unconsciousness following tricyclic antidepressant overdose. Psychiatry Invest, 2008, 5 (4): 247 -250.

[196] Buckley N A, Chevalier S, Leditschke I A, et al. The limited utility of electrocardiography variable used to predict arrhythmia in psychotropic drug overdose. Crit Care, 2003, 7 (5): 101 -107.

[197] McKinney P E, Rasmussen R. Reversal of severe tricyclic antidepressant-induced cardiotoxicity with intravenous hypertonic saline solution. Ann Emerg Med, 2003, 42 (1): 20 -24.

[198] Singh N, Singh H K, Harinder K, et al. Serial electrocardiographic changes as a predictor of cardiovascular toxicity in acute tricyclic antidepressant overdose. Am J Ther, 2002, 9 (1): 75 -79.

[199] Eyer F, Stenzel J, Schuster T, et al. Risk assessment of severe tricyclic antidepressant overdose. Hum Exp Toxicol, 2009, 28 (8): 511 -519.

[200] Clement A, Raney J J, Wasserman G S, et al. Chronic amitriptyline overdose in a child. Clin Toxicol (Phila), 2012, 50 (5): 431 -434.

[201] Foianini A, Joseph W T, Benowitz N, et al. What is the role of lidocaine or phenytoin in tricyclic antidepressant-induced cardiotoxicity? Clin Toxicol (Phila), 2010, 48 (4): 325 -330.

[202] Chopra N, Laver D, Davies S S, et al. Amitriptyline activates cardiac ryanodine channels and causes spontaneous sarcoplasmic reticulum calcium release. Mol Pharmacol, 2009, 75 (1): 183 -195.

[203] Cole J B, Sattiraju S, Bilden E F, et al. Isolated tramadol overdose associated with Brugada ECG pattern. Pacing Clin Electrophysiol, 2010, 35

(8): e219 - e221.

[204] Emamhadi M, Sanaei-Zadeh H, Masoumeh N, et al. Electrocardiographic manifestations of tramadol toxicity with special reference to their ability for prediction of seizures. Am J Emerg Med, 2012, 30 (8): 1481 - 1485.

[205] Katsuki R, Fujita T, Koga A, et al. Tramadol, but not its major metabolite (mono-O-demethyl tramadol) depresses compound action potentials in frog sciatic nerves. Br J Pharmacol, 2006, 149 (3): 319 - 327.

[206] Altunkaya H, Ozer Y, Kargi E, et al. The postoperative analgesic effect of tramadol when used as subcutaneous local anesthetic. Anesth Analg, 2004, 99 (5): 1461 - 1464.

[207] Sanaei-Zadeh H, Zamani N, Shahmohammadi F, et al. Methods for the measurement of the terminal 40-millisecond (T40-ms) frontal plane axis in tricyclic antidepressant poisoning. Resuscitation, 2011, 82 (9): 1255 - 1256.

[208] Bailey B, Buckley N A, Amre D K. A meta-analysis of prognostic indicators to predict seizures, arrhythmias or death after tricyclic antidepressant overdose. J Toxicol Clin Toxicol, 2004, 42 (6): 877 - 888.

[209] Bebarta V S, Phillips S, Eberhardt A, et al. Incidence of Brugada electrocardiographic pattern and outcomes of these patients after intentional tricyclic antidepressant ingestion. Am J Cardiol, 2007, 100 (4): 656 - 660.

[210] Brahmi N, Thabet H, Kouraichi N, et al. Brugada syndrome and other cardiovascular abnormalities related to tricyclic antidepressants ans related drugs intoxication. Arch Mal Coeur Vaiss, 2007, 100 (1): 28 - 33.

[211] Tashiro N, Sato N, Talib A K, et al. Brugada syndrome case: difficult differentiation between a concealed form and tricyclic antidepressant-induced Brugada sign. Intern Med, 2009, 48 (17): 1535 - 1539.

[212] Minoura Y, Diego J M, Barajas M H, et al. Ionic and cellular mechanisms underlying the development of acquired Brugada syndrome in patients treated with antidepressants. J Cardiovasc Electrophysiol, 2012, 23 (4): 423 - 432.

[213] Palaniswamy C, Selvaraj D R, Chugh T, et al. Brugada electrocardiographic pattern induced by amitriptyline overdose. Am J Ther, 2010, 17 (5): 529 - 532.

[214] Chan H Y, Chan Y C, Lau F L, et al. Reversal of Brugada electrocardiographic pattern with sodium bicarbonate solution after amitriptyline overdose. Clin Toxicol (Phila), 2008, 46 (9): 892 - 896.

[215] Bebarta V S, Waksman J C. Amitriptyline – induced Brugada pattern fails to respond to sodium bicarbonate. Clin Toxicol (Phila), 2007, 45 (2): 186 – 188.

[216] Drago A, De Ponti F, Boriani G, et al. Strategy for a genetic assessment of antipsychotic and antidepressant-related proarrhythmia. Curr Med Chem, 2008, 15 (24): 2472 – 2517.

[217] Vieweg W V, Hasnain M, Howland R H, et al. Citalopram, QTc interval prolongation, and torsade de pointes. How should we apply the recent FDA ruling? Am J Med, 2012, 125 (9): 859 – 868.

[218] De Roock S, Beauloye C, De Bauwer I, et al. Tako-tsubo syndrome following nortriptyline overdose. Clin Toxicol, 2008, 46 (5): 475 – 478.

[219] Antman E M, Anbe D T, Armstrong P W, et al. ACC/AHA guidelines for the management of patients with ST-elevation myocardial infarction—executive summary: a report of the American college of cardiology/American heart association task force on practice guidelines (writing committee to revise the 1999 guidelines for the management of patients with acute myocardial infarction). Circulation, 2004, 110 (5): 588 – 636.

[220] Hyde T A, French J K, Wong C K, et al. Four-year survival of patients with acute coronary syndromes without ST-segment elevation and prognostic significance of 0. 5-mm ST-segment depression. Am J Cardiol, 1999, 84 (4): 379 – 385.

[221] Diderholm E, Andrén B, Frostfeldt G, et al. ST depression in ECG at entry indicates severe coronary lesions and large benefits of an early invasive treatment strategy in unstable coronary artery disease. Eur Heart J, 2002, 23 (1): 41 – 49.

[222] Savonitto S, Ardissino D, Granger C B, et al. Prognostic value of the admission electrocardiogram in acute coronary syndromes. J Am Med Assoc, 1999, 281 (8): 707 – 713.

[223] Yan A T, Yan R T, Tan M, et al. ST-segment depression in non-ST elevation acute coronary syndromes: quantitative analysis may not provide incremental prognostic value beyond comprehensive risk stratification. Am Heart J, 2006, 152 (2): 270 – 276.

[224] Granger C B, Goldberg R J, Dabbous O, et al. Predictors of hospital mortality in the global registry of acute coronary events. Arch Intern Med, 2003,

163 (19): 2345 -2353.

[225] Boersma E, Pieper K S, Steyerberg E W, et al. Predictors of outcome in patients with acute coronary syndromes without persistent ST-segment elevation. Results from an international trial of 9 461 patients. Circulation, 2000, 101 (22): 2557 -2567.

[226] GRACE investigators. Rationale and design of the GRACE (global registry of acute coronary events) project: a multinational registry of patients hospitalized with acute coronary syndromes. Am Heart J, 2001, 141 (2): 190 -199.

[227] Barrabés J A, Figueras J. Does lead aVR contain prognostic information in patients with non-ST-elevation acute coronary syndromes? Am Heart J, 2008, 155 (2): e11.

[228] Wong C K, White H D. Revealing the full meaning of lead aVR ST changes in ST elevation myocardial infarction (HERO-2 investigators). Circulation, 2010, 122 (Suppl 1): 21 -22.

[229] Simes R J, O'Connell R L, Aylward P E, et al. Unexplained international differences in clinical outcomes after acute myocardial infarction and fibrinolytic therapy: lessons from the hirulog and early reperfusion or occlusion (HERO) -2 trial. Am Heart J, 2010, 159 (6): 988 -997.

[230] George A, Arumugham P S, Figueredo V M. aVR—the forgotten lead. Exp Clin Cardiol, 2010, 15 (2): 36 -44.

[231] Kireyev D, Arkhipov M V, Zador S T, et al. Clinical utility of aVR—the neglected electrocardiographic lead. Ann Noninvasive Electrocardiol, 2010, 15 (2): 175 -180.

[232] Riera A R P, Ferreira C, Ferreira F C, et al. Clinical value of lead aVR. Ann Noninvasive Electrocardiol, 2011, 16 (3): 295 -302.

[233] Chou R, Arora B, Dana T, et al. Screening asymptomatic adults with resting or exercise electrocardiography: a review of the evidence for the U. S. Preventive Services Task Force. Ann Intern Med, 2011, 155 (6): 375 -385.